俞伟超先生纪念文集

怀念卷

中国国家博物馆
北京大学考古文博学院 编

文物出版社

封面设计:张希广

责任印制:王少华

责任编辑:李嫒嫒

图书在版编目(CIP)数据

俞伟超先生纪念文集. 怀念卷/中国国家博物馆,北京大学考古文博学院编. —北京:文物出版社,2009.6

ISBN 978-7-5010-2696-8

Ⅰ. 俞… Ⅱ. ①中…②北… Ⅲ. 俞伟超(1933～2003)—纪念文集 Ⅳ. K825.81－53

中国版本图书馆 CIP 数据核字(2009)第 052263 号

俞伟超先生纪念文集·怀念卷

中国国家博物馆
北京大学考古文博学院 编

*

文 物 出 版 社 出 版 发 行

(北京东直门内北小街 2 号楼)

http://www.wenwu.com

E-mail:web@wenwu.com

北京达利天成印刷有限公司印刷

新 华 书 店 经 销

787×1092 1/16 印张:17.25

2009 年 6 月第 1 版 2009 年 6 月第 1 次印刷

ISBN 978-7-5010-2696-8 定价:138.00 元

目　录

一座用生命和智慧熔铸的学术丰碑（代序）

——俞伟超先生的学术贡献评述

2003 年 12 月 5 日，我们敬爱的导师——前中国历史博物馆原馆长、著名考古学家、教育家俞伟超先生走完了他 70 年的人生旅途，怀着对一生钟爱的考古文博事业的憧憬，平静地离开了人世。

作为新中国培养出来的第一代考古学家的杰出代表，俞伟超先生为新中国的考古文博事业奋斗拼搏了整整半个世纪。他从选择投身考古文博事业的那天起直到生命的终结，始终坚定虔诚地奉行着自己"我们必须听从生命的召唤，必须不断地往前走"[1]的人生原则，热情激荡地用自己的全部智慧为新中国考古文博事业的发展进行了艰苦的探索和思考。他生前出版的一部专题考古发掘报告、一部学术专著、三部学术论文集[2]及发表在中外各种报纸杂志上的近百篇学术论文和考古调查发掘报告，就是他在半个世纪中为新中国考古文博事业艰苦拼搏、探索和思考的结晶。其研究范围之广，学术价值之高，使俞伟超先生成为中外公认的中国考古学体系的主要构建者之一和天才的中国考古学巨擘。

在全国考古文博界同仁都在深切缅怀俞伟超先生的今天，回顾他的学术道路，总结他的学术贡献，无疑对我国考古文博事业今后的发展和学术后辈的成长都大有裨益。

一

作为新中国的考古学骄子，俞伟超先生的学术贡献当然主要在考古学方面，后来由于工作环境的变化，才涉足于博物馆学和文物学。仅就考古学而言，俞伟超先生研究的范围，上起旧、新石器时代，下迄唐宋，专攻战国秦汉考古，始终醉心于考古学理论方法的探索，而且在这些学术领域的研究上都卓有建树，自成一家，这在当代中国的考古学家中，是罕有其比的。著名考古学家杨泓先生对此感触颇深，曾多次对笔者说："如果要写一部多卷本的《中国考古学》，俞伟超无疑是最合适的作者人选。"俞伟超先生在中国考古学界的地位于此可见一斑。

田野考古实践是近代考古学的生命。像一切杰出的考古学家一样，俞伟超先生是沐浴在田野考古实践的泥土芳香中成长和成熟起来的，而且终其一生，乐此不疲，无怨无悔。1954 年他刚从北京大学历史系考古专业毕业，就带着充满童稚的幻想和青年的激情一头扑进了田野考古工地。至 1960 年止，他先后参加了半坡遗址、白鹿原唐墓群、秦阿房宫遗址、西周沣西遗址、黄河三门峡古栈道遗迹、河南陕县刘家渠汉唐宋金墓群和春秋虢国墓地、河北临漳邺城遗址的调查和发掘，当他的第一部专题考古调查报告《河南三门峡古栈道的勘察》出版时（1957 年），他年仅 25 岁。这种考古实践情结老而弥笃，不知老之将至。多年的田野考古实践，使俞伟超先生的考古学研究一直充满着泥土的清新和活泼的生机，而绝没有书斋学者的沉沉暮气。

但是，俞伟超先生之所以成为当今中国考古学的巨擘，绝不仅仅缘于他的考古学田野实践。正如著名作家张承志所言："仿佛（考古学）这个满身泥土的学科有一句严厉的门规，或者当个特殊技术工人告终，或者攀援为思想家。"[3] 俞伟超先生的成功，首先在于他是一个考古学思想家。在从一个青年考古工作者到考古学思想家的攀援过程中，俞伟超先生经历了一次次对自己的扬弃和否定。这是一个艰辛痛苦的过程，其中既有曲高和寡的寂寞，歧路迷茫的困惑，也有缺乏理解的苦闷。但一种崇高的使命感，使他坚定不移地攀登着，终于到达了辉煌的顶点。

这一攀援过程，大体以 20 世纪 80 年代中期为界，分为前、后两个时期，基本上与新中国的毛泽东时代和改革开放时代相对应，因此可以说时代造就了俞伟超先生的成功。而其攀援的目标，则是考古学科学的目的论和方法论。

在俞伟超先生学术活动的前期，20 世纪 50 年代的中国考古学笼罩在前苏联机械唯物论考古学的全面影响之下，考古学的研究目的被局限于考古遗物，将遗物的分期断代奉为至高无上的圭臬，而作为考古学断代依据的地层学和类型学受到高度重视。在这种学术背景下，俞伟超先生在北京大学师从苏秉琦，受到了地层学特别是类型学的严格训练，这使他终生受益匪浅。从 20 世纪 50 至 60 年代初俞先生所发表多篇考古发掘调查报告和学术论文中，可以清楚地看到这种学术思想的影响。但当时中国的考古学毕竟是以马克思主义为指导的，而马克思主义的唯物辩证法和历史唯物论是与这种机械唯物论学术思想格格不入的。1958 年，北京大学围绕着考古学的目的论问题对这种"见物不见人"的思潮进行了一场大批判，将考古学的目的定位到科学研究历史的轨道，从指导思想上实现了考古学向历史学的回归。在这场批判运动中，俞先生进行了他学术生命中的第一次攀援，完成了学术思想的第一次升华。他开始清醒地认识到，考古学家的使命是解释和复原历史；考古学中物与物关系的后面隐藏着人与人的关系即古代的社会关系，考古学家的任务就是通过思维抽象出这种隐藏在物后的社会关系；在中国古代，这种社会关系集中表现为各种制度即历代的"礼制"上。从此，他将自己的研究目标定位在中国古代的制度和"礼制"上。而要进行这种研究，就必须有深厚的理论修养和深刻的历史认识。为此，他花费了数年时间，阅读了马克思主义经典作家的大量有关古代社会特别是东方古代社会的著作和郭沫若、陈寅恪、王国维等人的历史学著述。而"文革"的炼狱磨难，又使他彻底摆脱了生死荣辱的困惑，进一步净化了学术思想。思想方向一经确定，研究成果便喷涌而出。从 1963 年发表《秦汉的"亭"、"市"陶文》[4]起，至 1988 年，共发表有关先秦两汉礼制和社会制度的学术论文十余篇，出版学术专著一部。其中，1984 年发表的为《苏秉琦考古论述选集》写的"编后记"[5]和 1988 年出版的《中国古代公社组织的考察》[6]一书，可以看成是俞先生前期学术经历的总结。前者反映了俞先生对苏秉琦构建的"区系类型"考古学理论的深刻理解，后者论述了我国古代农村公社的形态变化及其对历史进程的影响，从搜集资料到问世，历时达 30 年，凝聚了他半生的研究心血。其几篇主要论文，如《周代用鼎制度考》[7]、《汉代诸侯王与列侯墓葬的形制分析》[8]等一经发表，学术界立时为之震动，人人争睹为快，致有"洛阳纸贵"之叹。一个天才学者型的俞伟超像一颗璀璨的新星，在中国考古学的天幕中开始放射出耀眼的光芒。

20 世纪 70 年代后期我国的改革开放使西方的各种学术思想一时如潮水般被介绍进来，形成对我国社会科学各学科的一种强大冲击。面对这种冲击，中国的考古界困惑了，俞伟超先生困惑了。为了摆脱困惑，推进中国考古学的发展，与生俱来的锐意进取性格，使俞伟超先生从 20 世纪 80 年代中期起，开始了他学术生涯中最为艰难的一次学术思想攀援。与前期的攀援截然不同，那时他不过是众多攀援者中的可畏后生，现在却是攀援队伍的主帅，集成败功过的历史责任于一身。攀援的主峰仍然是考古学的目的论和方法论。这是一次历时近十年的漫长、痛苦而危险的攀援。为了寻找攀援的途径，他组织人系统翻译出版了西方特别是美国二战后考古学、人类学各学派的代表性理论文章，并通过批判性的深入思考和比较对这些学术思潮进行了梳理，以便吸收其中的合理成分。在这一过程中，他著文重点介绍了自 20 世纪 60 年代以来影响较大的美国新考古学派的理论和方法，并在考古实践中进行了检验。顿时，误解的批评、冷峭的责难接踵而来，似乎他成了新考古学派在中国的总代表，这使他倍感孤独和寂寞。但他并没有因此停息哲学的思考，放慢攀援的节律，他义无反顾地继续前行了。后来，他在回忆起这段经历时，用深沉的语调自慰说："孤独、寂寞、苦闷、彷徨地跋涉人生，大概是思想家和诗人注定的命运"。20 世纪 90 年代中期，他终于完成了这次脱胎换骨"涅槃"式的攀援，实现了学术思想的再一次升华。

通过对考古学目的论的思考，他明确提出："研究古代，是为了现代。考古学的目的，是为了今天。"[9]对考古学的方法论，他指出除了地层学和类型学，还应该有科学的文化论；他提出了考古学"大文化"的概念，认为"古文化就是物质、精神加上社会的复合体"，考古学研究应该从"社会的、意识的、物质的、技术的等等"[10]多视角出发，通过揭示人与人、人与自然的关系去了解和发现人的本质即人类社会演进的逻辑过程。他极为重视对考古学文化中意识形态的研究，认为"从考古遗存来探索古文化的精神信仰，当然非常艰难，但这却是古文化的灵魂"[11]；极为重视先进自然科学技术与考古学的结合，提倡多学科综合考古发掘与研究，并力图以此去揭示人与自然的制约关系；他从驾轻就熟的类型学中总结出了"文化因素分析法"，用于研究各考古学文化在形成和发展过程中的交互影响和交流。他学术生涯后期从多种视角、运用不同研究方法写出的一系列学术论文，从人类诞生的第一声啼哭到庄严神秘的祭祀，从中原正统文明的发轫繁荣到四裔文化的成败兴衰，上下古今，议论风发，想别人所不敢想，发旁人所不敢发，文采风流依旧，却平添了深厚的历史感和哲人的睿智。俞伟超先生成功了，他实现了从考古学家到考古思想家的升华。

时代造就了俞伟超，但他成功的关键却在于他优秀的天才素质。他的天才，主要表现在四个方面。一是勤奋，多做、多读、多思、多写，他一生持之以恒。二是坚韧不拔的探索精神，他是一个不知疲倦的跋涉者，从来不把自己视野的终点看成是世界的终点，一生都在追求学术研究的更高层次和学术思想的更高境界。三是多幻想，他的诗人和艺术家气质使他在研究中经常突发奇想，著文立论新奇大胆，发聋振聩，他深知任何科学的发展都是在幻想之林中为自己开辟道路的，没有幻想就没有科学。四是敢于自我否定和自我扬弃。很明显，这四点都是后天对素养和情操长期磨炼的结果，是任何一个学人经过训练和努力都可达到的。俞先生成功的学术道路，正可作为我们的借鉴。

二

俞伟超先生是我国战国秦汉考古学体系的主要奠基者，并为逐步完善这个体系付出了毕生的努力。他对考古学的研究也是从这一领域发轫而且最大贡献也集中在这一领域。尽管他研究的领域非常宽泛，但直到晚年，他仍然自谦地说自己是搞秦汉考古的，其他领域只是偶然涉及，这一领域在他学术生涯中的位置可想而知。

战国秦汉时期，是我国历史上从分裂走向统一、从学派林立、百家争鸣走向儒术独尊、汉民族和汉文化形成的伟大时期，其所创设的政治制度和社会意识形态影响了中国历史长达二千余年。这段历史表现在考古学上，前期是令人眼花缭乱的多种考古学文化之间的猛烈撞击和聚合，后期则是富丽堂皇的主体汉文化阶段性的发展变化。最初俞先生将自己的研究方向定位在这一领域，除了当时北京大学的教学需要，恐怕更多的是出于加深对中国古代史认识的考虑。

这一研究领域所要探究的问题是如此头绪繁多，而且必然要受到考古资料的限制。因此，在20世纪60年代至80年代前期，他只能将研究局限在秦汉时期的"亭"、"市"制度、都城规划制度和包括丧葬制度在内的礼制方面，并开始了用考古资料探讨秦汉社会性质的尝试。从20世纪80年代起，随着我国考古学的飞跃发展和学科整体水平的提高，他又开始了通过研究秦文化和楚文化去寻找汉文化渊源的探索，同时对这一时期考古资料中所反映的宗教、信仰等意识形态问题进行了深入研究。通过这些研究，俞先生用他那如椽巨笔，饱蘸考古资料的浓重色彩，为我们勾画出一幅战国秦汉的历史画卷。

根据对大量考古资料的分析，俞先生将战国时期的考古学文化划分为秦文化、晋文化（韩赵魏两周文化）、燕文化、齐鲁文化（后来只有齐文化）、楚文化、百越文化[12]和巴蜀文化[13]这七大文化分布区域。在战国早期，除了偏处西南和东南一隅的巴蜀文化、百越文化具有强烈的自身特点和礼制外，其余五支考古学文化都继续沿袭着西周以来的礼制。俞先生通过对这一时期各阶层人物墓葬用鼎制度的分析，发现传统礼制正在崩坏："诸侯之卿僭用天子鼎制（大牢九鼎）和东方诸国的庶人逐渐普遍使用士礼特一鼎，是这阶段变化中最重要的内容"，前者反映了"代表土地私有制利益的新奴隶主贵族，……正在登上历史舞台，把旧的氏族奴隶主贵族排挤下去"；后者即"庶人可用士礼的深刻意义，在于意味着二者之间等级界限的消失"[14]。这一时期，楚文化区域面积最大，而且掌握了以"失蜡法"为代表的精密青铜铸造技术，是实力最强大、最有可能同化、取代其他文化的一支考古学文化。战国晚期的墓葬考古资料显示，东方各文化区域仍然实行着传统的礼制，但用鼎制度更为混乱，表明这种礼制所反映的旧的社会等级制度已经到了最后崩溃阶段。秦文化区域则呈现出全新的变化，墓葬中"庶人普遍用特一鼎的变化，基本上没有发生，连过去比东方诸国更多出现的部分贵族已用陶礼器的现象，这时也不很突出了"，用日用陶器随葬成为风俗，就连规格很高的贵族大墓也只用铜二鼎，很明显，秦文化已经彻底摒弃了旧礼制，实行了二十军功等爵制[15]。而且秦文化的区域日益扩大，秦军征服到哪里，就把秦文化强制推行到那里。至公元前3世纪末叶，东方各文化区普遍出现了以屈肢葬、随葬日用陶器、墓穴外有围墓沟为特点的秦文化墓葬，而当地旧有的文化几乎突然之间全部销声匿迹。秦人在实现政治统一的同时，也靠专制强制实现了文化统一。

　　现已发现的各种秦代大工程遗迹和近年对秦始皇陵的调查发掘，证明"秦人在土木工程和手工制品方面原来就有喜好巨大体量的作风，在统一六国后更是发挥极致。……其阿房宫前殿基址和秦始皇陵墓的工程之巨及陪葬品之多，远远超出以往的想象，堪称古代奇迹。……所示滥用民力的程度，是当时任何国家都不堪承担的。毋怪乎这样一个财富集中、军事力量空前强大的王朝，顷刻之间便土崩瓦解"[16]。秦俑坑所出大型陶俑手持的实用锋利镀铬铜剑和秦始皇陵西墓道出土的两辆精美绝伦的仿真大型铜车马，证明秦国已将青铜冶铸技术发展到登峰造极的程度。辉煌的秦文化对周边地区特别是日本的文化进程发生了强烈影响。日本古代自进入古坟时代后，建立起国家政权，其显著标志就是规模巨大的周边环绕方形水沟的古坟。多年来，日本考古学界一直在寻找探索古坟的渊源，但始终线索不明。俞伟超先生根据日本弥生时代初期在北九州突然出现的方形周沟墓与秦人的围沟墓惊人相似这一点，精辟地推断这是秦始皇时期东渡日本的秦人移民将这种秦文化葬俗带过去的，这是日本古坟的唯一源头[17]。这一结论，立即得到日本考古界和历史界的公认。本来，秦文化有可能长期成为一种全国性的统一文化，但秦代的短促，打断了这个进程，使两汉时期的文化朝着另一种形态发展下去。

　　历时长达400余年的两汉时期，是我国历史上的第一个文化高峰期。俞伟超先生根据两汉考古资料特别是墓葬考古资料所表现出来的阶段性，将汉文化的发展划分为三个时期。汉初的六七十年时间，是汉文化的形成期。此时期的文化呈现多元结构：政治制度、度量衡制度及币制沿袭秦制，所谓"汉承秦制"即指此；思想意识形态领域则发源于先秦楚文化的黄老道家思想居于主导地位；包括葬俗在内的社会习俗方面，则是先秦六国文化即本质上周文化的复活。这是汉文化内涵的三个最主要的源头。最初，各地的文化差异还是相当大的，经过统一专制政权下数十年的整合，这种差异逐渐缩小，到汉武帝初期，一个完整形态的汉文化形成了。这一时期，土地集中的现象基本尚未出现，政府对工商业的控制逐步加强，由各级政府管理的"亭"、"市"和中央政府在各地设置的工官，垄断了重要手工业制品的生产[18]。从西汉武帝至东汉明、章二帝时期，是汉文化的繁荣期。旧有的文化区消失，全国文化面貌呈现惊人的一致。此期中，出现一批世代占有大量土地的大家族，形成了新的宗族制度；官营手工业发展到了高峰；对盐铁业的垄断，不仅促进了冶铁技术的提高和铁农具的普及，也极大加强了中央政府的经济实力；城市发展到隋唐以前的最高峰；以董仲舒为代表的儒家学说得到独尊，成为占统治地位的社会意识形态。丧葬制度发展到一个新阶段，按氏族宗法制度安排墓位的族坟墓制度，被家族茔地代替；以皇帝、诸侯王、列侯为代表的高官显贵按新的丧葬等级制度纷纷建造规模巨大的坟墓，随葬陶质明器生活用具成为风俗，壁画墓和画像石墓开始流行。自东汉和帝至汉末，是汉文化的衰落期，但其历史特点却表现得更充分，因而也可视为汉文化的最典型形态。此时，经济领域大土地所有制迅速膨胀，封闭的、自给自足的大庄园经济加强，各种依附关系日益发展，货币商品经济明显萎缩，官营手工业一蹶不振，私营手工业抬头，城市衰落；在意识形态领域，儒家的"天人感应"世界观和"三纲五常"的道德观影响到社会生活的各个方面，道教的兴起和佛教的传入使战国以来的神仙信仰深入人心。与这种变化相应，丧葬习俗中新出现了多代葬于一墓和模拟庄园生活的模型明器更为完备等现象，画像石墓、壁画墓、画像砖墓更为流行，祥瑞图和神仙图像成为墓室画像的重要题材[19]。

对于战国秦汉时期的都城规划，俞伟超先生作了经典式的研究。他根据积累的城市考古资料，将中国古代的都城发展分为四个阶段：商和西周都城遗址内各种活动区分散存在，是初期阶段都城的特征；东周至两汉都城的密封式规划，是专制主义政治体制确立后中国都城发展的第二阶段形态；从曹魏邺都北城到隋唐东西两京的棋盘格形封闭式规划，是人身依附关系加强后封建等级制森严时期的都城形态；北宋汴梁至明、清北京的开放式街道布局，是中国古代都城规划最后阶段的形态。俞先生认为，处于第二发展阶段的战国秦汉时期的都城规划，在我国城市和都城史上地位极其重要，影响中国城市特别是都城规划达两千余年。他将这一时期的都城特点归纳为五点：（1）都有城墙包围，面积一般为二十多平方公里；（2）全城主要由宫城和郭城两大部分组成，郭城只有一个，宫城往往不止一个；（3）无论是宫城内还是郭城内，都有许多手工业区；（4）郭城内新出现了市，即由官府管理的特定商业区；（5）主要宫殿皆设于制高点，便于控制全城。在长达六、七百年的时间里，都城规划如此一致，显然有明确的都城设计思想。战国时成书的《考工记》将这种都城设计思想进行了高度概括："匠人营国，方九里，旁三门。国中九经九纬，经途九轨，左祖右社，面朝后社，市、朝一夫（郑玄注：方各百步）。"大大强化的专制主义政治体制，是形成这一时期封闭式都城规划的重要原因[20]。

关于战国秦汉时期的社会性质，自20世纪二三十年代以来，史学界见仁见智，长期争论不休，至今迄无定论。考古界因忙于建立自己的学科体系，基本上没有参加这场讨论。但俞先生却一直审视着这场争辩，并在对大量考古资料深入分析研究后，发表了自己的意见[21]。他从青铜时代和初期铁器时代农业生产条件与社会经济形态的适应程度、奴隶劳动价值的历史变化、奴隶数量和奴隶来源的变化、土地所有制的变迁等角度，解剖分析了商周至两汉时期的社会形态。他认为，商周至两汉时期，是中国历史上的奴隶制时代，这个时代划分为两个阶段，商代到西周处于家内奴隶制阶段，战国秦汉时期为典型的罪犯劳动奴隶制，春秋时期为两个阶段的过渡期。尽管这一结论并非定论，但俞先生毕竟是用考古学资料去探索中国古史分期问题的第一个拓荒者，他的这种研究带给我们的启迪将是极为深远的。

通过上述一系列研究，俞伟超先生为新中国考古学构建起了战国秦汉考古学的基本框架体系，而且这一框架体系的科学性正被日益增多的考古新发现和历史研究的新成果所证明。

三

用考古学方法去探究人的本质，寻觅人类发展进步的逻辑过程，是俞伟超先生学术活动后期的最大学术愿望。他认为，马克思和恩格斯关于人类历史五种社会形态的论述，基于他们对欧洲历史和古代东方历史的分析和研究，这一结论并不完全符合所有国家和所有民族的发展历史，特别是他们提出的一些重要结论如"人是从制造工具开始的"已经被最新科学研究成果否定以后，有必要重新检讨和研究人类进步的逻辑规律。而中华文明这个全世界唯一的没有中断发展过程又自成体系的悠久文化，是研究这一重大课题的最理想的对象。

当俞伟超先生带着这个学术愿望走进人类幼年伊甸园的时候，自然科学最新研究成果，已将一百多年来由考古学家和体质人类学家精心搭建起来的旧石器时代考古学框架体系撞击得七零八落。20世纪80至90年代的遗传基因技术即DNA技术的研究成果证明，现存人类是20万年前在东非形成的，其前身是东非的阿法种南方古猿，约在距今10万年前后，东非的人类发生了一次大扩散，其中一支约在6万年前来到今天的中国，现在的中国人就是这支东非人的后裔。根据这一研究成果，全世界各种肤色、各个民族的远古祖先都是东非人，在此以前的一切能人、直立人等人类科的物种，都已在严酷的自然环境中灭绝[22]。从猿人（能人）到直立人再到智人的人类直线发展观，一下子崩溃了。人与动物的区别在那里？幼儿期的人类到底是什么样子？这一重大而古老的科学课题重新摆到了社会科学面前。俞伟超先生知道，解决这一重大课题，只能诉诸理论的哲学思辨。经过对图腾制的深入理论研究，他敏锐指出，族外婚和行为的文化性是人与动物的根本区别，族外婚是人类历史真正的起点，只有实行族外婚制后，才会"出现族群、家庭、氏族、部落、联盟、国家等社会组织和种种不断变化的观念，动物则永远不能产生这些组织和观念"。他认为，实行族外婚制，是生活在严酷生存条件下的原始人群为了不被其他人群所消灭，必须与其他人群结成联盟这一生存需要产生的必然结果。族外婚制的出现，应在早期智人阶段，在此以前实行族内婚的能人和直立人只能看成是古猿向人的过渡形态。人类幼儿期普遍存在的图腾制，实际上是实行族外婚制的氏族从血缘关系认同感产生并用以区别其他氏族的命名制度[23]。当然，这一结论还只是一种假说，但却是一个天才和智慧的科学假说。

族外婚制的实行，不仅优化了人类的体质，也促进了人类技术的进步，社会历史进程明显加快了。在地球上最后一个冰川期过后，约在距今一万年前后起，在欧亚大陆和北非的一些自然条件最优越的河谷地区，被英国著名考古学家柴尔德称为"农业文明"的原始锄耕农业蓬勃兴起。其中，北非尼罗河河谷地区的农业文明直接发展成为古埃及文明，西亚两河流域的文明直接发展成为苏美尔文明。俞伟超先生在考察这一时期中国的"农业文明"发展进程时却惊奇地发现，尽管其发展进程与埃及、两河流域相近，结果却大相径庭。当时，在我国的黄河流域、长江流域和辽河流域，文化面貌迥异的多支新石器文化像雨后春笋一样迅速成长壮大。到距今5000～4000年前后，其中的两支新石器文化发展到了高峰。一支是黄河下游的东夷人的山东龙山文化，其发达的陶器轮制技术、精美绝伦的玉器表明其生产技术已经发展到空前的高度，而数量众多的城址和相当成熟的文字[24]象征着这一文化已经走近文明。另一支是长江三角洲地区以稻作农业为经济支柱的良渚文化，其族群酋领墓中随葬的大量精美玉器和气势恢弘的巨型宫殿群式的居住遗址，证明了这是发展水平与龙山文化不相上下的一支文化。与同时的黄河中游的河南龙山文化相比，这两支文化的发达程度显然要高得多。如果按照考古学文化一般发展规律，这两支文化当然会迈进文明的门槛，建立自己的国家，进入更高的发展阶段。但历史却开了一个令人惊愕不止的玩笑。到了接近距今4000年前时，辉煌一时的这两种文化，突然消失得无影无踪，继山东龙山文化之后出现的岳石文化、继良渚文化之后出现的马桥文化和湖熟文化，发达程度远为低下。龙山文化和良渚文化的突然消失，不仅使当时的各支新石器文化人类集团的力量对比发生了巨大变化，也使历史的发展发生了一次巨大错位。河南龙山文化脱颖而出，成为当时最先进的一支文化，并在豫西、晋南地区演变为二里头文化即夏文化，建立了我国历史上的第一个王朝——夏，走上了文明发展道路。究竟是什么力量使分布面积如此广阔的两支先进文化突然毁灭？俞伟超先生认为，历史上只有大规模的战争和巨大自然灾变才能顷刻毁灭一个文化，从当时所达到的经济技术水平看，还没有哪一个人类集团有力量发动能同时毁灭两支先进文化的战争，龙山文化和良渚文化的毁灭肯定由于人类无法抗拒的巨大自然灾变。他推断，这场灾变就是文献记载中记录的发生在尧、舜时期的"洪水滔天"、"下民其忧"的持续多年的巨大水灾。"当洪水泛滥时，大江、大河流域所遭灾难，必以下游为重。可以估计到，在那个时期，黄河、长江的下游，尤其是长江三角洲之地，当是一片汪洋，大雨还会引起海进，人们只能向高处躲避或是逃奔外地，原有的发达的龙山、良渚文化的种种设施，顷刻便被摧毁，而其农耕之地，更是常年淹没，再也无法以农为生了。残存的居民，在相当的时间之内，恐怕只能勉强维持生命，根本谈不上搞什么有关文化的建设了。""对于大河、大江的中、上游流域来说，所受灾害当然要小于下游。于是，黄河中游的河南龙山文化仍正常地向前发展，从而最早进入文明时代，出现了夏王朝。如果4000多年前不发生这场连续若干年的大洪水，我国最初的王朝也许而且应该是由东夷建立的。"[25]此论一出，立刻得到史学界和考古学界的赞同和公认。巨大自然灾变引起的历史错位和人类发展进程的中断，在人类历史上肯定发生过多次，如何正确估价和解释这种偶然事件中蕴涵的历史必然性，俞先生通过这一研究为学术界作出了表率。

为了探索中国早期文明的发展规律，俞伟超先生运用考古学"文化因素分析法"并结合古史记载，对我国青铜时代各大考古学文化面貌、相互之间的关系及其对历史文明进程的影响，进行了高度概括性的研究。他将公元前三千纪至二千纪期间的青铜时代早期各大考古学文化，根据其族属归纳为下列九大集团：（1）伊洛地区的夏文化集团，考古学文化为二里头文化；（2）渤海湾地区的东夷集团，考古学文化为岳石文化；（3）黄河中游太行山以东的商文化集团；（4）内蒙古西部至陕北、山西中部至雁北、冀北的北狄集团，青铜文化众多，共同特征是三足蛋形陶瓮和青铜兽首刀或铃首刀；（5）泾渭先周—周文化集团；（6）甘青地区的羌戎集团；（7）长江中游的苗蛮集团，楚人被称为"荆蛮"，故无论是三苗还是楚人渊源阶段的遗存，可统称为苗蛮集团的文化；（8）东南至南海之滨的百越集团，考古学特点为发达的几何形印纹陶；（9）长江三峡至成都平原的巴蜀集团。在这九大集团中，对中国早期文明产生过重大影响的有四大集团，其中夏文化集团、商文化集团、周文化集团自公元前21世纪起相继建立了夏、商、周三个我国历史最早的"统一王朝"，而从"苗蛮集团"中发展起来的楚人集团，虽然未曾建立"统一王朝"，却在从春秋中期开始至战国晚期的数百年时间里称霸南方，并企图问鼎中原，其特有的"黄老"道家学说，还成为汉文化的一个重要源头。俞先生在分析这四个集团的考古学文化资料时发现，这四大集团都在相当长时间内与另一个相邻集团发生过密切关系。例如，在河南龙山文化和二里头文化的腹地，发现了东夷族的大汶口文化晚期墓葬，而且河南龙山文化和二里头文化中的鬶、盉、单耳杯、豆、三足盘、圈足壶等陶器，都源出东夷族的大汶口文化和龙山文化，反映出夏文化集团与东夷集团的不寻常关系。在安阳殷墟的商文化遗存中，发现了北狄集团使用的青铜兽首刀；而在一些北狄集团的文化遗存中，发现了很多商式的方唇袋足陶鬲，暗示商狄两大集团的关系非常密切。同样，在陕西的先周墓葬中，发现以瘪裆或联裆为特色的周式鬲与分裆的戎式鬲共存，在丰镐遗址的西周墓葬中，也发现了一批戎式洞室墓，说明周文化集团与羌戎集团的关系相当紧密。而在鄂西、湘西北等地大概是楚人先祖的遗存中，发现了本属于百越集团文化的几何形印纹陶相当发达，表明这两大集团的关系也很密切。通过与古史记载的比对，俞先生发现这四大集团在建立"统一王朝"或国家政权的过程中，都与相邻的另一强大集团缔结过长期稳定的政治军事联盟，即夏夷联盟、商狄联盟、周羌联盟和楚越联盟，其中商狄联盟和周羌联盟是通过联姻的方式实现和维系的。而一旦"统一王朝"或国家政权建立并稳定后，这种联盟或迟或早会瓦解并由此引发政治动荡。夏王朝建立后，禹一死，夏夷联盟即告破裂，以至东夷族酋领后羿赶走夏帝太康，自掌夏政，羿相寒浞又杀羿自立，数十年后，经过激烈斗争，太康之子少康才灭浞复为夏帝。周羌联盟虽然维系时间较长，但联盟的破裂却直接导致了西周王朝的终结。俞先生认为，这种集团联盟，应是中国早期文明发生和发展时期的一个规律性现象[26]。俞伟超先生发现，在四大集团相继建立"统一王朝"和强大政权期间，作为当时最先进科学技术的青铜冶铸技术特别是青铜兵器冶铸技术，被掌权集团当作最高机密处于高度保密状态，一旦这种技术被其他集团所掌握，掌权集团的"统一王朝"或强大政权就会逐渐削弱萎缩。商代二里岗期，由于商文化集团独掌这种最高机密，势力东达海滨，西至陕甘，北越长城一线，南到长江流域；但到商代殷墟期，由于这种最先进技术被其他集团所掌握，商文化圈迅速萎缩，只局限于今陕西以东的黄河中下游一带，而且对黄河下游的控制也处在紧张状态[27]。

在安徽含山凌家滩出土的一批玉器中，俞伟超先生找到了5000年前集团联盟的信物。在这批玉器中，有一种一分为二、但又可重新拼合的璜形器。这种璜形器又可据其两端所饰图形的不同分为两组。一组是两端均饰虎头，另一组璜形器一端饰鸟首，另一端饰其他动物。俞伟超先生经研究考证后认为，这是功能不同的两种信物，前者是军事联盟信物即后世虎符的前身，后者是不同部族间联姻的信物，并推测这两种信物的持有者为部族首领。这就证明，早在文明产生之前，不同部族集团通过联姻结成军事联盟就已经是经常性的政治活动了[28]。

俞伟超先生极为重视对前文明时期和文明时代早期人类精神活动的研究，认为思想意识是高级性质的物质运动，可以不断促进生产力的发展，影响或改变历史进程。在文明时代早期，"国之大事，在祀与戎"；在前文明时期，祭祀更是压倒一切的大事。因此俞先生多次强调，必须重视对古代的祭祀遗迹和祭祀遗物的研究，探索古代人的信仰和精神活动。往往这些遗迹、遗物刚一发现，马上就吸引住了他的研究目光。根据文献记载和甲骨文、金文资料，他将三代及其以前人们信仰的诸神分为三大类：一类是天地，一类是山川河泽，一类是先祖，并在祭祀遗迹、遗物中寻觅他们的踪迹[29]。他通过对辽宁喀左东山嘴红山文化祭祀遗址和凌家滩、良渚文化玉器的研究，确认在前文明时期，诡秘的萨满教笼罩着整个社会生活，对天地之神和生育之神的信仰已经普遍发生。他从喀左东山嘴祭祀遗址的位置、规模及所出裸身女神陶像推断，这是红山文化某个部落联盟的祭坛，祭祀对象既有土地之神地母，又有生育神或农神[30]。在凌家滩大量玉器中，他识别出了用于早期龟卜的由背甲和腹甲组成的玉龟甲，证明了当时巫卜之风的盛行；同时，他还根据一件玉牌上的太阳树叶纹图案，推测其为宇宙之神或天地之神的象征，推测另一件树叶形玉件为社神即地母的象征[31]。他还通过对良渚文化大量玉琮图案的研究，确认玉琮外侧四角琢出的两个圆形凸起，实际上是地母神高隆双乳的余痕，但仍然是地母神的象征，这与"黄琮礼地"的古代祭俗完全相符[32]。这些祭俗，几乎被夏、商、周三代全盘继承下来，不过更加礼制化罢了。对古代祭社风俗深有研究的俞先生，在江苏铜山丘湾的立石杀殉遗址刚一发现，立刻就著文指出，这是商代东夷人的一处社祀遗迹[33]；对连云港将军崖的立石岩画遗存，他实地观察后也作出了同样的推断[34]。他在观察了四川广汉三星堆遗址出土的鎏金大铜树后，立刻敏锐地指出，这是商代蜀王在王社中社祀时使用的社树[35]。对三代青铜器上铸出的诡秘图像，俞先生进行了突破性研究。他运用排除法，确认了商周青铜器上最常见的饕餮纹即兽面纹，就是甲骨文中"帝"即天帝的形象；他还通过对两件出自长江中游的"虎食人卣"的观察和分析，认为器形的图像表现的是人虎交合，虎形占据主导地位，应是甲骨文中记述的商代"虎方"的祖神形象[36]。对三星堆遗址出土的大量青铜人面具和人头像，俞先生根据最大青铜人面具的柱状突出双目与文献记载蜀人始祖蚕丛"目纵"相合，推测他们是蜀人历世祖神之像[37]。这样，中国前文明时期和文明时代早期的诸神信仰就大体被我们所了解了。

通过上述一系列研究，俞伟超先生从思想家的高度，用粗犷的线条，为我们清晰地勾画出了中国"人"从诞生到走进文明的前进轨迹。如果俞先生不过早地逝世，这条轨迹线将会画得更加精巧和完美。

需要指出的是，俞先生的学术贡献绝不限于考古学，对于博物馆学和文物保护学，都卓有建树。在半个世纪的学术生涯中，他用生命和智慧为自己熔铸了一座巍然屹立的学术丰碑。他的学说和著述，必将成为我国社会科学宝库中的宝贵财富，永传后世！

注释：

[1] 曹兵武、戴向明：《中国考古学的现实与理想——俞伟超先生访谈录》，《考古学是什么》237页，中国社会科学出版社，1996年，北京。

[2] 《三门峡漕运遗迹》——黄河水库考古队报告之一，科学出版社，1959年9月；《中国古代公社组织的考察》，中国历史博物馆丛书第一号，文物出版社，1988年10月；《先秦两汉考古学论集》，文物出版社，1985年6月；《考古学是什么》，中国社会科学出版社，1996年；《古史的考古学探索》，文物出版社，2002年6月。

[3] 张承志：《序·时代的召唤与时代的限制》，《考古学是什么》1页，中国社会科学出版社，1996年，北京。

［4］《秦汉的"亭"、"市"陶文》，《文物》1963 年 2 期。

［5］《追求与探索》，《文物》1984 年 1 期。

［6］《中国古代公社制度的考察》，中国历史博物馆丛书第一号，文物出版社，1988 年 10 月。

［7］《周代用鼎制度考》，《北京大学学报》（哲学社会科学版）1978 年 1、2 期，1979 年 1 期。

［8］《汉代诸侯王与列侯墓葬的形制分析》，载《中国考古学会第一次年会论文集》。

［9］张爱冰：《考古学是什么——俞伟超先生访谈录》，《东南文化》1990 年 3 期。

［10］《中国古代文化的离合及其启示》，《古史的考古学探索》68 ~ 69 页，文物出版社，2002 年 6 月。

［11］《长江上游古巴蜀信仰及其文化背景的探索》，《古史的考古学探索》292 页，文物出版社，2002 年 6 月。

［12］《中国考古学中夏、商、周文化的新认识》，《古史的考古学探索》123 页，文物出版社，2002 年 6 月。

［13］《三峡与四川考古新收获以及对长江上游古代文明的新思考》，《古史的考古学探索》321 页，文物出版社，2002 年 6 月。

［14］《周代用鼎制度研究》，《先秦两汉考古学论集》99 ~ 101 页，文物出版社，1985 年 6 月。

［15］同注［14］，105 ~ 107 页。

［16］《秦汉时代考古》，宿白主编《中华人民共和国重大考古发现》，文物出版社，1999 年。

［17］《日本方形周沟墓与秦文化的关系》，《中国历史博物馆馆刊》1993 年 2 期；《中国魏晋墓制并非日本古坟之源》，《古史的考古学探索》359 ~ 369 页，文物出版社，2002 年 6 月。

［18］《秦汉的"亭"、"市"陶文》，《文物》1963 年 2 期；《马王堆一号汉墓出土漆器制地诸问题——从成都市府作坊到蜀郡工官作坊的历史变化》，《先秦两汉考古学论集》，文物出版社，1985 年 6 月。

［19］见《考古学中的汉文化问题》与《秦汉考古学文化的历史特征》，《古史的考古学探索》180 ~ 197 页，文物出版社，2002 年 6 月。

［20］《中国古代都城规划的发展阶段性》，《文物》1985 年 2 期。

［21］《古史分期问题的考古学观察》，《文物》1981 年 5、6 期。

［22］《考古学体系与人类历史进程关系的新思考》，《古史的考古学探索》27 ~ 42 页，文物出版社，2002 年 6 月。

［23］俞伟超、汤惠生：《图腾制与人类历史的起点》，《中国历史博物馆馆刊》1995 年 1 期。

［24］《丁公陶文是已亡佚的东夷文字》，《古史的考古学探索》108 ~ 113 页，文物出版社，2002 年 6 月。

［25］《龙山文化与良渚文化衰变的奥秘》，《古史的考古学探索》114 ~ 116 页，文物出版社，2002 年 6 月。

［26］《早期中国的四大联盟集团》，《古史的考古学探索》124 ~ 137 页，文物出版社，2002 年 6 月。

［27］《长江流域青铜文化发展背景的新思考》，《古史的考古学探索》138 ~ 143 页，文物出版社，2002 年 6 月。

［28］《凌家滩璜形玉器是结盟、联姻的信物》，《古史的考古学探索》95 ~ 102 页，文物出版社，2002 年 6 月。

［29］《五千年中国艺术的文化基础》，《文物》1998 年 2 期。

［30］《喀左东山嘴遗址是红山文化部落联盟的祭祀场地》，《古史的考古学探索》103 ~ 105 页，文物

出版社，2002 年 6 月。

[31]《含山凌家滩玉器反映的信仰状况》，《文物研究》总第 5 辑 57 ~ 60 页，黄山书社，1989 年 9 月。

[32]《"神面卣"上的人格化"天帝"图像》，《保利藏金》349 ~ 352 页，岭南美术出版社，1999 年。

[33]《铜山丘湾商代社祀遗迹的推定》，《考古》1973 年 5 期。

[34]《连云港将军崖东夷社祀遗迹的推定》，《先秦两汉考古学论集》59 ~ 61 页，文物出版社，1985 年 6 月。

[35]《三星堆蜀文化与三苗文化的关系及其崇拜内容》，《文物》1997 年 5 期。

[36] 同注 31。

[37]《长江上游古巴蜀信仰及其文化背景的探索》，《古史的考古学探索》292 ~ 308 页，文物出版社，2002 年 6 月。

（信立祥　高崇文　赵化成　裴安平　王文建　南玉泉）

俞伟超先生生平

中国历史博物馆原馆长、国家文物局考古专家组成员、中国考古学会副理事长、著名考古学家俞伟超教授因病医治无效，于2003年12月5日0时48分在广州逝世，享年70岁。

俞伟超先生1933年1月4日出生于上海，1950年9月至1954年7月在北京大学历史学系学习，是新中国培养的第一批考古专业毕业生。

1954年9月至1957年8月在中国科学院考古研究所工作，配合三门峡水库工程建设，先后参加了黄河三门峡古栈道的勘查和河南陕县刘家渠汉唐墓葬群的发掘。

1957年9月至1961年1月在北京大学历史学系考古专业师从苏秉琦先生读研究生，获副博士学位。

1961年2月至1985年4月在北京大学历史学系考古教研室任教，历任讲师、副教授、教授。在北京大学任教期间，先后讲授了战国秦汉考古、考古学理论与方法、古代文献目录学等课程，是北京大学考古专业最受欢迎的教师之一，为国家培养了大批优秀的考古专业人才。为了科学研究和教学实习，他长期从事野外考古工作，先后主持了北京昌平雪山遗址、山东临淄齐故城遗址、湖北黄陂盘龙城遗址、湖北江陵楚都纪南城遗址、陕西岐山和扶风周原遗址、青海大通上孙家汉晋墓葬群、湖北当阳季家湖遗址、青海循化苏志卡约文化墓群、湖北沙市周梁玉桥等遗址的调查和发掘。

1985年5月以后，在中国历史博物馆工作，历任副馆长、馆长、学术委员会主任。在此期间，他主持修改了自1959年以后长期未变的中国通史陈列，吸收了历史学和考古学诸多最新研究成果，充实了大量新的展品，增强了陈列内容的科学性和学术性；为了提高中国历史博物馆的学术影响和国际地位，他努力发展国际学术交流和友好交往，与国外博物馆学界建立了广泛的联系；作为一位远见卓识的考古学家，他极为重视本馆的考古工作，在倡导和实践田野考古学新理论、新方法的同时，创建了水下考古和航空考古，填补了我国在这些领域的空白。

俞伟超先生对考古文博事业的深沉挚爱和忘我投入，永远是我们学习的榜样。即使在"文革"中受到残酷迫害、身心遭受严重摧残的情况下，他仍然顽强地继续考古学的研究，冲破重重阻力，坚持带领学生进行野外考古工作。三峡工程上马之后，从20世纪80年代中期起，他就为三峡库区的文物保护工作奔走呼号，并多次亲自考察库区文物。1994年，尽管他行政工作十分繁重，为了做好三峡库区文物的保护工作，他毫不犹豫地承担起三峡库区文物保护规划组组长的重任。在三年多的时间里，他以六十多岁的高龄，跑遍了三峡库区的山山水水，指导整理出数千处古代遗迹、遗址档案，完成了200万字的三峡库区文物保护规划方案，为三峡库区文物保护工作作出了重大贡献。在晚年重病缠身，身体日见衰弱的情况下，他仍然孜孜不倦读书写作，发表了多篇才华横溢的学术论文。

作为中国考古界的一位思想家，俞伟超先生为中国考古学科的建设耗尽了心血。他的思想异常活跃，像泻地的水银一样，永不停息地在涌动闪光，用自己的智慧，丰富了中国考古学的理论。从20世纪80年代起，他积极借鉴国外的理论方法用于中国的考古学实践。20世纪90年代，他以河南渑池班村遗址的发掘为样板，对多学科考古发掘与研究作了大胆实践和探索。他对于最新科学技术方法和成果在考古学中的应用，给予了极大的关注。他积极倡导将DNA技术用于考古学，为此，他与中国科学院遗传研究所合作，通过对古人类骨骼的DNA鉴定，探讨古代社会血缘集团与文化圈之间的关系。他思想的开放性和前瞻性，使他永远属于考古学的未来。

作为杰出的考古学家，俞伟超先生知识渊博，涉猎广泛，思维敏捷，见解深刻，在许多研究领域都卓有建树。他不仅是秦汉考古学的主要开拓者，对新石器时代考古、楚文化研究、中国古史分期、商周礼制、早期佛教和道教等诸多考古学重大问题都取得了权威性的研究成果。他所发表的百余篇学术论文、出版的三部论文集和两部专著，凝聚了他毕生的心血，已经成为我国社会科学的永久性财富。

俞伟超先生是集学者和教育家于一身的一代宗师。在长期的教学活动中，他有教无类，循循善诱，无私地关爱和帮助自己的学生，成为深受晚辈爱戴的师长。他独具慧眼，选拔英才，不拘一格，一些自学成才的青年在他的推荐、培养下已经成为国内外知名学者。

俞伟超先生胸襟坦荡，虚怀若谷，尊师敬长，奖掖后学，在全国学术界和教育界享有崇高的威望。先后被聘请和推选担任北京大学古代文明研究中心学术顾问、北京大学中国考古学研究中心学术委员、中国科技大学兼任教授、西北大学兼任教授、吉林大学兼任教授、上海大学客座教授、中央民族大学文物考古研究所名誉所长、安徽大学名誉教授、国家文物局考古专家组成员、中国楚文化学会会长、"夏商周断代工程"专家组成员、四川大学博物馆顾问、中国考古学会副理事长、中国文物学会副会长、中国长城学会理事、保利艺术博物馆名誉馆长、重庆市三峡文物保护顾问组组长等。

俞伟超先生为我国文博考古事业奋斗终生，直至献出了他的宝贵生命。他的不幸逝世是我国考古文博事业的一大损失，我们为此感到万分悲痛。

俞伟超先生永垂不朽！

（信立祥　佟伟华　王建新）

一个学者的生命力

——深切缅怀俞伟超先生

单霁翔　张　柏　董保华　童明康

2003 年 12 月 5 日，在全国考古工作会议于广州召开的当天，同样是在广州，我国当代著名考古学家俞伟超先生在经过与癌症两年多的抗争之后，病逝于医院的病床上。俞伟超先生 1933 年生于上海，去世时享年七十。虽然古人云：人生七十古来稀，但是在科技发达、祖国繁荣昌盛、文博考古事业重任在肩的今天，俞伟超先生还是走得早了些。闻此噩耗，考古界同仁和国家文物局的全体同志无不扼腕叹息。

俞伟超先生是中国共产党优秀党员，生前曾担任中国考古学会副理事长、国家文物局考古专家组成员、中国历史博物馆馆长、中国历史博物馆学术委员会主任等。先生于 1950 年 9 月至 1954 年 7 月在北京大学历史学系学习，是新中国培养的第一批考古专业毕业生。

他早年即投身于配合三门峡水库工程建设中的考古发掘和文物保护工作，先后参加了黄河三门峡古栈道的勘查和河南陕县刘家渠汉唐墓葬群的发掘。研究生毕业以后先生长期在北京大学历史学系考古教研室任教，讲授战国秦汉考古、考古学理论与方法、古代文献目录学等课程，确立了世所公认的先秦两汉和考古学理论权威地位。俞先生长期从事野外考古工作，先后主持过北京昌平雪山遗址、山东临淄齐故城遗址、湖北黄陂盘龙城遗址、湖北江陵楚都纪南城遗址、陕西岐山和扶风周原遗址、青海大通上孙家汉晋墓葬群、湖北当阳季家湖遗址、青海循化苏志卡约文化墓群、湖北沙市周梁玉桥等遗址的调查和发掘。

1985 年，为适应文博事业发展需要，先生离开他素所喜爱的教书育人岗位，奉调到中国历史博物馆工作，历任副馆长、馆长、学术委员会主任。在此期间，他主持修改了自 1959 年以后长期未变的中国通史陈列，吸收了许多新的研究成果，充实了大量新的展品，增强了陈列内容的科学性和展示的艺术性；为了提高中国历史博物馆的学术影响和国际地位，他努力发展国际学术交流和友好交往，与国外博物馆学界建立了广泛的联系；作为一位远见卓识的考古学家，为了将中国的考古学推向世界，他克服了重重困难，组建了我国第一支水下考古和航空考古队伍，填补了我国在这些领域的空白。

俞伟超先生对考古文博事业的深沉挚爱和忘我投入，永远是我们学习的榜样。即使在"文革"中受到残酷迫害、身心遭受严重摧残的情况下，他仍然顽强地继续考古学的研究，冲破重重阻力，坚持带领学生进行野外考古工作。三峡工程上马之后，从1993年起，他就为三峡库区的文物保护工作奔走呼号，并两次亲自考察了库区文物。1994年，尽管他行政工作十分繁重，为了做好三峡库区文物的保护工作，他毫不犹豫地承担起三峡库区文物保护规划组组长的重任。在三年多的时间里，他以六十多岁的高龄，跑遍了三峡库区的山山水水，组织多方面的力量并指导整理出数千处古代遗迹、遗址档案，完成了三峡库区文物保护规划方案，为三峡库区的文物保护做出了巨大的贡献。在晚年重病缠身，身体日见衰弱的情况下，他仍然孜孜不倦地读书、写作，我们可以看到他最近发表的多篇才华横溢的文章均出自治病修养的小汤山医院。

作为中国考古界的一位思想家，俞伟超先生为中国考古学科的建设耗尽了心血。早年他追随先师苏秉琦先生，对考古学文化概念、考古地层学与类型学等基础方法的完善作出了积极的贡献。从20世纪80年代起，他积极借鉴国外的理论方法用于中国的考古学实践。20世纪90年代初，他筹划并组织实施了河南渑池班村遗址的多学科合作发掘与研究，对各种新兴的考古理论方法及自然科学手段在考古发掘与分析研究中的应用进行身体力行的实践和探索，积累了宝贵的经验，并对许多遗址的发掘与研究产生样板示范作用。他对于最新科学技术方法和成果在考古学中的应用始终给予了极大的关注，积极倡导将DNA技术、航空遥感技术等用于考古学，鼓励开展科技考古、环境考古等学科建设，他与中国科学院遗传研究所合作，通过对古人类骨骼的DNA鉴定，探讨古代社会血缘集团与文化圈之间的关系。他思想的开放性和前瞻性，使他永远属于考古学的未来。

作为杰出的考古学家，俞伟超先生知识渊博，涉猎广泛，思维敏捷，见解深刻，在许多研究领域都卓有建树。他不仅是我国秦汉考古学的主要开拓者，同时对新石器时代考古、美术考古、楚文化研究、中国古史分期、商周礼制、早期佛教和道教等诸多考古与历史重大问题都取得了权威性的研究成果。他所发表的上百篇学术论文、三部论文集和两部专著，凝聚了他毕生的心血，已经成为我国社会科学的永久性财富。

俞伟超先生是一位集学者和教育家于一身的一代宗师。在长期的教学活动中，他有教无类，循循善诱，无私地关爱和帮助自己的学生，成为深受学生爱戴的师长。他独具慧眼，选拔英才不拘一格，先生培养的不少学生和部下已经成为中国考古学的栋梁，甚至一些自学成才的青年在他的推荐、培养下也已经成为国内外知名学者。

俞伟超先生胸襟坦荡，虚怀若谷，尊师敬长，奖掖后学，在学术界和教育界享有崇高的声誉和威望。他先后被聘请和推选担任北京大学古代文明研究中心学术顾问、北京大学中国考古学研究中心学术委员、中国科技大学兼职教授、西北大学兼职教授、吉林大学兼职教授、上海大学客座教授、中央民族大学文物考古研究所名誉所长、安徽大学名誉教授、楚文化研究会会长、国家文物局考古专家组成员、"夏商周断代工程"专家组成员、四川大学博物馆顾问、中国考古学会副理事长、中国文物学会副会长、中国长城学会理事、保利艺术博物馆名誉馆长、重庆市三峡文物保护顾问组组长等。

俞伟超先生为我国文博考古事业奋斗终生，他的逝世是我们事业的一大损失。先生虽然走了，但是先生的生命早已熔铸在他终身为之奋斗的事业中，他不断探索、不断追求、为考古学和文物保护鞠躬尽瘁的精神，将激励我们继续做好文博考古工作。

追求博物馆最高境界

——俞伟超先生在中国历史博物馆

中国国家博物馆

　　俞伟超先生1985年从北京大学历史系调到中国历史博物馆工作，至2003年12月5日去世，在中国历史博物馆（现国家博物馆前身）工作18年，其间1986年任副馆长、1987~1998年任馆长，负责和主持中国历史博物馆的工作长达12年，为中国历史博物馆的建设作出了重要贡献。

　　俞伟超先生从担负中国历史博物馆的领导责任之日起，就一直考虑中国历史博物馆的定位问题。1987年，他明确提出，中国历史博物馆应成为中国古代文明的殿堂，社会文明教育的基地，对外文化交流的窗口。他认为，要实现这一目标，关键是要有一个完美的中国通史陈列展览。当时中国历史博物馆的通史陈列，自1959年以来变动不大，不仅陈列形式过时，在众多的考古新发现面前，陈列内容尤显陈旧，修改中国通史陈列势在必行。1988年初，俞伟超先生在全馆大会上宣布：修改中国通史陈列是全馆的中心工作。在此后的近十年时间里，他为此作了呕心沥血的拼搏。

　　1988年6月，俞伟超先生主持编写的《中国通史修改陈列大纲》经多次专家论证和反复修改，报呈国家文物局得到批准。在编写和实施陈列大纲过程中，他反复强调，作为国家博物馆的通史陈列，必须是精美展品和典雅陈列形式完美统一、体现最高学术水平的高境界精品。为了充实新的展品，他亲自主持起草了《调用文物报告》上报文化部和国家文物局。1988年8月，这个报告经文化部转呈国务院批准后，他组织动员了全馆主要业务人员，进行了全国范围的文物选调工作。为了做好这次文物选调的协调工作，在三年多的时间里，他风尘仆仆地跑遍了全国各省、市、自治区的考古所和博物馆。在全国各文物考古单位的大力支持下，经过俞伟超先生的不懈努力，为新的中国通史陈列选调了近千件文物，为陈列的实施打下了坚实基础。在通史陈列布陈过程中，他以一个艺术家的气质，执拗要求陈列形式必须达到美的极致。他认为，国家博物馆的中国通史陈列是人民美育的课堂，至精至美是通史陈列的灵魂，是雅俗共赏的基础。他坚持陈列美的形象直观性，认为这才是科学的博物馆语言。为此，他常常终日奔波在展厅里，亲自过问布陈中的每个细节，尽可能减少说教性的版面文字。1990年10月1日和1997年9月1日，修改后的中国通史陈列原始社会至南北朝部分和隋唐至明清部分以全新的面貌相继向公众开放，那恢弘的气势、精美的展品、优雅的陈设，赢得了专家和观众的一致赞誉。著名历史学家李学勤先生评价说："这次的通史陈列，彻底打破了墙上教科书的旧陈列模式，使展厅真正变成了展示中华文明的殿堂、艺术的宫殿。"对"十年磨一剑"、倾心打造这个陈列的俞伟超先生来说，这一评价应是最好的安慰。

作为学者，俞伟超先生极为重视中国历史博物馆的科学研究工作。他精辟地指出，像任何学科都有基础研究和应用一样，历史博物馆的科研工作也应两者兼顾，"没有历史学的、考古学的、人类学的基础研究，历史文物的收集、保存、研究及其陈列和社会教育工作，将缺乏系统性，甚至方向不明；没有陈列方法、藏品管理、文物保护科学和社会教育手段等应用性质的科学研究，博物馆将孤芳自赏、门庭冷落，不成其为博物馆"。他认为，高水平的通史陈列是高境界博物馆枝头上的绚丽花朵，其根基是历史学的、考古学的和文物学的高层次基础研究。在任馆长的十年间，他不遗余力地推进全馆的各项学术研究。为了培养学术带头人，他对学术英才，大胆举荐，不拘一格。他任馆长不久，就将两位中级职称的学术英才破格评聘为研究馆员，使他们在全馆学术研究中至今仍在发挥着重要作用。为了鼓励和支持馆内的学术研究，在他的建议下，中国历史博物馆设立了专项基金用于馆内专家学术专著的出版，将这些专著统一编为"中国历史博物馆学术研究丛书"。这套丛书出版后，在中外学术界引起了很大反响，其中的一些专著已经被文博界视为经典之作。作为青年业务人员的良师益友，他热切盼望馆内中青年业务人员在学术上迅速崛起，多次邀请知名专家在座谈会上向他们介绍自己的学术成长道路，在各种场合不断谆谆告诫他们不要急功近利，要耐得住清贫和寂寞，下苦工夫读书写作，少编低水平媚俗之作。他建议馆刊多刊登馆内中青年学者的研究论文，其中经他推荐刊登的不少优秀论文都曾得到他的指导和反复修改。目前，经他扶持和培养而成长起来的中青年业务骨干正在国家博物馆的各业务岗位上发挥着重要作用，有的已经走上了国家博物馆的领导岗位。

作为一位远见卓识的历史博物馆馆长，俞伟超先生对考古部的建设给予了极大的关注。他清醒地认识到，一个国家级历史博物馆的境界高低，在很大程度上是由其考古学研究水平的高低决定的。他不仅指导和参与了考古部工作规划的制定，而且以身作则，亲自参与田野考古调查，选定河南渑池班村遗址作为样板，对多学科综合考古发掘和研究的考古学方法进行了大胆的尝试和探索。面对欧美先进国家水下考古和航空遥感考古技术的飞速发展，俞伟超先生心急如焚，到处奔走，呼吁尽快建立我国自己的水下考古与航空考古队伍。经过他的不懈努力，终于在20世纪80年代末和90年代初，在中国历史博物馆考古部组建了水下考古研究中心和航空及遥感考古研究中心，填补了我国在这两个高科技考古领域的空白。他利用自己与先进国家考古界的广泛联系，采用"请进来、走出去"的办法，请国外专家到中国办班授课，送年轻业务人员到国外学习和实习，使这两支考古队伍在较短的时间里就学到和掌握了基本的工作方法和技术。在俞先生的精心培养和扶持下，这两支年轻的高科技考古队伍不仅具备了独立工作的能力，而且在实际工作中做出了令人瞩目的成绩。考古部工作领域的不断拓宽和学术研究上的长足进步，不仅促进了中国历史博物馆与国内外文博界的交流合作，增大了信息量，也提高了中国历史博物馆在国内外的地位。对此，俞伟超先生功不可没。

一切为各阶层公众服务，是俞伟超先生一贯坚持的中国历史博物馆办馆方针。对于直接面向各阶层观众的展览陈列，他反复强调，既不能仅仅满足少数专业人员，也不能仅仅考虑到数量虽多但文化程度不高的观众面，"它应当要反映出历史科学的高水平，而又能被广大群众接受"。他还指出，博物馆是净化人们心灵的圣殿，仅有好的展览陈列是不够的，"博物馆内的一切场所，包括陈列厅和休息廊，乃至楼道、庭院，都应该精心设置"，让观众在休闲中得到美的享受。为了发挥馆内大量藏品的社会作用，满足专业人员的研究需要，俞伟超先生提出了改善藏品管理制度，实现藏品公开化的建议。他亲自到保管部召集会议，组织人员开始进行藏品总账和分类账的登记、编目工作，希望在此基础上尽快编印出各类藏品目录（含图片）供人检索查看，在保证藏品安全的条件下，研究者可以观察原物。他认为只有做到这些，中国历史博物馆才能得到中外各阶层的广泛支持。

由于中国历史博物馆大楼年久陈旧，已经无法满足陈列、保管和科研的要求，筹建一个现代化的新馆是俞伟超先生最大的心愿。为了选定新馆的馆址，他与被邀请来的城建专家、建筑学家一起，跑遍了北京市内的主要街区，向国家文物局、国家计委提交了多种规划方案。目前，中国国家博物馆大楼的改造扩建即将破土动工，四年后，它将以崭新的面貌迎接国内外观众，这一点，当可告慰俞先生的在天之灵。

俞伟超先生的逝世，使我们失去了一位学者型的优秀博物馆领导者，是我国博物馆学界的一大损失，他对中国历史博物馆建设所作的贡献，将成为我国文博界的永久财富。

（原载《中国文物报》2004 年 1 月 9 日）

沉痛悼念尊敬的俞伟超先生

北京大学考古文博学院

俞伟超先生在与病魔顽强搏斗了两年半的时间，于 12 月 5 日离开了我们，到今天已经是整整一个月了。俞先生的逝世，是我国考古事业的重大损失，也使我们失去了一位备受尊敬的师长。

俞伟超先生是我国著名的考古学家，更是指导中国考古事业发展的思想家、理论家和教育家。他为中国考古事业奋斗不息的奉献精神，将永远铭记在我们心中，激励我们前进。他的深厚渊博的学术智慧，将流芳百世，永远哺育后来学子。俞先生的美德与师道风范，将永远昭示世人，长为师表。

俞伟超先生于 1961 年研究生毕业后，便留北京大学历史系考古专业任教，直到 1985 年调至中国历史博物馆，在北大整整工作了 24 年。在此期间，俞先生为北京大学考古专业的学科建设、科研体系、人才培养等都做出了卓越贡献。

俞先生留校后，主要侧重于战国秦汉考古的教学和研究，是战国秦汉考古学的主要开拓者和创建者。从 1962 年开始，北大考古专业的秦汉考古由俞先生讲授，在苏秉琦先生的讲课基础上，俞先生对课程又不断地扩充和建设。1973 年，俞先生编写出了《战国秦汉考古》讲义，基本奠定了北京大学考古专业《战国秦汉考古》的教学体系，这一教学体系和模式，被许多兄弟院校的考古专业所汲取。

俞先生为中国考古学理论与方法的建设沥尽心血。从 70 年代开始，俞先生就有计划、有目的地对中国考古学的理论与方法进行总结、实践和探索。为了学科的发展和教学实习，俞先生先后带领考古专业的多届学生到全国各地进行了田野考古实习，在实践中认真总结和思考中国考古学的理论和方法。并在此基础上开设了"考古地层学与考古类型学"课程。1984 年，俞先生为编辑出版《苏秉琦考古学论述选集》，专门写了一篇《探索与追求》的文章，俞先生在文章中回顾了苏秉琦先生对创建中国考古学科的贡献，总结了中国考古学理论与方法的形成过程，归纳了考古学发展中"中国学派"的特点。可以说，这是对中国考古学理论与方法的第一次梳理、总结和提高。在此后的许多年，他又积极吸取国外的理论方法，将其应用于中国的考古学实践中，极大地促进了中国考古学的文理交叉和多学科的交流，极大地促进了中国考古学的科技化和现代化，使中国考古学跨入了一个新的大发展时期。

俞先生知识渊博，思维敏捷，具有超凡而科学的洞察力，在许多研究领域都发挥着引领和指导性的作用。1978 年俞先生与高明先生发表的《周代用鼎制度研究》，开启了用考古资料研究商周礼仪制度的研究领域；1979 年，俞先生在对湖北楚文化进行了详细考察的基础上，发表了《关于楚文化发展的新探索》等一系列文章，从而掀起了楚文化研究的高潮；1979 年，他发表了《古代西戎和羌、胡考古学文化的归属问题的探讨》等多篇文章，促使学界对长期以来争论不休的甘青地区考古学文化的归属以及秦文化的渊源等重新进行思考和研究；1980 年发表的《汉代诸侯王与列侯墓葬的形制分析》，奠定了汉代墓葬研究的基本框架；1981 年发表的《古史分期问题的考古学观察》，是考古学者第一次利用考古资料对古史分期发表举足轻重的重要见解。1988 年发表《中国古代公社组织的考察》专著，系统地阐述了中国古代公社组织发展演变的规律和特点，更显示出俞先生大师级的学术水准。俞先生一生发表学术论文近百篇，论文集和专著五部，篇篇掷地有声，震动学界。这些鸿篇巨制构筑起了先秦两汉考古学的研究体系，引领着中国考古学研究在不断深入地发展。

俞先生对年轻一代学人的教育和关爱是无私的，他不讲"门第"，不论"科班"，不记个人恩怨，更不计较个人的得与失、名与利，有教无类，唯才是举，只要向他求教，他都会不遗余力地倾注满腔热情，全国有无计其数的年轻学子得益于先生的直接教诲。正因为如此，俞先生备受众多青年学者的尊敬和爱戴，成为考古学界青年学者的良师益友。

先贤遗泽，惠在后人。俞先生走了，但他的美德与师表历历在目，他的人格风范高山仰止。俞先生把他的科学探索精神和丰厚的学术遗产留给了我们，我们只有使之不断发扬光大，才能告慰尊敬的俞伟超先生，才是对俞先生的最好怀念。

深切怀念俞伟超先生

湘鄂豫皖楚文化研究会秘书处

我国当代著名考古学家，湘鄂豫皖楚文化研究会理事长俞伟超先生，在与癌症抗争了两年多之后，不幸于 2003 年 12 月 5 日与我们永别了。噩耗传来，我会同仁无不扼腕叹息，万分悲怆！我会失去了一位敬爱的理事长，全体同仁失去了一位可亲可敬的良师益友。

俞伟超先生，在为我国考古学的思想理论建设和科学研究、文物保护和博物馆事业的建设做出不可磨灭的重大贡献的同时，为楚文化研究的发展、为楚文化研究会的创立和壮大作出的贡献同样也是巨大的、不可磨灭的，是我们永远也不会忘记的。

俞伟超先生是楚文化研究会的主要发起人之一。早在本会成立之前的 1977 年、1979 年的全国历史学规划会、中国考古学会成立大会及各地一些地域文化讨论会上，他就多次为建立楚文化研究会、加强楚文化研究而奔走呼号。1979 年 5 月，他应我会筹备工作小组之请，来湖北对这里的楚文化考古研究进行为期一个月的实地考察，返京前于 6 月 1 日在湖北省博物馆和武汉大学历史系考古专业联合召开的学术报告会上，发表热情洋溢的题为《楚文化发展的新探索》的重要讲话，以敏锐的思维提出了"为什么要重视楚文化的研究"、"楚文化发展的简单历程"、"考古学界对楚文化研究的概况"等一系列重要问题，并作了精辟的论述。可以说他的这些论述实际上为楚文化研究会的诞生作了思想理论的准备。次年，以楚文化研究为中心内容的中国考古学会第二次年会在湖北召开，又次年（1981 年 6 月），湘鄂豫皖楚文化研究会在长沙宣告成立。回顾这段历史，我们不能不说，楚文化研究会得以顺利诞生并在以后得到不断发展壮大，楚文化研究取得辉煌成果，俞先生的鼓励、呼吁及带头以身实践发挥了关键作用，令人怀念。正因为如此，加之他的渊博学识和高贵品质，自我会成立以来的历届理事会选举中，他都获得了我会同仁们的爱戴，被一致推举为我们的理事长。

在楚文化研究领域里，俞伟超先生的卓越贡献是多方面的。首先，在于他高举马克思主义旗帜，始终重视学科思想及方法论研究，并且以他的研究成果指导我会学术活动朝着正确的方向蓬勃发展，我们只要看一看他在历次年会上的讲话、为我会编辑出版的一些著作所写的序言以及他所撰写的论文，就一目了然。

　　在学会成立伊始，学术界对楚文化的概念尚无统一认识，对怎样开展楚文化研究也是莫衷一是。我国考古学界前辈夏鼐先生、苏秉琦先生在 1980 年中国考古学会第二次年会上同时作了关于什么是楚文化的重要讲话后，在次年楚文化研究会成立大会上，俞伟超先生就对"关于楚文化的概念回忆"、"当前深入探索楚文化的重要课题"作了精辟讲述，他指出："考古学的楚文化，简单地说，就是中国古代楚人所创造的一种有自身特征的文化遗存。讲得再具体一点，就是这种文化遗存有一定的时间范围、一定的空间范围、一定的族属范围、一定的文化特征内涵。在这四个方面中，一定的文化特征内涵是最重要的。"俞伟超先生的这种高度理论概括与深入浅出的文字表述，从此就成了楚文化研究会同仁开展楚文化研究的理论指导，学术界的意见也渐趋一致。正如后来俞先生在我会第六次年会上指出的"要进行楚文化研究，首要的理论基础是必须明确什么是楚文化这个基本概念"，在整个中国考古学的研究中，楚文化概念的提出，要晚于商文化、周文化、夏文化概念的提出，但"自从 1980 年提出以后（按：苏秉琦、夏鼐先生在中国考古学会第二次年会上的讲话），并未发生很大争论而取得了基本一致的认识"，而这也是 70 年代中期以来楚文化研究的重要进步表现之一。

　　而关于深入探讨楚文化的重要课题，在此前的 1984 年，俞先生曾在为我会编《楚文化考古大事记》撰写序言时，就十分明确地提出："80 年代以后对楚文化的继续探索，已经进入到了一个新阶段，哪些工作是亟待进行而且是可能进行的呢？我想一是尽快搞清楚西周时期的楚文化面貌，并进而解决楚文化的渊源问题；二是应当开展划分楚文化区域类型的工作；三是进一步开展楚文化的分期研究；四是进行楚墓的分类研究；五是选择典型楚器，按器别研究其形态演化过程。"同时，他还指出："探索楚文化的内容，当然远不止这一些。随着各种条件的进步，今后必将发现更多的楚文化遗存。也必将不断扩大研究领域，从建筑、矿冶、金属工艺、制漆工艺、玉石工艺、音乐、舞蹈、美术史、服饰史、风俗史，及至运用体质人类学、动植物学、生态学等等方面研究这些遗存。"他并充满信心地预期："上面讲的几个方面，只要有关单位作一定安排，有可能很快就会取得相当的成果。"

　　楚文化研究会成立以后，同仁们遵从俞先生指点，满怀热情地积极开展楚文化的研究，并且很快取得巨大成就。有关楚文化研究的论著有如雨后春笋，不断涌现。作为学会理事长，俞先生总是不失时机地提出关于开展楚文化研究的发展方向，例如他在为《楚文化研究会第二次年会论文集》所撰写的序言中指出："楚文化的考古学研究，就其主流而言，似乎已经走过了古器物学的研究、年代分期的研究等，正在进行概括文化特征区系类型的研究，有关精神文化及社会关系等研究。亦已开始了。"因而他指出应该对楚文化作总体研究，"这样一个命题，提出要从物质文明、精神文化、社会关系的相互联系以及同自然环境关系等方面，对楚文化作总体研究，其要点是寻找楚文化中的各种行为的必然关系，从而能认识到楚文化的总体特征。"同时他还指出："要真正达到这个目的，可能需要不止一代人的努力。希望有更多的人也来考虑这种想法并且开始进行这种工作。"学会秘书处及时地将他的这篇文章在学会通讯上发表，并在随后召开的年会上印发给全体与会同仁，对我会的研究工作起到了指导与推动作用。

又例如，当人类的历史已进入新世纪的时候，楚文化研究如何适应新形势，有待更多的发现。他在给 2001 年楚文化研究会第七次年会的贺词中指出："现在，新世纪已经来临，科学整体正在以空前的速度向前发展，在这种潮流中，考古学的转型速度，也许会让我们吃惊。在这种形势下，我诚恳地希望楚文化的研究继续开放门户，并吸引更多的志同道合者共同工作，人员的开放，当然也意味着学科合作种类的扩大。如果在十年或二十年后，在楚文化研究中作出新的贡献，还能在学科概念、具体工作的综合研究方面上，对考古学中的其他分支，甚至是考古学以外人文学科能有一些开创性的启发，一定能使当代的楚文化研究者不负于前人和后人。但愿这能成为楚文化研究的当前宗旨。"我们可以毫不夸张地说，作为当代中国考古学界的理论家和思想家的俞传超先生，既是楚文化研究会的理事长，也是我们楚文化研究的理论家、思想家。他的思想、理论研究成果，实际上对楚文化的研究起着思想理论的指导性作用，这是我会引以为豪、难以忘怀的。俞先生的不幸去世，使我们深为悲恸及惋惜。我会全体同仁要化悲恸为力量，学习先生的高贵品质及崇高精神，继承他的遗志，把楚文化的研究推向新的阶段。

我们敬爱的理事长俞伟超先生，安息吧！

（原载《江汉考古》2004 年第 1 期，总第 90 期）

"怀念俞伟超先生"追思会在京举行

本报讯　记者高游报道　1月4日，在俞伟超先生诞辰71周年之际，文博考古界人士在国家博物馆举行了"怀念俞伟超先生"追思会。国家文物局副局长张柏、国家博物馆馆长潘震宙及来自全国各地文博考古界的领导、专家及俞伟超先生生前同事、朋友、学生约200人出席了追思会。国家文物局副局长童明康、国家博物馆常务副馆长朱凤瀚、中国考古学会副理事长张忠培、北京大学考古文博学院院长高崇文、三峡库区文物保护规划组徐光冀、西北大学文博学院王建新、国家博物馆考古部主任信立祥、文物出版社社长苏士澍、重庆市文化局副局长王川平、中国文物学会会长罗哲文、广东省文物考古研究所所长李岩、原中国历史博物馆副馆长孔祥星、中国科学院地质研究所周昆叔、日本考古学家茂木雅博等在会上发言，从俞伟超先生为人、为学、教书育人、文物保护、博物馆建设各个方面追忆了俞先生生前往事。江苏省江阴市文化局副局长陈南代表江阴100万父老乡亲，也表达了对俞伟超先生的怀念之情。

张忠培先生和俞伟超先生相交50余载，他总结了俞先生的几大成就：思变求新，在20世纪80年代追随苏秉琦先生，与同道一起为中国考古学的变革鼓与呼，极大地改变了中国考古学的面貌；锐意开拓，满腔热情地组建中国首批水下考古、航空考古队伍；在担任中国历史博物馆馆长期间，借助个人在文博界的威信，极大地充实了历博馆藏；90年代以来，甘冒风险，为三峡文物保护事业做出了不可磨灭的贡献。

西北大学考古系主任王建新追忆说，20年前俞先生用哲学思想教授考古知识的方式改变了他的人生道路。作为中国考古学界的理论家、思想家，俞先生思想活跃，从不计较个人得失，具有有教无类的高尚品质，影响了一大批后学。

重庆市文化局王川平副局长指出，俞先生最后11年的生命都献给了三峡文物保护事业，今天的三峡文物保护规划，充满了俞先生的智慧和前瞻性。

广东省文物考古研究所李岩所长说，俞先生在重病之际，仍关心着水下考古事业，为准备建立的"海上丝绸之路博物馆"题词。

最后，俞伟超先生的夫人范淑华女士发言表达了对俞先生的哀思，并流泪宣读了俞先生弥留之际写下的两首诗。同时向在俞先生病重期间关心俞先生的各界朋友，特别向国家博物馆以及俞先生最后在广州治疗期间给予诸多帮助的广东省文化厅、广东省博物馆、广东省文物考古研究所、中山大学附属肿瘤医院及中山大学人类学系师生等表示了真诚的谢意。

（原载《中国文物报》2004 年 1 月 7 日）

永远的怀念

严文明[*]

伟超走了，考古学界的一棵大树倒了。我又失去了一位挚友，心里有抑制不住的悲痛。

我从步入考古学大门时起就与伟超相识相交，几乎是无话不谈。他是我敬重的师兄，为人豪爽热情，乐于助人，又特别健谈，有很大的感染力。在北京大学考古专业长期共事的岁月里，我们都以建设新的中国考古学相期许。考古专业的课堂教学、田野实习和研究课题，差不多都是围绕这个目标进行的。后来我们努力建设考古系也是基于这方面的考虑。很幸运我们的看法在许多方面都是相同或相近的。有时也有争论，甚至是很激烈的争论。不过他总是很有耐心，这次谈不成下次再谈，有的问题不知谈了多少次，这一切都是为了事业。后来他调到中国历史博物馆担任更加重要的工作，仍然关照北大考古系的建设，并且担负部分科研和教师培养的任务。北大成立中国考古学研究中心时他又应聘为学术委员。在中国考古学会和国家文物局专家组，我们也时常讨论中国考古学和全国文物工作的重大问题。他学识渊博，见解深邃，言谈中常常给人以有益的启迪。

伟超的事业心极强，为了事业总是勇于担当重任，并且不辞辛劳，尽一切努力把事情办好。他担任中国历史博物馆馆长时，馆里通史陈列的思想虽然有些陈旧，展品毕竟还是一流的，适当改一改陈列方式和说明也可以过得去。但是他鉴于当时全国各地已经有许多重要的新发现，为了更好地体现我国光辉灿烂的历史和考古学研究的成果，毅然决定到各地文物考古部门商调最好的文物充实展品，其难度可想而知。他排除干扰，硬是凭自己的人望和不懈的努力征调了大批高规格的文物，使通史陈列焕然一新。再如水下考古和航空考古是许多人关注的，不知议论过多少次，却没有人敢于吃第一只螃蟹。伟超主动肩负了这个重任，组织人员，设立机构，争取外援，很快地投入工作，并且取得了可喜的成果。至于长江三峡库区的文物保护规划工作，并不一定是他分内之事。可是大家觉得只有他最有能力做这件事，众望所归，他就毫不犹豫

＊ 作者系北京大学考古文博学院教授。

地挑起重担，历尽了千辛万苦，出色地完成了任务。他的这种敬业精神永远是我们学习的榜样。

伟超对于考古学的认识往往是站在时代的前列，而且是逐渐深化的。他年轻的时候就主张考古学要研究历史，研究古代社会，反对见物不见人的倾向。后来他认为研究社会不但要研究物质文化，而且要研究社会制度和精神文化，进而认为考古学应该像其他人文科学一样要研究人，研究人的社会和人的本质，而研究古代乃是为了现代，为了寻求人类进一步发展的理想的道路。他不仅在许多具体研究中努力贯彻这些思想，而且由于目标的深化，在方法论上也进行了不懈的探索。从最基础的地层学、类型学和考古学文化的解读到一系列现代科学技术的应用，再到所谓新的考古学理论与方法的探索，都是服务于考古学的终极目标。虽然他的某些看法暂时还不为人们所理解，但他为考古学所树立的崇高目标和为此目标孜孜不倦奋斗终生的精神与取得的丰硕成果，使他成为新中国考古学界引以为骄傲的一面旗帜。我们将永远怀念他，永远纪念他对我国文物考古事业所作出的巨大贡献。

安息吧，伟超！

（原载《中国文物报》2004 年 1 月 9 日）

了了，仍未了

——沉痛哀悼伟超兄

张忠培*

伟超、建芳和我，是秉琦师的开门弟子，他俩先于我走出大学本科的门槛。1957年初，伟超回北京大学攻读副博士研究生之时，已在中国科学院考古研究所工作两年。作为考古教研室的研究生，须参加教研室的业务活动，承担一定的教学任务，故和室内的先生以及大学毕业后任教的先后同学过从甚密，我们三人居住了四年的25楼207室便成了人们常来常往和聚会的场所。即便在那红专大辩论和"大跃进"极"左"思潮逐浪高涨及以后的饥馑岁月中，我们在学术上也从未停止过追求，207室仍保留了相当广阔的思想自由的空间，评点学坛、纵论是非，田野考古的得失，考古学的位置和考古学如何成为史学，成了经常的话题。这些讨论，经常是从伟超点题开始，或说某篇论著如何好，或讲某篇文章怎么写得这样糟，都是从具体的评论开始，争论起来，几乎无所顾忌，似乎在这间屋子浓缩了中国考古学。在我逐渐消失的记忆中，最为清晰的却有如下两点：一是这些争论从无结论，从不因争论的碰撞伤害了彼此的感情；二是伟超那股认真、激情的样子。

伟超学识功底较深，学思敏捷，善于从交谈中吸取知识而能触类旁通，读书时间不多，却勤于思考，交谈时海阔天空，给人的感觉是位典型的学者，当时他做的学问是务实的。1956年，他刚23岁，就发表了《西安白鹿原墓葬发掘报告》，接着就写了《三门峡漕运遗迹》。从他为女儿取名鸣鹿可知，他是颇以《西安白鹿原墓葬发掘报告》为得意之作。在研究生期间，伟超除热情投入《中国考古学》编写工作外，还开始以汉代里、单为核心的中国古代社会组织的研究，并写出了一些文字。我至今仍记得他将这些文字示我时那股欣喜又告我不可外宣的神秘的表情。至迟从这时起，他就是一位力图从考古学探索史学的一位学者。

20世纪70年代初，因主办吉林大学考古专业和修订《华县元君庙》及《华县泉护村》的需要，我年年都得到北京大学，得以和伟超在内的一些先生及朋友恢复了因"文革"浩劫而中断了的联系。此时，中国考古学的现状及其未来走向，成了我们交谈

---

* 作者系故宫博物院研究馆员。

的话题。正当我们思考这些问题而又感到茫茫然的时候，20 世纪七八十年代之交的前后几年，我们的导师苏秉琦却仍走在我们的前面，他通过对传统的教条主义的反思和对中国考古学历史与现状的深入思考，先后发表了考古学文化区、系、类型论和文明起源、形成与走向秦汉帝国道路的理论，拨开了笼罩在我们眼前的迷雾，使我们看到了中国考古学前进的方向。伟超、景略、文明、大顺和我等人，又一次聚集起来，为这两论推进中国考古学而鼓与呼。此时，我们热情奔放，信心十足，站在苏秉琦旗下，做了如下几件事：一是出版了《苏秉琦考古学论述选集》；二是出版了四辑《考古学文化论集》；三是组织了由苏秉琦主持的几次"燕山南北、长城地带考古座谈会"；四是开办了考古领队培训班；五是出版了《中国通史·远古时代》。这些工作，团结了队伍，使考古学界对苏秉琦的两论有了广泛而深入地了解，使苏秉琦的两论成了中国考古学的主流。我们的这些工作，得到了沈竹、金冲及的大力支持，这使我不能忘怀。同样让我难以忘怀的是伟超勇担责任的那股魄力，那股拼搏精神，以及我们为实现理想奋斗中发展出来的无间的情谊。

中国考古学向何处去？这一问题又在 20 世纪的 90 年代初期呈现出来。伟超和我都是苏门弟子，属于同一学派，彼此从来认为任何一学派的生命力，在于学派内部的争鸣，学术见解上的分歧，过去我和伟超之间经常存在，相互之间，从不苟同，有的或通过谈话交流解决，有的则见诸文章，各人讲各人的，从不正面交锋。在这次中国考古学走向何方的问题上，伟超和我也有不同的认识，交锋争鸣，这显示了我们从业之道。争论归争论，我对伟超的为学，仍然怀着以往那样的心情，伟超发表的著作，我都认真拜读，他的诸如《文物研究既要研究"物"又要研究"文"》、《含山凌家滩玉器的信仰状况》、《凌家滩璜形玉器是结盟、联姻的信物》以及关于楚文化研究的系列著作，显出了伟超的灵性，使我受益匪浅。我认为这些著作，都是推进中国考古学发展的力作。90 年代以后，我和伟超的著述，形异而质同。他那股为推进三峡地区的文物保护和考古研究，敢冒风险，努力拼搏的精神，令我敬佩；他那股在考古学上从不止步，高涨的求新热情，令我仰止。伟超病危期间仍对他儿子俞坦说：过去有很多学术问题，一直想不出答案，躺在病床上，想出来了，却写不出来。他因此倍感痛苦。这就是伟超的人生。这样的人生，总感到有做不完的事。他走了，貌似了了，却仍未了。

伟超为中国考古学前进奋斗了半个世纪。他走了，中国考古学失去了一个勤于思考，善于思考，且往往能想出中国考古学如何走向未来的头脑；他走了，中国考古学失去了一位智慧、诗人型的奋斗不息的主将。这是中国考古学的悲哀！

（原载《中国文物报》2004 年 1 月 9 日）

深切怀念伟超同志

徐光冀*

2003 年 12 月 5 日伟超同志离开了我们，使我们深深地悲痛。今天我们在这里集会，深切怀念伟超同志，今天也恰好是他 71 岁的生日。伟超同志是我国著名的考古学家、中国考古学会副理事长、原中国历史博物馆馆长，他以毕生精力奉献给文博考古事业，他的逝世是我国文博考古学界的重大损失。

伟超同志对中国文博考古事业的贡献是多方面的。他长期从事田野考古工作，曾主持三门峡古栈道遗迹、昌平雪山、黄陂盘龙城、陕西周原、大通上孙家寨、当阳季家湖等多处遗址的调查发掘工作；长期研究和讲授秦汉考古学，同时对史前考古学、商周考古学的研究也取得了重要成果；长期从事教学工作，培养众多人才，得到了学生的爱戴；主持修改中国历史博物馆 30 年未变的通史陈列，呕心沥血，突出了实物展品，形象地说明历史，将图表和文字说明减少到最少，提高了陈列的科学和学术水平；组建了我国第一支水下考古和航空考古队伍，开拓了考古学的新领域。同时对考古学的理论和方法进行了研究和探讨。

我与伟超同志在 1957 年夏相识于洛阳，从此开始了近半个世纪的交往，作为学长、朋友，伟超对我多有帮助。我们第一次合作是在 1958 年，编写中国考古学教材中的秦汉考古学部分，在苏秉琦先生的指导下，伟超负责西汉部分，我编写东汉部分。通过大家的努力，经过 40 多个日夜，拿出了一本中国考古学教材，送到学校展览，这当然只是北大考古学教材的一个雏形。此后在近 50 年的漫长岁月中，我们在不同的岗位上，不断交往和合作。1979 年中国考古学会成立，伟超当选为理事，我作为秘书处的负责人，每次年会都有很多接触，特别是在有关学术讨论和交流方面。1989 年第七次年会，伟超当选为常务理事，我任学会秘书长；1999 年第十次年会伟超当选为副理事长，我任常务理事；我们在常务理事会中接触就更多了。1989 年国家文物局成立考古专家组，伟超和我都是专家组成员，在专家组内会议和活动中，经常接触和交换意见。从 20 世纪 80 年代起，苏秉琦先生倡导的小型学术专题座谈会，我们都一起参加。

---

* 作者系中国社会科学院考古研究所研究员。

伟超主持中国历史博物馆通史陈列的改陈工作，当时苹芳和我负责考古研究所的工作，对改陈工作予以全力支持。1992 年全国人大会议决议修建三峡水利枢纽工程后，成立三峡文物保护规划组，伟超任规划组组长，我作为规划组成员，又在一起共事十年。伟超学识渊博，治学严谨，对工作有诗人般的热情，思维敏捷，认真负责，对朋友诚恳相待，对学生爱护提携，并对我多有帮助和启发。

伟超同志晚年几乎将他的全部精力用于三峡工程的文物保护工作。三峡水利枢纽工程是我国最大的跨世纪的水利工程，水库建成后总面积为 1084 平方公里，受淹面积 632 平方公里，涉及湖北、四川（1997 年后为重庆市）两省 22 个区县，其文物保护工作也是我国建国以来最大的文物保护工程。为了做好这项工程，首先必须有一个好的文物保护规划，于是在 1994 年由中国历史博物馆、中国文物研究所共同承担起这项任务，以伟超为组长、黄克忠为副组长，由傅连兴和我为规划组成员组成规划组，规划组下设办公室，组织全国 30 所大学、科研机构的专业人员 300 余人，参加制订规划的基础资料工作。在库区淹没区和迁建区的范围内，在过去文物调查的基础上，对地下文物和地面文物进行了大规模的调查、勘测和发掘，基本上查清了文物点的情况。并在此基础上，进行价值评估，依文物的重要性排列顺序，对不同的文物采取不同的保护措施。为作好规划先后召开了 8 次专家会议，广泛听取意见，经过集体努力，完成了这项任务。规划文本分为总规划、分省规划、分区县规划和专题规划，共计 30 本约 200 万字。尽管在实施过程中会有调整，但这是一个好的规划，也是建国以来在建设工程中首部完整系统的文物保护规划，具有创新性和开拓性。它不仅对今后建设工程中制订文物保护规划有重要参考价值，同时也对今后制订区域性的文物保护规划同样具有参考价值。《规划》于 1996 年 5 月全部完成上报，至 1998 年 9 月专家论证并原则通过，2000 年全部批准了 1087 项的保护项目。在这期间伟超同志为了《规划》的早日落实，奔走呼吁，召开了几次各方面的专家会议，并向中央领导同志写信，请求早日批准实施。有的先生对他讲：《规划》上报了，你的任务就完成了，以后就是领导的事了。但他仍然以一个学者的责任心，执著呼吁。因为他知道工程的期限已定，早一天实施《规划》，就可早一天减少文物的损失。

在文物保护工程实施后，他每年都要到库区考察指导工作，以 60 多岁的高龄，不辞辛劳，几乎跑遍了所有的重点工地，有些工地还去过多次。2001 年生病后，他不能再亲自到工地去了。我每次从三峡库区工地回来，都要向他报告工地情况，听取他的意见。2002 年底，重庆库区的同志来京举行汇报会，他带病参加会议，并在会上作了重要发言。伟超同志生病期间始终情系三峡工程文物保护工作。

目前三峡工程文物保护工作，经过艰苦努力，完成了二期蓄水（海拔 135 米）的文物保护任务，取得了重大阶段性成果，今后的任务还任重而道远。我们要以伟超同志为榜样，继续做好三峡工程文物保护工作，做好文博考古工作。这是对伟超同志最好的怀念。

（2004 年 1 月 4 日在俞伟超先生追思会上的发言）

忆俞伟超

杨 泓[*]

伟超学兄走了，他走得实在过于匆忙，令人无限惋惜。

伟超学兄比我大三个班级，在他们班以后，是徐苹芳学兄那一班，再后是张森水学兄那一班。这三个班中人才辈出，借用 20 世纪 50 年代流行的一个说法，说某研究单位只有三个半人有学问，在这三个班的学兄中，令我一直敬服的也是有三个半，其中有徐苹芳和俞伟超。

当我 1953 年考入北大时，已是大学院系调整三校合并以后，北大迁出城外占据了原来燕京大学的燕园。当年俞伟超那个班的同学正在河南洛阳烧沟实习，后来他们回到学校，因为当时我不善交际，从未与他们班的同学接触，只是班中有好事的同学有时晚上去窥视老同学的生活趣事，常说某位学兄谈恋爱，两位各坐床铺一端，所谈皆学术，又见解不同，形同学术辩论。当时我在班中年纪较小，尚不解男女之事，从未关心此事，只是听说后来这种学术辩论式的恋爱，由于年龄等原因，被他们班的同学拆散了，终于劳燕分飞，以后名花另有其主。俞伟超毕业后分配到中国科学院考古研究所工作，在 1956 年夏考古实习时，我才第一次与俞伟超认识。

1956 年的考古实习，我们班分为两组：一组由裴老带队、小吕（大家对时为助教的吕遵谔的爱称）辅助，去内蒙古，内容是石器时代的调查。另一组由苏公和宿白先生带队、刘慧达辅助，先去河南洛阳，在中国科学院考古研究所洛阳工作站整理汉河南县城的发掘资料，然后参观三门峡的发掘工地。我在去河南的一组，当洛阳的实习结束，就由宿白先生和苏公，还有考古所的马得志先生带领，去三门峡的会兴镇，参观那里发掘的汉唐墓葬，那处工地的发掘队长就是俞伟超。在去发掘工地的途中，即遇大雨，第二天虽仍有小雨，但尚能勉强到现场看已发掘的汉唐墓葬。不过因雨中道路难行，原拟去三门峡的计划难以实现，所以马先生和师生举座不欢。为了鼓起大家的情绪，俞伟超想出一个颇有点罗曼蒂克的主意，告诉大家在工地附近有一个艾地村，村内有个桃园，传闻该园内所产的桃，在前清时曾是上贡皇帝的贡品。如果明天不下

* 作者系中国社会科学院考古研究所研究员。

雨，就去桃园包一棵树，请大家吃贡品大桃。于是话题转向古代帝王的食谱，室内气氛转为欢快。次日天公作美，天开雨停，一行人在俞伟超引领下，沿着泥泞的小路，走向艾地村，寻到桃园。俞伟超已派人先行到达，包好一棵桃树，树上满挂肥硕的大桃，可任意采摘。大家围绕苏公和宿先生蹲坐树下，饱餐大桃，饕餮之貌当时记录在照片上，已刊登在纪念苏公的文集图版之中，可惜那张照片中俞伟超不在其中，我也只照上了一个鼻尖和部分眼镜而已。在会兴镇工作这一次，算是第一次与俞伟超正式接触。

对俞伟超学术方面成绩的初次认识，是读他发表在《考古学报》1956年第3期的《白鹿原发掘报告》，因为当时年轻人能在《考古学报》上发表文章，实属凤毛麟角，极为难能可贵，所以班内同窗自然会对这位学长产生仰慕之情。在那篇报告中正式报告了隋炀帝大业十一年（公元615年）刘世恭墓，因为当时对隋墓的发掘资料，尚只知前中央研究院史语所在河南安阳发掘的仁寿三年（公元603年）卜仁墓，且尚无正式的发掘报告，所以刘世恭墓可算是新中国成立后，20世纪50年代初正式发表的首座隋代纪年墓，这一资料我至今尚牢记未忘。

等到1958年我离开北大分配到中国科学院考古研究所工作时，俞伟超已离开考古所回到北大去读苏公的研究生。但是我与俞伟超的实际接触，却是从这一时期开始的。当时正值工作之始，年轻而精力较足，一整天工作后仍有精力，晚上常与徐元邦兄一起去徐苹芳家聊天，除了在学校和考古所外，徐苹芳家是我学到东西最多的地方，所以徐苹芳对我而言，与其他学兄不同，可算是"半师半友"。当时俞伟超如有机会由北大进城办事，就寄宿在徐苹芳家。每当他去时，自然大家的聊兴更浓，特别是谈起西洋音乐、各国交响乐团及著名指挥，更是滔滔不绝。当年他虽不像后来一聊天会通宵达旦，弄得别人夜不能寐，但也会延至深夜，使你有余音绕梁之感。

在这一时期，还发生过一段趣事，就是俞伟超与康生在《文物》月刊上的一场关于十二峰陶砚年代的争论。在《文物参考资料》1957年第10期47页，发表了署名为"记者"的人写的一篇《记十二峰陶砚》，介绍了一件传世陶砚及其图像，"似为西汉文物"，指为"砚中之孤品，文房之至宝也"。刊出之后，文物考古界同仁总觉其断代有误，砚山形貌及峰下蹲坐的神兽，皆显露着晚于南北朝的特征。于是一篇署名"夏江"所写的《读者来信》，刊登在《文物参考资料》1958年第7期72页，先引述文献，谈米芾所藏李后主所宝砚山之事，后文指出该砚山的山形与盛唐游山俑的山形很相似，背负山峰的人像，又似唐、宋佛教造像中的侏儒，故应为晚唐至宋代所作。《文物参考资料》同期同页又刊登了"记者"回复的"作者来信"，认为视该砚为晚唐或宋代之物似嫌证据不足，并告诫"夏江"，"论砚，当首据研史（实物演变史，非米芾等所著之'研史'），次分砚类，再别砚形、砚质"。那位"记者"原是康生，十二峰陶砚即是他的藏品。而"夏江"，即为俞伟超。当时政治环境还不像1966年后那样险恶，故康生尚能与一般人平和地讨论学术问题。

进入 20 世纪 60 年代，政治运动日增，能与朋友聊天的机会日少，俞伟超好像又在北大考古专业当了党总支的什么领导工作，能见面的机会就很稀少了。迨至无产阶级"文革"狂潮突起，因个人出身等诸多问题，自顾不暇，不敢多动，故与北大音讯隔绝，只听到俞伟超因受冲击而两度想自己结束生命未果，而长期没有见过面。噩梦过去，直到 70 年代后期，才又获与俞伟超会面，经历沧桑，他显得老了许多，但谈起话来激情依旧，只是原来对学术问题的谨慎态度消失了，泛论增多，且添加了几分神经质。1981 年初，他带领日本的进修生到考古所找黄展岳辅导，当黄展岳与进修生谈话时，他找我畅谈，说史树青去找过他，谈到刚去连云港孔望山发现了汉代佛教摩崖造像，建议当地来北京请他与我及金维诺、步连生一起再去考察，他已答应地方要求，希望我陪他一起去，我说得向所领导请示，他逼我马上去办。我只得立即去向夏作铭先生请示，夏先生同意以后，我与俞伟超约定了出发时间。不巧出发前我的眼睛突发病变，没有去成，他与金、步两位同去连云港后，不但确定了那里是有佛教造像，而且激发了他对这一研究课题的激情，导致后来古文献研究室在红楼召开的学术研讨会。

在编写《中国大百科全书·考古学》卷时，俞伟超被邀参加撰写若干关于汉代考古的条目，因此也被邀参加最后的审稿会。那次开会时我和徐光冀共住一室，由于与会的多是年长的先生，像我们和俞伟超这样的晚辈不多，估计晚上他没处聊天，只会找到我们这屋来，但是当时他那通宵聊天第二天开会打盹的习惯已是人所共晓，而徐光冀当时要管全卷的具体事务，我管魏晋以后分支学科的具体事务，第二天都不能像他可以在会上打盹，于是约定如俞伟超来，我们轮流和他聊天，一人聊时另一人睡觉，过一段换一下。果然晚上俞伟超来了，聊到十二点，毫无去意，我们两人就按预先商定的轮流睡觉，直至黎明他方尽兴离去。第二天开会，他打他的盹，我们完成我们的工作任务。

俞伟超升任历史博物馆馆长以后，见面聊天的机会就很少了，在 20 世纪 90 年代一个春节过后，我正因眩晕卧病在家，忽然有客来访，竟然是俞伟超。当天我尚不能起床，就只能躺着与他聊天，因为好久没有聊天了，所以话题颇多，自午后直到傍晚，我爱人约他吃晚饭，他笑着谢绝说另与人有事，到 6 时许，他看看表说到时候了，才告辞而去，这也是那些年聊天时间最长的一次。过了几天，在院子里碰到吴荣曾，提及那天俞伟超在我那里聊了大半天的事，他才恍然大悟，原来那天他们夫妇以同班老同学的关系将俞伟超和他爱人约去家中，以弥合他们的家庭问题，不料俞伟超刚进门不久就突然离去，他也不知到哪里去找，直等到吃饭才又出现，结果仅吃了饭什么也没谈。从那次以后，我再也没跟他那样长谈过。

没想到俞伟超会走得这样匆促，多么令人惋惜。记得在 20 世纪 80 年代末，文物出版社第一图书编辑室的一位编辑曾向我询问，如果从比我班次高的北大同学中选择可以撰写中国考古学的人，我会推荐哪几位？我当时认为旧石器时代考古当请吕遵谔，新石器时代还是我同班的严文明好，殷商找邹衡，东周可找俞伟超，汉代是黄展岳，隋唐宋元自是徐苹芳。他又问如果只找一个人通写找谁？我认为只有俞伟超，因为他当时虽为北大学生讲战国秦汉考古，并已有铅印讲义，但向上可以伸延到史前，向下他曾主持过东汉乃至隋唐宋墓的发掘，以及三门峡漕运遗迹的调查，三国时期曹魏到北朝邺都的调查，并都发表有专著和文章。还与徐苹芳一起随赵正之、莫宗江在全国范围调查古代建筑。因此在上列诸同学中，如果他肯下功夫，加上他的那有点罗曼蒂克的激情，只有他有能力一个人写中国考古学。可惜后来他由于职务和其他原因，再也坐不下来，直到离去也没有能留下本来应留下的学术专著。

俞伟超匆匆地走了，留给我们的是永久的思念。

俞伟超与中国考古学学科建设

李伯谦 *

以田野调查和发掘为特征的现代考古学自 20 世纪 20 年代传入中国，至今已有 80 多年的历史。在中国考古学发展的历程中，不断涌现出了一批又一批对学科发展做出过特殊贡献的杰出考古学家，俞伟超先生就是当之无愧的 20 世纪后半和本世纪初中国杰出的考古学家的优秀代表之一。

俞伟超先生 1933 年生，1954 年从北京大学历史系考古专业毕业，入中国科学院（今社会科学院）考古研究所工作。1959 年复考入北大，师从苏秉琦教授攻读副博士学位研究生，1961 年毕业后留校任教，历任助教、讲师、副教授、教授。1985 年调中国历史博物馆任副馆长、馆长。俞伟超的工作单位和职务虽屡有变化，但直到 2003 年 12 月 4 日逝世一直奋斗在文博考古战线上，他把一生都贡献给了自己热爱的考古事业。

俞伟超对中国考古学学科发展作出的贡献是巨大的、多方面的。从中国考古学发展史的角度来看，从中国考古学对中国古代史体系的建设来看，从中国考古学今后的发展方向来看，我认为三个方面俞伟超作出的贡献最为突出，是需要特别强调的。

首先，在中国考古学理论的建设上，俞伟超是同代人中最主要的鼓吹者、力行者。

俞伟超在自己的考古生涯中，曾参加过许多遗址的调查和发掘，当 1954 年他刚刚走出北大校门分到中国科学院考古研究所工作，就独立进行了三门峡漕运遗迹的调查和白鹿原唐墓的发掘，他执笔的这两处工作报告[1]至今仍是研究与此有关的学术问题的必备参考。但他并不以从事一般的考古调查、发掘和编写考古报告为满足，他追求的是如何运用考古材料去恢复历史，又如何为达此目的而改进考古工作。1957 年当他重入北大校门师从苏秉琦先生攻读副博士学位开始，在学习马克思主义、批判考古学界所谓"见物不见人"的资产阶级学术思想的大气候下，他没有把马克思主义的只言片语当作乱贴的标签，而是在马克思历史唯物主义理论，尤其是马克思关于社会形态有关论述的启示下，努力从考古材料和文献材料与理论结合的角度寻找能揭示他所研究的特定历史阶段社会结构的答案。熟识俞伟超的人大概都知道，那时候他最为痴迷、

---

* 作者系北京大学震旦古代文明研究中心主任，北京大学考古文博学院教授。

最感得意的是从甲骨文、金文、玺印和古文献中发现直至汉代还存在的称为"单"的组织可能就是由氏族公社发展衍变而来的农村公社。这种社会基层组织到魏晋始彻底破坏，从而成为他支持、赞同魏晋封建论的主要根据。俞伟超在 20 世纪 50 至 60 年代投入最多研究精力的这个问题，后来经过补充、修改，终于在 1988 年初以《中国古代公社组织的考察——论先秦两汉的"单—僤—弹"》为题由文物出版社公开出版，并于 1994 年由日本学者译为日文[2]。在这个问题上，中外学术界尽管存在着这样那样不同的观点，但由此可见在当时那种学术环境中，俞伟超是多么重视马克思主义理论的学习、多么重视理论与实践的结合，用理论来分析解释考古与文献材料。

"文革"十年浩劫，俞伟超遭到残酷迫害，但这非但没有摧毁他的意志反而使他锻炼的更坚强。"文革"之后，俞伟超以非凡的毅力和高昂的热情继续在考古战线上投入了新的战斗。20 世纪 70 至 80 年代初，俞伟超先后带领学生赴湖北黄陂盘龙城、江陵纪南城、陕西周原、青海大通上孙家、湖北当阳季家湖、青海循化苏志和湖北江陵周梁玉桥等遗址发掘实习。以此为基础，继苏秉琦先生之后，系统思考总结了野外发掘和市内整理中遇到的如何处理地层、如何正确处理遗物遗迹分类的理论方法问题，分别以《"考古类型学"问题》和《"考古地层学"问题》为题在国家文物局举办的田野考古领队培训班上讲授并公开刊布[3]，成为自现代考古学传入中国以后，中国学者对称之为田野考古的两大支柱理论在实践基础上做出的最全面、最系统地概括和阐释，成为许多从事野外考古工作的同仁们不可须臾离开的指导和参考，对于提高我国田野考古水平发挥了重要作用。

考古学是历史科学的有机组成部分，根本目的在于研究人类历史的过去，揭示人类社会发展的规律。地层学和类型学虽然是田野考古学的基本理论方法，但他的任务是如何科学地将埋藏于地下的遗迹、遗物揭示出来并进行科学的分类，还属于基础研究，而不能直接得出历史学上的结论。俞伟超基于自己从事考古工作的经历和实践，深深感到过去在封闭的环境下，包括自己在内习惯直接运用哲学上的历史唯物论概念来解释考古学上的现象的做法是多么肤浅，而仅仅将考古学研究局限在地层学研究和遗迹、遗物的类型学研究距离最根本的目标又是多么遥远。于是在 20 世纪 80 年代末至 90 年代初，在西方新考古学理论的启发下，回顾中国考古学所走过的曲折路程，在对考古地层学和考古类型学做了系统总结之后，俞伟超明确提出了为探索人类社会发展规律而建立考古学中间环节理论的建议。他在 1991 年出版的《当代外国考古学的理论与方法》一书[4]序言中说："为达到探明历史文化进步规律这个最高目标而建立的中间环节性质的理论，对于许多学科的发展来说，特别是学科的理论建设来说，这也是不可缺少的，如果没有中间理论，许多现象是过渡不到普遍规律性的认识上面的。"俞伟超既是在中国建立考古学中间理论的倡导者，也是身体力行者。这个时期，他在指导湖北当阳赵家湖楚墓整理和报告编写时，率先探索并提出了先进行墓葬分类，再依类分期，最后按各类、各期墓葬的对应关系，排列出全部墓葬的分类分期序列的墓葬分期新方法。他认为这种将墓葬分类与分期结合起来的新方法，"提供了一个分析社会关系变化的新基础，从而可把形态学的研究从仅仅解决年代分期问题的程度上升到研究社会关系的高度"[5]。"考古学文化"概念的提出对考古学学科的发展起到了非常重要的推动作用，但对考古学文化的理解和认识也曾一度存在僵化的现象。他和我本人在分别研究楚文化和吴城文化基础上，不约而同的提出了考古学研究的"文化因素分析方法"，他认为文化因素分析方法是我国考古学科大有进步的总环境中，在对诸如楚文化等具体考古学文化研究日益深化之后出现的一种新的研究方法，目的在于通过对特定考古学文化构成因素的解析以判定其属性、源流、形成过程及与其他文化的关系[6]。考古学文化因素分析方法，继地层学、类型学这考古学两大基础理论、基本方法之后，已成为广大考古工作者普遍采用的考古学研究基本方法之一。

　　考古调查、发掘出来的遗迹和遗物是考古学研究的基本材料和对象。因此，很长时间以来，人们误认为考古学只是研究物质文化，而较少涉及社会组织和精神领域。俞伟超在自己的考古实践中，正如前面已经介绍的，不仅很早就开始通过考古材料去研究社会结构，而且十分关注精神领域的考古研究。1988年和1989年，他先后以《文物研究既要研究'物'，又要研究'文'》[7]、《考古学研究中探索精神领域活动的问题》[8]为题撰文，呼吁考古工作者走出考古学研究即物质文化研究的狭隘认识，重视精神领域的考古研究。他说："有许多人把考古学的研究，理解为物质文化史的研究。从认识论的角度来分析，这是犯了一个机械唯物论的错误。如果广大专业干部能够从理论概念上澄清把考古研究或文物研究和物质文化研究等同起来的模糊看法，必将加强很多人提高自己抽象思考能力的愿望，形成一股推动力，去把'文化遗存'中深埋的若干奥秘解析出来。此时，我国的考古学研究或文物研究，自然会提高到一个更高的层次。"在此期间及以后，他发表了《先秦两汉美术考古材料中所见世界观的变化》[9]、《含山凌家滩玉器反映的信仰状况》[10]、《"神面卣"上的人格化"天帝"图像》[11]、《楚文化中的神与人》[12]等专项研究论文，从不同质地、不同性质的文物和考古遗迹中，解析出了各自蕴含和反映的世界观、宗教信仰等精神领域的东西，成为我们学习如何从具体的考古材料中去研究精神领域的问题的典范。

　　俞伟超考古学理论建设的集大成之作是1992年发表于《中国社会科学》第6期上的《考古学新理解论纲》。在他与张爱冰合作的这篇煌煌大作中，从考古学的学科性质到考古学的理论、方法、技术手段，综合概括为十论。他认为这十论中，第三论的"文化论"和第九论的"艺术论"、第十论的"价值论"，属于考古学本体论的范畴，在这三论中集中回答了考古学的性质、研究对象、范围、目的和作用，是属于考古学学科定位的问题。其他"层位论"、"形态论"、"环境论"、"聚落论"、"计量论"、"技术论"和"全息论"回答的是考古学的方法和技术手段问题，属于方法论范畴。正如他自己所言，十论中的后三论即"全息论"、"艺术论"和"价值论"是他新提出来的。不必讳言，对于他提出的"新三论"，学术界有着迥然不同的看法。但我认为这正是俞伟超学术思想中最为闪光之处，他提出的"艺术论"，把考古学理解为科学和艺术的结合，科学和艺术的完美统一；他提出的"价值论"，基于"考古学是科学与艺术的统一"的认识，将作为科学范畴的考古学的价值理解为"了解人类的以往过程，寻找文化进步的本质原因，认清今后前进的方向"，将作为艺术范畴的考古学的价值理解为"满足人们那种回忆自己被忘却的天真稚气的童年、奔放热情的青年以及庆功的辉煌、失败的悲壮、丰收的欢悦、祭祀的虔诚等等历史情景的愿望"，由此得到心灵的安慰、情感的熏陶、良知的培育、智慧的启迪、勇气的鼓励。考古学的全部价值，正在于这二者的结合。毫无疑问，这是迄今对考古学本质和最高境界的最为深刻地认识。他提出的"全息论"，基于"部分是能够映射整体的"认识，预测"如将全息概念引进到考古学的研究中来，或者说把考古学的研究推进到全息阶段"，考古学将发生最深刻的变化，"认识人的本质，认识人与人和人与自然之间的关系的本质，成为考古学研究的最终目标，研究历史与研究现实也必然合为一体"，考古学将进入自己的最高阶段。尽管他把"全息论"如同"层位论"、"形态论"、"环境论"、"聚落论"、"计量论"、"技术论"一样也归为考古学的方法论范畴，但我理解，当他提出"全息论"的时候，他已朦胧的接触考古学的发展前景和最终归宿了。考古学是否随着全息理论的普及发展到它的高峰和最后阶段并最终导致学科界限的泯灭很难预测，但我认为将俞伟超倡导的"全息论"的思想运用于考古学研究"由点到面"、"举一反三"、"解剖麻雀"是有积极意义的。

第二，在中国考古学的方法多样化上，俞伟超是最主要的倡导者和推行者。

在现代考古学传入中国之初，以殷墟发掘为代表所进行的考古活动中，是很注意与自然科学相结合、采用现代化的技术手段的。1928年开始的殷墟首次发掘主持人董作宾就请了擅长测绘的李春昱到工地负责测绘工作[13]。1928年以后，参加殷墟发掘的既有李济、梁思永等考古学家，也有祁延霈等科学工作者，至于殷墟出土遗物的研究，考古队没有合适人选时，则请外单位专家担任，例如，请古生物学家秉志研究出土龟壳[14]，请古动物学家德日进、杨钟健研究动物骨骼[15]，请伍献文研究鱼骨等[16]。但遗憾的是这个好的传统，1949年以后有相当长的一段时间没有很好的继承，更没有很好的发扬。考古发掘项目是越来越多了，但参与考古发掘的人却是越来越单纯了，好像考古工作就是单纯的辨土色、划地层、对陶片搞排队分期，许多应该获得的信息，因为没有自然科学工作者、技术科学工作者的参与而丢掉了。20世纪80年代初改革开放的大潮冲开了自我封闭的大门，随着考古学界和国外交流的扩大，大家开始认识到我国考古学，特别是考古的技术手段和国外的差距太大了，要想和国际接轨，赶上世界潮流，不仅要借鉴国外的考古学理论、方法，而且要大力引进国外先进的考古技术手段。在这方面，20世纪80年代初赴美国哈佛大学做过访问学者，曾亲眼目睹美国考古学发展现状的俞伟超先生感受尤为强烈，他多次呼吁应该改革中国的考古学教育，应该改变在中国考古学界流行的考古队组成人员的结构，吸收自然科学工作者例如地理学、地质学、生物学、环境科学等方面的人士参加发掘。1985 年俞伟超调入中国历史博物馆任副馆长、馆长，利用主管考古部的机会，他于 1991 年亲自组建了有各方面学者参加的班村考古队，从考古队的人员组成到新的发掘方法的采用，一改过去的传统。从此班村模式成为中国考古学界纷纷仿效的榜样[17]。之后，俞伟超出任三峡工程文物保护项目的主管，不仅强调各考古队要有自然科学、技术科学的工作人员参加，而且亲自请中国科学院遗传研究所的专家对考古发掘出土的人骨进行 DNA 测定，并与现代土家族人的 DNA 测定数据作比较研究，在探讨古代巴人与现代土家族关系方面进行了有益的尝试。20 世纪 90 年代末，我筹划在北京大学考古系建立古 DNA 实验室，向俞伟超请教，他表示鼎力支持，并亲自帮助物色人选，拟定课题，只是由于北大自己的原因，没有搞成，而成为一大憾事。

1997 年俞伟超赴台北中央研究院历史语言研究所傅斯年汉学讲座，他在《二十一世纪中国考古学研究前景的展望》[18]的讲演中，在谈到新世纪中国考古学应该追求的目标时，突出强调了要"在野外考古学中大量引进'GIS'系统，建立中国化的考古学的地理信息系统"，要"引进遗传基因研究，建立古代基因实验室，最终解决古文化与古人类族群的关系问题"。

俞伟超不仅在自己主持的考古项目中身体力行努力贯彻自己新时期考古学的理念，而且还克服困难，创造条件，在历史博物馆建立了第一个水下考古研究室和航空遥感考古研究室。水下考古研究室自 1987 年成立以来，从无到有，从弱到强，目前已拥有一支思想过硬、技术精湛的水下考古队伍，在渤海、东海、南海等不同水域分别进行了多次水下沉船考古实践，出土了大量不同窑系的外销瓷器及其他文物，为中国唐宋以来瓷业生产及外贸研究提供了重要资料，填补了中国考古学的空白。航空遥感考古研究室组织略晚，但已取得的成果已昭示出其在大规模古代遗迹的调查、勘查等考古活动中无与伦比的优势和广阔前景。

第三，在中国考古学教育、人才培养、队伍建设上，俞伟超是积极的参与者和重要的推动者。

回顾中国考古学史，虽然早在 1922 年北京大学即成立了考古学研究室，从 1928 年以中央研究院历史语言研究所成立考古组和开始发掘殷墟为标志，中国已有了自己的专门考古机构和由中国学者自己进行的考古工作，但在高等学校一直没有正规的考古系科和专业，一直没有招收过本科学生。时隔 30 年之后，1952 年北京大学考古专业的设立，才结束了中国大学没有正规考古学教育的历史。

俞伟超是北京大学历史系考古专业成立后，由北京大学博物馆专修科转来的第一批本科学生，1954 年毕业后入科学院考古研究所工作，1959 年夏回北大历史系攻读秦汉考古副博士学位，1961 年初毕业留校任教，历任讲师、副教授、教授，直至 1985 年调中国历史博物馆，在北大历史系考古专业、北大考古学系工作了 24 年。在北京大学任教期间，俞伟超主讲战国秦汉考古，并指导过 58 级、61 级、72 级等本科生和多届研究生田野考古基础实习和毕业实习。我没有听过俞伟超的战国秦汉考古课，但据听过课的同学讲，有系统、逻辑性强、带有理论色彩，是他讲课的最大特点，这从20世纪70年代北大铅印的由俞伟超执笔的《战国秦汉考古（上）》讲义以及以讲课内容为基础撰写而成后收入1985年出版的俞伟超《先秦两汉考古学论集》的有关论文即可见一斑。田野考古实习是北京大学考古专业最重要的课程之一，其对于学生考古技能、研究能力乃至专业思想的培养与确立起着十分重要的作用。1961年58级到北京昌平雪山实习，俞伟超任队长，我刚毕业留校，也加入了辅导老师的行列，和俞先生朝夕相处了3个月。俞伟超作为考古工作队的队长，除了去处理与合作单位、当地领导的关系，绝大部分时间和精力都用到了对同学实习的辅导上，不仅利用下雨天和可以利用的一切机会向同学们讲解田野考古的一般理论和方法，与实习发掘的遗存相关的考古学文化研究的历史、现状和意义，还对如何划分文化层，如何找墓地，如何清理、登记出土遗迹与遗物，亲自做示范，既言传又身教，保证同学们能受到系统的训练，掌握基本的技能。20世纪80年代初开始，俞伟超先生协助苏秉琦先生指导研究生后来又独立招收研究生。俞伟超对研究生的培养，除了常规的上课、实习，更多的是课余时间的"闲聊"，俞伟超爱聊天是出了名的，晚上一点、两点甚至通宵达旦是常事。同学们从上至天文、下至地理，天南海北、国内国外，无远弗界的"聊天"中，增长了知识，悟到了为学的道理，学会了从材料中寻找问题、解决问题综合研究的能力。俞伟超1961年初研究生毕业留校，我1961年7月本科生毕业留校，9月份一起到昌平雪山实习，1962年初回校，又同住十九楼，我和他住的地方只隔几个房间。那时候我就受到过和俞伟超等年轻教师们一起聊天的熏陶。可以说我上课、读书之外得到的知识尤其是分析问题的能力一大部分是从这个途径得到的。我不是俞伟超先生的研究生，但在这一点上，我完全能够想象到俞伟超所指导的研究生们一定会有比我更深的体会。在这看似毫无目的甚至是不着边际的"聊天"中，不仅同学们得到了一般学不到的东西，作为老师的俞伟超先生其实也从中受到了不少启发。所谓"教学相长"，并不局限于常规的上课和课堂讨论，课下的"聊天"交流由俞伟超发挥到了淋漓尽致的境界，成为一种十分有效的形式。

俞伟超对学生培养的另一特点是"有教无门"。所谓"有教无门"就是不讲门派，不讲学校，不讲学位。只要有志于向俞伟超讨教者，他都一视同仁和盘托出，绝不保留。现在活跃在考古第一线的不少年轻学者，有的不是北大毕业，也不是俞伟超的研究生，但他们一谈起自己的成长经历，都抑制不住感激的心情，称俞先生为自己真正的老师。

1985年俞伟超调离北大，脱离了教育战线，但他对考古人才培养、考古队伍建设的热情丝毫没有减退，反而由于他角色的转变和地位的变化，考虑考古人才培养、队伍建设的范围更为广泛、更为长远。如果说在北京大学任教的24年，是他为培养传统考古学人才贡献大量心血并做出突出成绩的24年，调到中国历史博物馆以后，从1985

年开始直到 2003 年因病去世的 18 年，他则是着重把精力放到了培养中国考古学极缺的诸如水下考古和航空遥感考古方面的人才上，最先培养出了第一批水下考古和航空遥感考古人才，组建起了专业队伍，开始了相关领域的考古工作，并取得了骄人的成绩。

俞伟超离开我们已经三年了，但他的音容笑貌却仍然留在我们心中。当我们回顾中国考古学发展前景的时候，我们更会以他提出的充满热情的建议和目标为动力。中国考古学将会像他所期望的那样，以强健的步伐前进，走出国门，走向世界。

注释：

[1] 俞伟超：《三门峡漕运遗迹》——黄河水库考古队报告之一，科学出版社，1959 年；《西安白鹿原墓葬发掘报告》，《考古学报》1956 年 3 期。

[2] 俞伟超：《中国古代公社组织的考察》，中国历史博物馆丛书第一号，文物出版社，1988 年；日译本为《中国古代の社会と集団》，雄山阁，东京，1994 年。

[3] 俞伟超：《考古学是什么——俞伟超考古学理论文选》，中国社会科学出版社，1996 年。

[4] 中国历史博物馆考古部：《当代外国考古学的理论与方法》，三秦出版社，1991 年。

[5] 俞伟超：《当阳赵家湖楚墓》序言，文物出版社，1992 年。

[6] 俞伟超：《楚文化的研究与文化因素的分析》，《楚文化研究论集》第一集，荆楚书社，1996 年。

[7]《中国文物报》1988 年 1 月 29 日（总第 67 期）；又见《考古学是什么》，中国社会科学出版社，1996 年。

[8] 摘自《含山凌家滩玉器和考古学中研究精神领域的问题》，《文物研究》第 5 期，黄山书社，1989 年；又见《考古学是什么》，中国社会科学出版社，1996 年。

[9] 均收入俞伟超《古史的考古学探索》一书，文物出版社，2002 年。

[10] 同注［9］。

[11] 同注［9］。

[12] 同注［9］。

[13] 董作宾：《民国十七年十月试掘安阳小屯报告书》，《安阳发掘报告》第一期，1929 年。

[14] 秉志：《河南安阳之龟壳》，《安阳发掘报告》第三期，1931 年。

[15] 德日进、杨钟健：《安阳殷墟之哺乳动物群》，《中国古生物志》丙种第十二号第一册，1936 年。

[16] 伍献文：《记殷墟出土之鱼骨》，《中国考古学报（即田野考古报告）》第四册，1949 年。

[17]《班村考古的思考与体会》，《中国历史博物馆馆刊》1995 年 1 月。

[18] 见《考古——文明与历史》，台北中央研究院历史语言研究所傅斯年汉学讲座，1997 年。

"这是等了三十年的发现"

——回忆俞伟超先生

郭大顺 *

2002 年 5 月初，趁北大考古系召开建系 50 周年庆祝会的机会，我和高玮、孔祥星约好，到小汤山疗养院去看望俞先生。那天俞先生兴致很高，非要请我们到附近餐馆就餐。看先生吃的香，也很健谈，精神不错，我们都十分高兴。在饭桌上还谈起当时正在讨论的中国考古学的走向问题，他态度明朗，与流传的不同，我们都建议俞先生能将他的观点发表出来，不久就在《中国文物报》上看到了他的文章。这是我们与俞先生的最后一次见面。

俞先生到东北来的机会不多，到辽宁来只有 1983 年 7 月喀左县东山嘴现场会和朝阳"燕山南北长城地带考古"座谈会、1985 年 9 月兴城苏秉琦先生 77 岁生日聚会、1986 年 9 月沈阳中国考古学会第六届年会，每次逗留的时间都很短，却都给我留下很深的印象。

1983 年 7 月，由苏秉琦先生倡议、国家文物局组织，在辽宁省朝阳市考察喀左县东山嘴遗址并召开"燕山南北长城地带考古"座谈会。会议通知发出后，主办者临时决定开会的时间和日程都要有所变更，当我带着材料连夜从沈阳坐火车赶往喀左时，只听说参加会议的诸位先生正聚集承德等待，对会议何时开，谁能参加，仍心中无数。令我意外惊喜的是，一进卧铺车厢，就看到了俞伟超先生。原来俞先生是在外地出差得知苏秉琦先生倡议召开这次座谈会的消息，匆匆赶到沈阳转车赴会的。见了俞先生，我像是一下子有了主心骨，以为会议肯定会马上召开，于是抓紧时间向俞先生介绍了东山嘴遗址近两年的新发现。俞先生虽然在此前还不知道这些发现，但他马上意识到这一发现的特殊重要性，并特别询问了孕妇小塑像和组织遗址空中拍摄的情况。在喀左县考察完东山嘴遗址后举行的座谈会上，他语出惊人，说东山嘴遗址出土的这几个孕妇小雕像是"考古界等了 30 年的重要发现"。他说："留学生们经常问起，世界各地的新石器文化到青铜文化，到处都有妇女小雕像发现，为什么中国没有？有了这两天的见闻，才知道大家终于找到了全国考古界等了 30 多年才被发现的重要材料。这就是

---

* 作者系北京大学中国考古学研究中心专职研究员，辽宁省文物考古研究所研究员。

一些新石器时代的妇女陶塑像以及同这种塑像有关的一片祭祀遗迹。"由于这类人体小雕像在中国史前文化中是第一次明确出土，这方面的研究以及有关史前时期祭祀方面的研究也很少，但俞先生在会上临时发挥，就较为系统论证了女性雕像出土的价值。他广征博引，将妇女小雕像与美州印第安人以妇女作为祭祀时的农神比较，以为是生育神和农神。又将砌石建筑与江苏铜山县丘湾商周时期的石刻岩画、朝鲜半岛的巨石作比较，以为东山嘴的砌石建筑也是环太平洋东部地区地母崇拜的一部分。

朝阳会后不久，俞先生去美国哈佛大学访问。由于刚考察过东山嘴遗址，在美期间，他特别留意有关的考古资料。他曾给我一信，说他查阅了欧洲一些巨石文化的资料，还在书店特意购买了一点有关英国巨石建筑的书，并建议辽宁馆也买一本。不过，他在信中主要要告诉我的，是他在哈佛大学福格美术馆见到两件红山文化斜口筒形玉器。信中详细介绍了这两件玉器的尺寸和著录情况，并联想到在朝阳会上见到的同类器（凌源三官甸子城子山 2 号墓出土，该遗址后被编为牛河梁遗址第十六地点）。这是我第一次得知海外收藏红山文化玉器的消息，于是马上将俞先生告知的材料在即将于《文物》杂志上发表的《论辽河流域的原始文明与龙的起源》一文的校样上作一补注加上。俞先生信中标明这两件玉器发表于 1975 年，以后得知，福格美术馆收藏的这两件斜口筒形玉器，1975 年发表时年代被定为西周时期。红山文化玉器的最初鉴定结果是 1984 年 6 月公布的，东山嘴遗址的简报发表于《文物》1984 年第 11 期，而斜口筒形玉器被最终确定属于红山文化，是 1984 年 8 月牛河梁遗址第二地点一号冢第 4 号墓正式发掘后才"一锤定音"的。俞先生给我写信的时间是 1983 年 10 月份，当时红山文化玉器的年代包括斜口筒形玉器在内，还没有最后确定下来，当然那时海外还没有人知道红山文化玉器出土的消息，这样推算起来，俞先生应该是最早一位将海外收藏的红山文化玉器鉴定出来的学者，也可见俞先生学术上的敏感性。2001 年我终于有机会在福格美术馆见到陈列的一件斜口筒形玉器，该器为所见斜口筒形玉器中最宽也最厚重的一件，尤其是在靠近玉筒平口一端刻有纹饰，为已知数十件红山文化斜口筒形玉器中唯一一件有纹饰的标本，而且是近似于红山文化彩陶上龙鳞纹的图案，其学术价值之高，自然不言而喻。

遗址空拍当时在考古界还是试验阶段，虽然申请上天的手续繁杂，花钱不少，效果也并不理想，但俞先生高度重视它的学术价值，鼓励我们说，这一张照片的价值就抵得上一年的发掘经费！以后得知，他很早就深知航空照片对全面观察遗址的重要性。中国历史博物馆在他的主持下，组建了全国第一个考古航拍队伍，并很快取得引人瞩目的成果，为中国考古学增添了一个新的分支。

还记得也是那次朝阳会前，我陪俞先生清晨赶到喀左县城时，苏秉琦先生和黄景略先生率领的大队人马还在从承德到喀左的路上没有到达。于是我和方殿春同志商议先陪同俞先生到就近 1973 年出土两批窖藏商周青铜器的北洞孤山去考察。一到现场，俞先生就注意到正对窖藏坑的山下台地有近似于夯土的迹象，于是仔细观察起来，因停留的时间不多，当地群众又说 1958 年曾在这里修过水坝，一时难以做出准确的判断，就先作罢了。此后我们又几次到现场辨别，虽然至今仍没有最后结论，不过俞先生在考古现场的那种带着课题进行田野工作和敏锐的观察力给了我很深的印象，这无论对我们继续深入认识喀左一带不断出土的窖藏商周青铜器，还是在田野考古中观察其他现象，都有很大的启示。

考察东山嘴遗址和在喀左召开座谈会之后，与会全体人员移师朝阳，继续座谈。俞先生在朝阳会上较系统地谈了他对东北古代文化主要是夏家店下层文化的看法。文章经修改后收于他的新著《古史的考古学探索》一书中。他虽然是在 60 年代发掘北京雪山遗址后首次接触到夏家店下层文化的实物，但一下子就抓住了该文化最主要的特征性文化因素——筒形鬲，通过对这种筒形鬲制作过程的研究，归纳出它的主要特点是："用泥条盘筑法做成一个圆筒作器腹，又单独做出三足和口沿，再拼接成一体；三个袋足还要加上足根。""腹部特别长，三足的下半部突然往外鼓出一点点，表面又往往是磨光的素面陶。"并以此与山东半岛至苏北沿海的岳石文化等相比较，得出东部沿海一带古文化的一致性，以为它们同属古代民族四大集团之一的东夷集团。俞先生对夏家店下层文化的另一个观点，是以为夏家店下层文化和夏家店上层文化虽然差别很大，但都属于东夷系统。俞先生在这些论述过程中所体现出的从微观的实物具体剖析到宏观的概括和将考古与文献有机结合的研究方法，为我们树立了研究学问的一个榜样，也为我所铭记。

近年俞先生的学术思想对我启示最大的，是他 60 岁生日时所谈"古今一体"的感悟。他在《考古学是什么》一书的"六十述志"中写到，今已六十，仍谙耳顺本义，然忽识古今一体之道。盖天地平衡、古今一体之理。基于这一认识，俞先生于 1998 年在台北中央研究院历史语言研究所作《二十一世纪中国考古学研究前景的展望》的讲演时，提出实现考古学与史学、人类学的重新合一的主张，并引用了目前西方史学主流的法国论坛史学"历史就是今人与古人遥相交往和理解的一种结果"的观点。说明他对考古学的认识已达到一个新的层次。2000 年俞先生在为苏秉琦先生《中国文明起源新探》三联版所写的前言《中国考古学的一座里程碑》一文中，也特意谈到他和苏先生有关这一题目的交流："在'访谈录'（指香港《明报月刊》委托俞先生和邵望平采访苏秉琦先生后所写的《百万年连绵不断的中华文化—苏秉琦谈考古学的中国梦》——郭注）完成过程中，秉琦师曾于 1997 年 3 月中旬把我叫去，让我作些修改，谈了一些想法，反复要我加强表达考古学研究对启示今人的作用，并且一定要把我在他八十五寿辰时写的祝寿之辞加进去，即：'历史已逝，考古学使她复活。为消失的生命重返人间而启示当今时代的，将永为师表。'我一直深以为憾的是，当时工作繁忙，交稿时间又紧，未能做好这一点；不过我已经极为明白他此时是把寻找中华古文明的民族灵魂和精神支柱，作为思考的重心。我自己由于在 1992 年时，曾经思考了人与动物的根本区别和人类历史的起点问题，已领悟到'古今一体'是人类社会的本质性能，所以完全理解到他正在寻找的古今文化的内在联系，触及了考古学最根本的价值，深入到了考古学生命之树的根系。秉琦师的研究境界，又开始了再一次的升华。"我于1999 年底在成都举行中国考古学会第十次年会上，提交了一篇题为《苏秉琦论"古今接轨"及其在学科理论的地位》的论文，试图解读苏秉琦先生关于古今关系的论述，也是受到俞先生这一感悟的感染和启发而写成的。

2001 年底俞先生在为他的《古史的考古学探索》一书所写的序中，继续谈到"寻找人类的本质，追索人类社会的本质，了解人类的本性"是考古学的最终目标的问题，这时，他已进小汤山医院治疗。可知，对"古今一体"的感悟，应该是俞伟超先生告别他精彩学术生涯时最后的思考与追求。

一位云水胸襟的导师

——追思俞伟超先生

信立祥*

　　1967 年，我作为在校学生在高明先生家中与俞伟超先生初识，他渊博的学识、优雅谦虚的谈吐，深深地打动了我。此后的三年间，当时北大十九楼的历史系青年教员单身宿舍和我在三十八楼的学生宿舍成了我与俞先生的经常聚谈之处。1979 年至 1982 年，我作为他的第一个研究生在北京大学历史系攻读战国秦汉考古学。1985 年，俞先生从北大调中国历史博物馆工作后，我一直在他的领导和关怀下工作。30 多年来的言传身教和耳提面命，使我深深感到，俞先生不仅是一位杰出的学者，而且是一位有着云水胸襟、江海气度、宽厚仁爱的伟大导师。在多年的交往中，俞先生有两点感人至深：一是对青年人的无私关爱，二是对事业的深沉挚爱。

　　作为一位出色的教育家，有教无类和循循善诱是俞先生毕生身体力行的育人原则，我自己就深受教益。1970 年，我大学毕业后在地方上从事考古工作，由于大学所学的专业是中国史，在工作中深感力不从心。为此，我经常来北京到俞先生家登门求教。俞先生不仅热情接待，而且每次对我的求教都给予详尽的解答并提出有益的启示，如果他事后有新的想法，也会立即写信详告。1973 年深冬，我带着发掘西汉中山王陵中遇到的一些问题再次到俞先生家造访求教，到他家时已经是晚上九点。当时俞先生在中关园的住宅面积很小，为了不影响家人休息，他领我到北大未名湖畔边走边谈，为我详细讲述了汉代诸侯王墓葬形制的演变，告诫我在发掘和研究中应注意的问题。在送我去公共汽车站的路上，他兴致勃勃地谈论着北大和考古学的未来，仿佛完全忘记了"文革"带给他的巨大打击和磨难。他兴奋地告诉我，最近周总理陪李政道博士访问北大时表示，要恢复研究生招考。在凛冽的寒风中，我望着俞先生消瘦挺拔的身躯，一种崇高的敬意油然而生，我激动而坚定地告诉他："如果恢复研究生招考，我一定报考你的研究生。"从此，我与俞先生结下了终生的师生之缘。

　　1979 年，我成为他的研究生后发现，俞先生的云水胸襟，包容和关爱着所有投身事业的年轻人。对于年轻人，俞先生从来没有学校和门第之分，凡是来向他请教的，

---

　　* 作者系中国国家博物馆研究员。

他都将其视为自己的学生。在他的家中和办公室里，经常聚集着来自全国各地、各高校的考古学和历史学青年工作者；他外出工作，走到哪里，哪里就成为他向考古学和历史学后辈施教的课堂。他怀着一颗真率热诚的童心，将青年晚辈视如亲人子弟和挚友，对他们知无不言，言无不尽。他渊博的学识，坦荡的胸怀，和蔼可亲的风姿，使他对青年有一种巨大的人格魅力。在他面前，年轻人会忘记年龄的差距和辈分的代沟，敞开心扉，直抒己见。与青年晚辈畅谈考古学的发展和未来，是俞先生平生的一大乐事。每当此时，都能焕发俞先生无尽的才思，他的许多才华横溢的文章就是在这种场合构思成型的，后学晚辈也能在无拘无束的交谈中受到他充满智慧的启示。俞先生爱惜人才，奖掖后学，在学术界有口皆碑。每当他读到青年学者送他审阅文章的精彩章节或听到他们讲到自己的某个深刻学术见解时，常常情不自禁地击案赞叹："太好了！"不少青年学者学术研究上的处女作就是经他推荐和修改后发表的。有时，在交谈中发现某个青年晚辈研究的课题与自己相同，他不仅将自己对这个课题深思熟虑的想法和盘托出，而且将自己多年搜集整理的有关资料倾囊相授，这样的事情我曾遇到多次。对于自学成材的青年，他不问学历，倾心接纳，扶持栽培，不遗余力。20 世纪 70 年代，他在湖北荆州发掘纪南城时，接待了一位前来求教的自学古文字学的青年，倾谈之下，深深为其勤奋好学的精神所打动。回京后，他到处奔走，介绍这位英才的感人事迹。后来，经他推荐，这位没有学历的青年考取了北大研究生，现已成为中外知名的古文字学家。可以毫不夸张地说，凡是与俞先生接触过的青年人，都从他那里得到过教益和帮助，他是学界青年人公认的、最受爱戴的导师。

　　俞先生是一位具有浓厚诗人气质的学者，从他立志投身于考古事业的那天起，一种神圣的使命感让他对钟爱的事业毕生热情激荡、挚爱深沉。特别是经过"文革"的生死磨难，他完成了摆脱荣辱毁誉后的升华，将自己的才华和生命全部融进了考古文博事业。"文革"后期，他成了北大历史系的主要批斗对象，面对强加在头上的污蔑和诽谤，他无动于衷，因为他的心早已飞到刚刚恢复的考古事业上去了。批判会上，常常是台上批判者慷慨激昂，台下的俞先生却平静地在记录本上草拟着考古学术论文的提纲。许多年后，当他回忆这段经历时，带着讥讽的微笑得意地说："他们还以为我在记录批判内容呢。"1976 年毛主席逝世前的一段时间，是他处境最困难的时期。当时，他在陕西周原考古工地辅导北大考古专业学生实习发掘，每天晚上都要在批判会上接受批判，但白天在工地辅导学生时仍有错必纠，一丝不苟。俞先生对考古事业这种无怨无悔的献身精神，老而弥坚，至死不渝。在中国历史博物馆工作的十几年里，为了中国的文博考古事业，他把自己生命的弓弦绷张到了极限，达到了舍生忘死的地步。除了繁杂的日常行政工作，他主持完成了自 1959 年以来未曾变动过的中国通史陈列改陈，组建了我国第一支航空考古和水下考古队伍，主持领导了河南渑池班村工地多学科综合考古发掘与研究，完成了规模庞大的长江三峡库区文物保护规划，系统地介绍国外考古学的新理论，几乎每一项工作都是开拓性的和前瞻性的。他在工作中表现出的胆识、气魄和极高的效率，令所有的业内人士叹服。但是，这一切都是以生命的透支为代价的。2001 年春，他不堪重负的身体已经显露病容，还坚持到三峡检查文物保护情况，检查途中的一场车祸使他的身体更加衰弱。当年 6 月中旬，在重病已经发作的情况下，仍然买了机票准备再次飞赴三峡检查工作。临行前去医院取药时，才被诊断出癌症，只好住进了医院。这时，俞先生考虑的不是自己的生死去留，仍然是考古事业。他平静地要求医生直言相告，他的生命还有多长时间，他要利用这最后的时间完成该做的工作。此后的两年多时间里，他忍受着巨大的病痛，不停地拼命工作，为送他审阅的数部专著写了序言，发表了多篇才华横溢的学术论文，编辑了自己的论文选集《古史的考古学探索》。在俞先生生命弥留之际，他最遗憾的是自己关于考古学的很多想法再也无法写出来了。可以说，俞先生将自己的一切包括自己的生命，都献给了自己挚爱的考古文博事业。

俞先生的不幸逝世，使考古文博事业失去了一位才华横溢、无私无畏的斗士和主将，也使我们失去了最爱戴的导师。他的高风亮节和为事业的献身精神，将激励我们为考古文博事业奋斗终生。

恩师风范　高山仰止

——沉痛哀悼尊敬的俞伟超先生

高崇文*

2003 年 12 月 5 日，我尊敬的老师、著名的考古学家俞伟超先生与世长辞了，惊闻噩耗，我的头脑顿时一片恍惚。

我受教于先生已有 30 余年，耳提面命，得先生谆谆教诲，受益匪浅。先生风范，历历在目。

我是 1972 年入北京大学考古专业学习的。历经"文革"浩劫，已 6 年没有坐下来学习的同学们，多么珍惜这一学习的好机会，入学后渴望学习的热情可想而知。迎来了动乱后的第一批学生，终于又可以教书育人了，老师们也异常兴奋。

当时，学校经常"开会"、"运动"，为了离开这个环境，考古专业的师生们便以"开门办学"为由，多次赴外地进行野外教学实习。1973 年秋，俞先生与另外几位先生带我们班赴石家庄、安阳、郑州、洛阳等地参观教学。战国秦汉考古的教学就是俞先生带我们在郑州、洛阳进行的。记得在参观汉魏故城时，天都黑了，俞先生还让大家点着火柴和打火机看太学遗址出土的文物，那天回到洛阳已经是深夜 11 点多了。在这段时间里，俞先生完全和我们班融为一体。俞先生对考古事业的执著，对教学工作的认真负责，深深地感动着同学们。但这时候，俞先生却正承受着政治上的极大压力。当时学校专门派人到郑州，讨论俞先生"文革"初期所谓"畏罪自杀"、是否恢复党籍的问题。俞先生就是在这样的政治压力之下，痴情于考古事业，尽心尽责地教书育人的。

1973 年底，"四人帮"掀起"反击右倾翻案风"，学校几次催促我们班回校搞运动，俞先生只好带着我们班回校了。工宣队也想在我们班搞出"成果"来，于是俞先生便成了最为集中的靶子。当时给俞先生罗列了多条"回潮罪状"，把俞先生动员同学们好好学习考古专业，将来成为考古专家、学者、教授，指责成鼓吹白专道路；把俞先生劝同学们学习外语，指责为崇洋媚外。有一天下午开"反回潮"的会，会上有的同学迫于形势说了些激烈的话，俞先生整个下午一言未发，精神非常紧张。会后我很

---

* 作者系北京大学中国考古学研究中心兼职研究员，北京大学考古文博学院教授。

担心俞先生，便与两位组长把他从二楼送到楼下，并轻声地安慰他："俞老师放宽心，要保重！"俞先生默默地点点头。

粉碎"四人帮"之后，我和俞先生带学生到外地实习，遇到了批判过先生的同学，这位同学忐忑不安地对我说："当时我批判过先生，先生会不会对我有看法呀？"我对他说："俞先生的为人你还不知道？不会有问题的。"果然，见面后，俞先生对他非常热心，指导他的业务发展，其后多年一直在帮助指导他。俞先生不只一次地对我讲："某某同学不得了，进步真快，以后肯定有大的发展。"

俞先生时常对我们讲，学习考古，田野考古是基础，中国考古学这门新学科就是在田野考古的基础上产生和发展的。我们班同学们的田野考古能力都比较强，参加工作后，绝大部分同学都取得了优异成绩，这与当时许多先生带我们进行多次实习是分不开的。俞先生带领我们进行过几次实习，深知俞先生丰富的田野工作能力和水平，他的见解往往给同学以惊喜。1974年，俞先生带我们在湖北盘龙城实习，发掘出了二里岗时期的大型宫殿；1975年，俞先生带我们在湖北纪南城实习，与兄弟院校一道发掘出战国时期楚国大型宫殿；1976年，俞先生与严文明先生带领74级同学在陕西周原实习，又发掘出周代的大型宫殿。此后发掘的湖北当阳季家湖、沙市周梁玉桥等，均发现了新的文化遗存。当时许多人开玩笑说，俞先生挖什么地方，什么地方就有宫殿，就有新文化。这虽然是开玩笑，但俞先生多年的野外奔波，正是在认真地实践、总结、思考中国考古学的理论与方法。20世纪70年代后期到80年代初，俞先生根据多年的考古实践经验，多次给同学们讲考古地层学与类型学的理论和方法。1984年，俞先生为编辑出版《苏秉琦考古学论述选集》，专门写了一篇《探索与追求》（与张忠培先生合著）的文章，回顾了苏秉琦先生对创建中国考古学科的贡献，总结了中国考古学理论与方法的形成过程，归纳了在世界考古学发展中"中国学派"的特点。可以说，这是对中国考古学理论与方法的第一次梳理、总结和提高。初稿写成后，俞先生让我看，并说他是流着热泪写成的。在我认真拜读文章的同时，俞先生边用手帕擦着行行眼泪边激动地叙说着，我也特别为之感动。俞先生如此动情，一方面是对苏秉琦先生的由衷敬佩，另一方面也是对众多人用血汗浇灌、培育出的中国考古学而万分感慨和自豪。

我不是俞先生的正式入室弟子，但在我的学术道路上，俞先生却是最为重要的引路人，他对我的影响是决定性的。1979年恢复招研究生，我征求俞先生的意见，想报考他的研究生。因当时校外有几个人准备报考，俞先生就劝我："你不要争那个名额了，在校内不是一样吗，等他们考进来，我们一起组织学习，大家分分工，组织一套研究计划。"后来俞先生让我侧重于对两周青铜器进行形态学研究。我的《两周时期铜壶的形态学研究》就是俞先生定的题目。6万余字的稿件，4易其稿，每一次俞先生都仔仔细细地修改，包括标点符号。最后的修改稿，至今我还珍藏着。这篇稿子与其他几位研究生的论文都收在俞先生主编的《考古类型学的理论与实践》一书中。在研究铜壶形态学问题时，我对铜壶的使用礼制产生了兴趣，所以在初稿的末尾谈了铜壶的使用礼制。俞先生看后，认为深度不够，建议我去掉这一部分，并说："谈礼制就要先仔细阅读'三礼'，这是重要的基础。"俞先生把他的《仪礼正义》拿给我，让我先认真仔细地读这部书。这部书至今还在我这里。回首我的学术发展，每一步都倾注了先生的大量心血，都印有先生殷殷教诲的烙印。

俞先生走了，他留给我们的是不尽的思念，是先生对考古事业矢志不渝的探索精神和丰厚的学术遗产。先生的美德与智慧，将与世长存，高山仰止，心向往之。我要再说一声：谢谢您，我的恩师俞先生！

怀念俞伟超，呼唤"班村"精神

裴安平 *

敬爱的俞伟超先生离开我们整整一年了，我们在心底深深地怀念他。

俞先生不仅为中国考古学实践与理论的发展作出了重大的贡献，也为中国考古学的未来进行了极有意义的前瞻与探索。俞先生不仅属于我们这个伟大的时代，更属于我们中国考古学的未来。

我们一直在发问，也一直在思考，并且认为，在先生遗留的精神财富中，那种无所畏惧锐意开拓进取创新的精神才是它的核心与精髓，而先生一手策划并指导的班村遗址发掘也正是这种精神的见证与体现。

一

20 世纪 80 年代中后期，随着我国的改革开放，西方各种学术思潮潮水般涌进国门，60 年代在美国和西方都有较大影响的"新考古学"也随之而来，对我国的社会科学和考古学都产生了巨大的冲击。面对这股潮流和冲击，岿然不动者有之，彷徨与困惑者有之，大声叫好者也有之。为了推动中国考古学的发展，俞先生既没有因"中国考古学黄金时代"的到来而陶醉，也没有从中国考古学发展的历史中去寻找"早已有之"的武器予以排斥，更没有"全盘西化"，完全接受。先生以进取和创新性格敏锐地意识到，这是从国际学术思潮的发展中吸取科学与合理的营养，并将中国考古学的发展推向一个新阶段和新境界的机遇。

为此，先生以最大的热忱，在新的历史条件下关注和审视考古学的目的与方法。

如张承志在访谈基础上撰写的《诗的考古学》[1]，《东南文化》委托合肥教育学院张爱冰所作的访谈录《考古学是什么？》[2]，以及先生与张爱冰合著的《考古学新理解论纲》[3] 等就都是这方面的代表作。在这些谈话与文章中，他明确提出"研究古代，是为了现代。考古学的目的，是为了今天"。对考古学的方法论，他指出除了地层学和类型学以外，还应有科学的文化论。他还提出了考古学"大文化"的概念，认为"古文

* 作者系南京师范大学社会发展学院文博系教授。

化就是物质、精神加上社会的复合体"，考古学研究应该从"社会的、意识的、物质的、技术的"多视角出发，通过揭示人与人、人与自然的关系去了解和发现人的本质即人类社会演进的逻辑过程。与此同时，先生还利用各种学术会议、北大考古系的讲台，不遗余力地宣讲西方考古学的新思潮及其对我国的意义。在与广大考古学者，尤其是中青年学者的谈话中，先生更是不厌其烦地讨论"新考古学"产生的原因背景、理论与方法及其历史命运。

先生的这些思考和言论，在学术界引起了各种各样的反响，其中也招致了不少的误解和批评。有的还把他视作"新考古学"在中国的总代表，深怕他误导了中青年一代，贻害了中国考古学。对此，他虽然也感到了"孤独、寂寞、苦闷、彷徨地跋涉人生的艰难"[4]，但他丝毫没有退缩。为了整个中国考古学界，为了当代和未来，他以自己的坚韧不拔给人们作出了榜样，呼唤人们理性地对待国际上出现的新的学术思潮。

为了让人们更充分全面地了解国外考古学的最新发展与相关动态，先生还自始至终满腔热情地支持和鼓励由陈星灿、周星、宋新潮、曹兵武等青年考古学者提出的，由中国历史博物馆考古部组织的《当代考古学理论与方法》的编译工作，并亲自为该书撰写了序言（1990 年 12 月 12 日）。

就在这篇序言完成不久，一个更具有挑战性的计划在先生脑海中形成和成熟。

1990 年 12 月 20 日，先生先后给湖南的裴安平、安徽的张爱冰打电话，请他们到北京商量要事。12 月 23 日是星期日，先生利用中国历史博物馆办公楼的会议室召集了一个小会。首先，他介绍了想在河南小浪底水库利用抢救性发掘的机会搞一个考古学"试验田"的基本想法，然后引发了与会者的热烈讨论。

大家对先生的设想都感到非常兴奋。一方面，它意味着在国外新思潮新方法大量涌入的时候，学界终于有了积极科学的回响；另一方面，它也是一个创举，是中国考古学第一次建立一个科研基地，并以此来检验中外考古学的理论和方法。

"班村"的发掘也许最后并不完美，因为它受制于各种主客观条件，但它对人类所有的精神创造和财富兼容并蓄的历史态度，却是一种海量的胸怀、一种责任、一种充满勇气的锐意进取。这对一个处在"黄金时代"的学科来说，完全是一种挑战。

二

班村遗址的发掘除了标志一种锐意进取的时代精神以外，还在于又树立了一个科学求实的典范。从遗址的正式选点，到规划的制订和论证，再到以后的正式发掘，每一个环节先生都要亲自过问，严格要求。既希望尽可能较好地理解和吸收国内外成功的经验，又希望还有所创新和突破。为此，班村的一举一动都要经过周密的论证，它的日日夜夜也好似一个多学科永不休会的科研论坛。

为了做好遗址的选点工作，先生特委托中科院地质所的周昆叔先生领队，率裴安平、曹兵武、张广如一行前往河南渑池、新安、孟津三县小浪底库区实地考察。先生之所以委托周昆叔领队，关键就在于希望从新的视角，从环境与文化与人相互关系的视角来认识和考虑不同遗址的意义。1991年4月30日，周昆叔先生在综合了大家的意见之后，正式递交了《小浪底水库南岸遗址综合研究选点调查报告》，提出了以班村为主要发掘点的意见。

此后，先生又组织裴安平、曹兵武、张广如等开始制订遗址多学科综合发掘与研究的初步规划。为了让学界更准确更实事求是地认识和评价班村发掘的意义，现将规划中的"指导思想"与"总体目标"摘录如下：

> 指导思想：任何古代的聚落遗址都并非是特定时空范围内人类物质文化演进史中一个承前启后的环节，而首先是人类社会生活的具体单位，是这种生活各方面信息及其与环境发生相互关系的整体。考古学的发掘与研究不能仅限于遗迹遗物的外部形态特征、年代序列与空间分布，而应立足于"重建"和"复原"古代人类的社会行为，进而探究人类文化的发展规律。为此，尽可能调动一切科学手段与方法，对遗址进行多学科的综合发掘与研究就具有十分重要的意义。
>
> 总体目标：本项目的总体目标可概括为二个方面。一、探索组织、协调多学科进行考古学的综合发掘与研究的恰当方式，为国内同行提供经验教训。二、推进对仰韶文化所表达的特定时空范围内人类群体的聚落形态、社会经济的时空特征及其规模的深入研究和认识，并进而推进对仰韶文化时期社会组织结构、意识形态以及人地关系的理解。

1991年7月23日，初步规划成稿。紧接着，先生在中国历史博物馆外宾接待室又专门邀请了考古学、民族学、地质与环境、生物学等许多学科的专家，对规划初稿进行了专门的讨论，明显收到了开放与集思广益的效果。

1991年10月初，在得到国家文物局大力支持的前提下，班村先期进行了小规模的试掘，但见文化层即止步。紧接着，10月16日又邀请国内外专家在三门峡市聚会再次讨论、修改总体规划。与此同时，各应邀与自愿参与班村发掘和研究的科研单位也向会议提交了自己的计划与设想。在讨论的基础上，会议除逐项落实了有关的发掘计划和科研方案外，还组织中外专家联合考察了班村及附近的杨家遗址，最终将发掘点确定在班村。

一个发掘项目，从先期选点，再到整个发掘规划分层次分学科的反复讨论和修改，中外专家联合参与，耗时近半年，这在国内是不多见的。虽然它不可能为国内所有的发掘项目所照搬所效仿，但班村规划制定过程所透出的严谨、科学求实、追求完美的精神却是值得我们所有考古人永远学习的样板和楷模。尤其是面对近年考古规模日益扩大，部分考古项目发掘质量逐渐下滑的趋势，呼唤班村精神的确具有重要的现实意义。

三

经检索，自中国考古学有史以来，至今尚无一个发掘项目拥有班村那样的包容与开放性。

首先，它有三个组织单位，即中国历史博物馆、中国科技大学、中科院地质研究所；其次，它对所有有助于考古发掘和研究的自然科学和社会科学都敞开大门。在发掘的规划中，关于这方面也有明确规定。现摘录相关段落如下：

> 顾问组织与任务：为了确保本项目各种工作都能在有关方面专家的指导下顺利实施，并能取得较高质量的成果，项目拟邀请考古、人类学、心理、宗教、地质、地貌、气候、土壤、物理、化学、生物、生态、测绘、遥感、统计学等方面的专家组成……顾问组。此外，还拟邀请美国考古学家参与顾问事宜。

> 发掘队的组织与任务：发掘队由田野考古工作者、自然科学工作者二部分人员构成，其中自然科学工作者至少应包括地学、生物、环境、电脑等方面的专家。

据统计，先后来班村工作和参与研究的国内各方面专家一共有40余人，来自全国各地14个科研与教学单位；此外，还有来自美国的考古学家3人，他们既参与了班村发掘规划的论证，也中途莅临发掘现场指导。

毫无疑问，这么多各方面专家的到来不仅创下了新中国考古史中众多学科专家参与单个遗址发掘的纪录，同时也大幅提升了班村科学求实的质量，见证了开放的重要。如果说，班村的发掘在多学科的研究中取得了经验，产生了积极的成果，那首先就应归功于它的完全开放。

除了对各学科的专家以外，班村还对所有自愿来工作的中青年学者伸出了欢迎的双臂。先生一直是中国考古学中青年学者的天然朋友，无论他走到哪里，都受到年轻一代发自内心的尊敬和爱戴。这不仅因为他是大家，也因为他有教无类，诲人不倦；更重要的是先生所倡导所身体力行的不懈追求与创新的精神，对国内外新生事物的热情支持与从不盲目自傲，与中青年人希望了解认识更多更新事物的愿望以及不断创新的强烈意识完全一致，不谋而合。这使先生除自身永远保持一颗年轻的心外，还与中青年学者为共同的事业，为未来结下了深厚的友谊。

实际上，班村的成功也是先生面向全国广大中青年考古学者，并与之结为一体共同追求的典范。

在班村，参加发掘的工作人员来自五湖四海，不分门派、不分学科、不分学校、不分资历，只要愿意来的，一律吸纳。可以说，班村也是中青年学者的"乐园"。

这里我们不妨将曾参与过班村田野发掘的所有人员的名单公诸如下：

信立祥、曹兵武、张广如（中国历史博物馆考古部），张居中（河南省文物考古研究所），王建新（西北大学文博学院），张建林、姜捷（陕西省文物考古研究所），车广锦（南京航空航天大学），张爱冰（安徽合肥教育学院），刘宇翔（三门峡市文物工作队），乔晓勤、李秀国（中山大学人类学系），曹静波、王永峰（河南省渑池县文管会），裴安平（湖南省文物考古研究所）。

此外，西北大学文博学院、中山大学人类学系的本科生也曾到工地教学实习。

以上参与名单表明，班村的确是开放的。人们自愿地来到这里，一方面是为了共同的目标，自觉地参与多学科的发掘；一方面也是来呼吸新鲜空气，感受自由的学术氛围。

张居中在纪念俞先生的文章中曾深情地写道："参加过班村发掘的考古工作者，无不怀念那个黄河岸边偏僻的小山村，大家都没有任何功利色彩，一心一意地探讨一些考古发掘与研究中亟待解决的问题。"[5]

的确，所有参加班村工作的人高兴而来，难舍而归。除了学术上的收获以外，更感到这是一块纯洁的学术圣地。我们从心底再次深深地呼唤班村精神，是它捍卫了学术的圣洁与高尚。

今天，班村的发掘早已结束，班村的报告也即将出版，但敬爱的俞先生却离开我们近一年了。中国考古学将永远铭记他的贡献，全国的考古工作者，尤其是全国的中青年考古学者更将永远铭记他的教诲。

先生，安息吧！班村锐意进取、科学求实和无私开放的精神永远都是我们前行的旗帜！

注释：

[1] 张承志：《诗的考古学——俞伟超张承志对话录》，《文学自由谈》1987 年 5 期。

[2] 张爱冰：《考古学是什么——俞伟超先生访谈录》，《东南文化》1990 年 3 期。

[3] 俞伟超、张爱冰：《考古学新理解论纲》，《中国社会科学》1992 年 6 期。

[4] 信立祥：《一座用生命和智慧熔铸的学术丰碑——俞伟超先生学术贡献评述》，《中国历史文物》2004 年 2 期。

[5] 张居中：《天庭布道倾才智文坛论剑少斯人》，《中国文物报》2004 年 2 月 27 日。

俞伟超 (1933～2003)

罗泰 (Lothar von Falkenhausen)* 著　王睿* 译

　　第一次见到俞伟超教授是 1980 年，当时我是北京大学的留学生，他讲授战国秦汉考古学。他有一种多见于政治家和演员所禀赋的魅力，时而生动时而深沉的语调中带有一点优雅的南方口音，情绪激昂之时会伴以夸张的表情和激烈的手势，在谈话中使每一位听众感觉自己是在单独和他进行交流。缺失食指的双手使人们不禁探究他坎坷的人生经历。

　　20 世纪 80 年代的俞伟超，考古学融入了他的生命，在这个学科里他散发着独特的热情与能量。如果在课堂规定的时间内不能结束话题，他就会安排在星期六补课；偶尔他也会带我们去参观实习，其间就去过他后来成为馆长的中国历史博物馆；他常来我们宿舍问询我们是否跟得上课程进度，有时也坐下来聊上几个小时。他有着强烈的求知欲，他对任何事情都感兴趣，然后又奇妙地把听到的事情与考古联系起来。他全身心沉溺于专业研究，知识面又特别广阔，他的热情影响到每一个人，甚至包括那些在"文革"中体味了太多社会和生活中的艰涩，考古专业并非其由衷选择的学生们。可以说，我们中的很多人毕业后选择留在考古领域在一定程度上是由于其魅力所致。

　　我们毕业后也一如既往受到俞伟超的影响、得到他的帮助和鼓励。很多学生一直和他保持着联系，成为他世界范围内的庞大的朋友圈子中的一员。现在他离开我们了，我想为他的一生做一个简短回顾[1]。

　　俞伟超 1933 年 1 月 4 日生于上海，与上海其他优裕的家庭一样，早年也是从江南地区迁来的，他的祖籍是江苏省江阴市[2]，父亲是位中医，母亲曾办过一间小学。他的青年时代是在连年的战争中度过的，1937 年中日战争爆发，1941 年日军全面占领上海，1945 年第二次世界大战结束后又是四年的内战，但俞伟超在还算是正常的条件下完成了小学、中学学业。在上海半西化国际大都市的氛围下，他对欧洲文学、艺术，特别是古典音乐和歌剧都发生了浓厚的兴趣。他的多方面文化修养在与他同时代的中国考古学家中无人出其右。

---

　　* 作者罗泰系美国洛杉矶加利佛尼亚大学艺术史系教授；译者王睿系中国国家博物馆研究员。

　　1950 年 9 月，17 岁的俞伟超考入北京大学历史系。当时新中国成立还不到一年，在那个激情洋溢的年代里，俞伟超和他的同学们感到非常自豪，自以为是新中国第一批大学生，是建设新社会的新生力量中的带头人。从各方面讲，俞伟超都是一个模范学生和积极分子，经介绍，他加入了中国共产党。

　　他师从中国著名的历史学家学习，曾受教于邓广铭（1907 ~ 1998，宋史）、齐思和（1907 ~ 1980，中国古代史和文字学）、向达（1900 ~ 1966，中西文化交流）、杨人楩（1903 ~ 1973，欧洲现代史）、周一良（1913 ~ 2002，魏晋南北朝和日本史）。俞伟超入学北大时，考古教研室尚不存在，它是 1952 年才在历史系成立，当时系里的考古学家只有主攻后段的严文儒（1912 ~ 1994）和宿白，绝大多数考古课程是由从中国科学院聘请的相关人员来承担的，包括裴文中（1904 ~ 1982，留学法国，中国科学院古脊椎和古人类研究所的创立者）、夏鼐[3]（1910 ~ 1985，留学英国，考古学家、埃及学家，中国科学院考古研究所常务副所长，1962 年后担任所长）[4]，以及考古所的中国考古学理论的奠基人苏秉琦（1909 ~ 1997）[5]和新石器时代考古权威安志敏（1924 ~ 2005）。战国秦汉时期考古是由杰出的历史学家和古文字学家张政烺先生（1912 ~ 2005，当时任职于北大历史系，1966 年后任职于中国科学院历史研究所）讲授的，后来成为俞伟超的研究方向。

　　大学最后一年的春季，俞伟超参加了考古所组织、石兴邦领导的调查和试掘[6]，随后与同学黄展岳、刘观民（二人后任职于考古所）和吴荣曾（现为北大历史系教授）参加整理了 1953 年考古所发掘的洛阳烧沟汉墓资料[7]，这是他第一次接触汉代的实物资料。

　　1954 年 7 月俞伟超从北京大学毕业，那个年代的毕业生还不能自由择业而是由组织分配，个人意愿只是作为参考。俞伟超希望去中央美院从事艺术史研究，但慧眼识才的夏鼐先生早就注意到了他的优秀潜质，于是俞伟超被分配到了考古所，以实习员的身份参加了当年考古所等三单位主办的四期训练班中的第三期。训练班每年一期，目的是为国家在尽量短的时间内培养一批优秀的考古人员。1954 年秋，111 名学员在 22 名老师的指导下在西安东郊白鹿原发掘了 24 座汉唐时期的墓葬，夏鼐委托 21 岁的俞伟超负责编写报告，这篇报告成为他的处女作[8]。

　　考古所的工作使他有机会在中华文明腹地多次参加发掘工作。1954 ~ 1955 年他短期参加了半坡遗址的发掘[9]以及汉长安城外围区域的发掘，并发现了秦代阿房宫的基址[10]。1955 年秋，为进一步提高田野技能，所里派他参加发掘西安西郊的客省庄遗址，遗存堆积从新石器时代一直到西周时期[11]。1956 ~ 1957 年他又接着参加了在黄河三门峡水库库区内进行的大规模抢救性发掘。1956 年秋他先在陕县刘家渠参加了汉代和宋代墓葬的发掘[12]，冬季又着手调查古代为拖引船只过峡口而修建的栈道遗迹。冒着严寒，他发现了大量汉代至唐代的摩崖题刻。他兴奋地给夏鼐写下一封长达 16 页的信函来报告这一发现，夏鼐安排他以适当的形式记录、保存这批重要资料，后专门出版了考古报告[13]，俞伟超执笔了其中的绝大部分。此外，1957 年俞伟超还参与发现了公元前 8 ~ 前 7 世纪的陕县上村岭虢国墓地[14]。

1957 年俞伟超重返北大做了苏秉琦的研究生，对他的这一决定，夏鼐动了雷霆之怒。1952 ~ 1983 年担任考古教研室主任的苏秉琦当时还有另外两名学生杨建芳和张忠培，杨建芳后来成为香港中文大学教授，张忠培创办了吉林大学考古学系，后任故宫博物院院长。把他们送到苏联深造的计划随着 1960 年中苏联盟的解体而被搁浅，1961 年按照苏联的学位制度，三人获得副博士学位，相当于美国的学位博士。在此期间俞伟超开始教学和组织本科生田野实习，1957 年冬至 1958 年他指导了河北省临漳县北魏邺城的发掘[15]。

1958 年，在蓬勃发展起来的思想运动中，北大考古专业的学生展开了"人与物"的大讨论，认为苏秉琦的器物类型学是资产阶级形而上学的"只见物不见人"的伪科学[16]，此后苏秉琦根据学生们的要求，致力于建设一套与马克思主义社会发展理论相统一的考古学理论。俞伟超深受这次大讨论的影响，学术思想在此刻发生了根本性的历史转变，开始探寻通过出土资料来阐明社会问题的考古学方法，自觉地把考古和文献资料结合起来用于探讨早期社会组织发展史[17]。这一思想转变体现在他一系列重要的学术著作中。其中第一篇发表于 1963 年，是根据陶文来探讨汉代城市管理制度的文章[18]，其中最重要的著作是和北大同事高明合写的《周代用鼎制度研究》[19]。这些文章后与其他著作一起收入 1985 年出版的重要论文集[20]，那一年俞伟超离开北京大学，论文集的题献"献给母校——北京大学"以资纪念在北京大学期间的学术发展历程，其中夹杂着对母校学术传统的感激与挑衅的复杂意味[21]。张忠培也讲述了 1958 年大讨论期间俞伟超已开始研究青铜时代到两汉时期以里、单为核心的中国古代下层社会组织，并写了书稿，这本书的正式出版是在 1988 年[22]。

研究生毕业后，俞伟超留校任教，1961 ~ 1979 年是历史系考古专业的讲师（文化大革命期间取消了职称评定，1977 年后才逐渐恢复），1979 ~ 1983 年担任副教授和考古教研室副主任之职。在他被评为教授的 1983 年，考古专业独立为考古学系，俞伟超是此事的主要促成者。他每年教基础课秦汉考古（我参加了 1980 年春季的课程），有时他也执教考古学理论与方法和为进修生讲授古代文选。为北大学生编写中国考古学讲义是系里分配的任务之一，他负责编写了秦汉部分，但未正式出版[23]。

带领三、四年级的本科生实习是俞伟超的一项主要工作，这也为他深入研究他感兴趣的课题提供了机会。1961 年，他带领学生在饥饿的威胁下发掘了北京郊区的昌平雪山遗址，遗存时代从新石器时代到辽代[24]，1962 年他带领学生赴湖北江陵太晖观第一次发掘楚墓[25]，1963 ~ 1966 年他和学生参加了多家合作开展的山东临淄齐国故城遗址的考古调查工作[26]。此后由于"文革"，考古工作终止了 6 年之久。

"文革"中俞伟超经历了可怕的遭遇。1966 年中的一天他受到同事和学生们的数次批斗，其间细节并不完全清楚，只在他以前的学生，后来成为著名作家、伊斯兰教某教派领导人的张承志对他的一次访谈中有所流露。人格受到侮辱，情绪万般沮丧，一天中曾三次赴死，均告失败。在宿舍的阳台上上吊，绳子断了；把灯泡上的两根电线缠在食指上触电，两个食指被电断，这就是他失去食指的原因；在清华园的火车站卧轨，被驰来的火车铲了出来[27]。

他告诉张承志："1966 年那次以后，我有了相当的变化。如果让我总结，我也归纳不出几条来，我只是觉得那以后我的变化非常之大。那正是我人生的一半，那一年我三十三岁。总的来说，对人生的看法，对自己的看法，对人的看法，对别人态度的理解。我体会到了，随着社会地位的变化和其他条件的变化，自己身上承担着东西。我悟出了一点道理：每一个人所承受压力的程度是不一样的。有的人承担不了那么大的压力。……我悟出的另一点道理是：有的人他注定是要倒霉的。因为他想说，他有追求。"[28]

这些断续而模糊的回忆可以从多种角度来诠释，致命的一击可能使他认识到政治是如此的残酷，连他一向敬佩的人在斗争中也会丧失理性，这在一定程度上减弱了他对政治的热情。从此，俞伟超具备强大的精神力量，不再为顺应外界环境而改变自己的理想与价值观，他以前曾为标榜坚持所谓党的路线而不惜把清白的人沦为牺牲品或默视别人这样做，他至死再未蹈此覆辙。

随后几年的生活仍然是惨淡的。据学生们回忆，他因为自杀受到开除党籍的处分，即使到1972 年还把他的自杀企图作为个人主义极度膨胀的表现来批判，1973 年在"四人帮"掀起的"反回潮"运动中，俞伟超再次成为批判对象。在反对知识和排外主义思潮的政治气候下，学生们揭发他曾鼓励他们为成为专家而学习外语，他的兄弟姐妹中有人在解放前移居香港也成为其污点。

虽然到1977 年高考制度才恢复，但随着第一批工农兵学员进入北大，考古专业也复课了，1973 年俞伟超组织了远赴石家庄、安阳、郑州和洛阳的参观教学；第二年他又来到湖北指导了黄陂盘龙城商代城址的田野实习[29]，从此在湖北揭开了一系列成功合作的序幕。1975 年在江陵市东周楚国都城纪南城开展了发掘工作[30]；1979 年又带领为期一个月的楚文化遗址的参观实习；1979 年指导了对1973 年和1978 年发掘的当阳赵家湖东周楚国墓葬资料的整理分类[31]；1980 年发掘了新石器时代到东周时期的遗存当阳季家湖[32]；1982 年指导了沙市周梁玉桥商代遗址的发掘[33]。俞伟超综合分析了这些遗址的出土资料，就前楚文化的研究发表了很多文章，认为在公元前 1000 年前后，前楚文化在湖北省中部地区[34]。俞伟超在湖北的发掘工作是在地方研究单位的密切协作下完成的，其中包括湖北省文物考古研究所、荆州市博物馆、宜昌市博物馆等，这些合作有力地提升了地方考古发掘水平。1981 年，俞伟超促成了楚文化研究会的成立，这个研究会为楚文化分布区——鄂、湘、豫、皖四省的研究者提供了共同研讨的机会。另外，此间的工作还为他赢得了伯乐的美誉：在季家湖发掘时发现了一位自学成才的古文字学家李家浩，俞伟超推荐他到北京大学做研究生，李家浩现为北京大学教授。

在南方工作的间隙，俞伟超还在西北地区进行发掘。1976 年他代表北大参加了在陕西扶风、岐山的周原遗址展开的多家合作考古发掘工作[35]，1979 年他带领北大 76 级毕业班的四位同学发掘了青海大通上孙家寨的汉晋时期墓葬[36]，两年后 77、78 级的同学中有人参加了他在青海循化苏志的青铜时代卡约文化墓地的发掘[37]；1982 年他指导他的学生赵化成负责在甘肃甘谷毛家坪的发掘工作[38]。甘肃和青海的工作旨在揭露秦人建国前的先秦文化面貌[39]。

1978 年中国的改革开放为学者提供了赴海外进修的机会。俞伟超 1983～1984 年受张光直（1931～2001）的邀请在哈佛大学工作了半年时间，利用这段时间他把自己完全沉浸在美国考古学的理论与方法的研究中。

由于复杂的人事原因，1985 年 5 月俞伟超离开北京大学调到中国历史博物馆（现中国国家博物馆的前身）工作。第一年他在考古部负责长江三峡地区的考古调查工作，1986 年被任命为副馆长，1987 年成为馆长直至 1998 年退休。他的职位为他提供了大量去世界各地参观游览的机会，俞伟超对这些机会的利用足以改变那些把出国考察视为利用职权的看法。这不仅使他亲眼目睹那些以前只能在书本上看到的著名建筑和博物馆（意大利之行理所当然成为他最美好的回忆），也为他如何改变学科现状提供了灵感。我们不得不钦佩他尽管外语知识很有限，但总能把握住信息的关节点，并使之适应中国的具体情况，为后者带来深刻而持久的变化。

俞伟超作为中国历史博物馆馆长，不仅促使他供职的单位，也带动了整个考古学界进入了一个开放的时代。通过参观访问建立起来的联系，他促进了中国博物馆与国外博物馆间的合作和交流，极大地推动了博物馆展览和保护的现代化进程。他工作的重中之重是要把中国历史博物馆考古部发展成为一流的研究机构，从而成为中国考古学现代化进程中的火车头。他吸收国外经验并对合作持欢迎态度，这种做法非常必要并受到普遍欢迎。

俞伟超最骄人的成就是修改中国历史博物馆 1959 年建馆以来一直未变的陈列工作。这项工作开始于 1988 年，为在陈列中展出实物而不是省市博物馆藏品的复制品，俞伟超跑遍整个中国，商调那些最能体现各个时期和地区的最高文化发展水平的珍品来充实展览，虽然有国务院签署的一纸公文在手，但没有资金的支持，在中央与地方发展不均衡的情势之下来说服地方博物馆把他们的珍宝长期借展中国历史博物馆，其难度可想而知。俞伟超凭借他的威望出色完成了这项工作，新石器时代至汉代的陈列于 1990 年一开展即好评如潮，六朝至清代的陈列也于 1997 年公开展出。虽然新陈列仍是按照马克思主义社会发展理论来布置的，但它的改进是旧陈列无法比拟的，陈列具有高度的学术水平并传递着真实的历史信息而不再只是政治思想的反映，展品的审美价值也得到体现。

为把中国考古学提升至国际水平，俞伟超主要在三个领域进行了开创性的工作。他首先在博物馆建立了计算机研究室，并任命在德国留学的黄其煦为主任。令人遗憾的是黄其煦和几位继任者经过短暂逗留后都先后离开了岗位，按照俞伟超的预想，要建立考古资料综合目录、追踪田野发掘工作的标准化软件、全国遗址和发掘项目目录以及博物馆藏品数字化目录等，这些努力最终都无功而返。研究室和现已过时的设备都被封存了，但俞伟超的努力展现了新技术在考古研究领域的发展潜力，打消了跨越学科界限时的疑虑，现在电脑已成为中国考古学家和博物馆工作人员的日常办公用品，这在一定程度上应该归功于俞伟超先期工作的推动作用。

第二项开创性的工作是中国历史博物馆水下考古研究室的成功创立，它成立于1987年，在中国至今仍是此领域的唯一机构。项目起步时，参加人员赴日本、美国和荷兰接受培训，1989年与日本联合调查了广东台山沉船——南海一号，神户山手大学的田边昭三是这一项目的主要合作伙伴，研究室负责人张威具体负责。能开展合作就是一个了不起的进步，因为依照当时中国的法律，考古事宜是严禁国外力量参与的，俞伟超据理力争，中国不能坐视外国探险家在中国近海非法打捞沉船遗物的活动，而单凭中国自己的学术力量又不能开展这项工作。接着1990年、1995年在福建连江，中国和澳大利亚联合进行了两次水下考古调查工作，1991～1997年水下考古研究室独立开展了辽宁绥中三道岗沉船的发掘工作[40]。

俞伟超的第三项也是最为大胆的开创性工作是把航空摄影技术引进中国的考古调查。20世纪80年代中期，中国政府选派了天津南开大学毕业的宋宝泉赴德国波鸿鲁尔大学学习航空摄影考古，1987年在西德美因兹召开的国际史前与原史考古学会的第11次年会上，俞伟超得会宋宝泉并一直保持着联系，以期将来宋宝泉能来博物馆开展此项工作。1995年经宋宝泉的导师平格尔等人的努力，争取到一笔德国大众汽车基金会的资金，用以在中国开展航空考古的具体事宜，中国历史博物馆是主要合作方。利用这次合作机会，中国历史博物馆于1996年初成立了遥感与航空摄影考古中心，杨林被任命为主任，并于春天在洛阳偃师一带开展了古代城址的航空调查工作，包括二里头遗址、尸乡沟商城、汉魏故城、邙山古墓群等遗址群。遗憾的是军方出于军事方面的考虑不允许平格尔乘坐航拍的飞机，这就打破了先前的协议。调查结果未公布，宋宝泉对在国内开展工作的前景颇感失望，选择留在德国，大众汽车基金会的部分捐助用来出版关于遥感考古学的教科书[41]。博物馆的遥感与航空摄影考古中心从此独立发展起来，1997～1998年对内蒙古地区历史时期的遗址进行了调查，并出版了装帧精美的考古报告[42]。应该说，航空考古的开拓之功属于俞伟超。

除以上三项长期项目外，俞伟超还组织了考古部的发掘，并在可能的范围内尽量开展对外合作。考古部对黄河小浪底水库淹没区进行抢救性发掘，这一地点处于俞伟超20世纪50年代工作过的三门峡地区的下游，俞伟超最终选定渑池班村一处新石器聚落遗址[43]，由信立祥领队于1992～1999年进行发掘。依靠他在哈佛大学所了解的新知识，通过反复论证与磋商，俞伟超把班村项目设定为一个多学科合作项目，试图探索和重建此区域人群的社会生活、生产方式和生态条件。通过与中国科学院遗传所的合作，在中国考古学史上第一次把 DNA 技术用于分析班村的出土资料。来自地质学、地理学、土壤学、植物学、动物学、体质人类学、物理学和化学等诸多领域的专家共同参与这一项目，南京博物院、中国社会科学院考古研究所、古脊椎动物与古人类研究所、西北大学、中山大学等多家研究机构也参与其中。外方参加者包括日本茨城大学的茂木雅博、美国圣路易斯华盛顿大学的帕蒂·沃尔森（Patty Jo Watson）和杜朴（Robert L. Thorp）。

中国历史博物馆考古部的另一大型发掘项目是位于黄河北岸的山西垣曲商城的发掘，也是中国第一个试图全面揭露整个遗存的项目规划[44]。这个由中国人独立主持的工地也欢迎国外研究者来做他们自己的研究[45]。

在中国考古界对国外考古信息处于相对闭塞的情况下，俞伟超利用他的影响把国外知识介绍进来。第一步是在 1985～1986 年组织青年学者把丹尼尔（Glyn Daniel）的《考古学简史》翻译成中文[46]。随后，又发起、组织翻译了在国外考古学理论与方法的论述中有影响的论文，并于 1991 年结集出版[47]。

1993 年，长江三峡新大坝的修建可能造成 600 公里的流域淹没区，由于早年在这个地区从事过考古调查工作，俞伟超深知这个区域的考古学价值。中国历史博物馆考古部最初组织了联合考古抢救工作，1994 年俞伟超被正式任命为三峡库区文物保护规划组组长。他不仅要负责考古遗址的发掘工作，更为重要的是要负责地上建筑的搬迁与保护工作。由于他的出面交涉，才把淹没区的考古调查工作时间延长至三年，随着总体保护规划的出台，却发现分配用于文物保护的资金少得可怜，俞伟超大胆地向国际社会谈到这个问题，引起了小小的轰动，国家追加了用于考古抢救工作的资金，虽然远未达到期望值。他在 1998 年退休后仍然继续着这项工作，即使日趋加重的病情已经不允许他亲临库区时也仍然保持着密切关注。

1994 年开始的、已经持续了十年的长江三峡文物抢救工作仍在继续，它成为世界考古学史上最大的工程之一。全国各地的文物考古单位都参加了工作，揭示了这个位于中华文明边缘的区域的考古学内涵。俞伟超在中国历史博物馆举办了三峡地区出土文物展[48]，他在最后时期发表的文章多是关于这个地区的考古学文化序列的研究[49]。

由于常年吸烟，俞伟超 2001 年被诊断出患有肺癌，朋友们把他安排在北京市郊的小汤山疗养院接受治疗。2003 年，北京"非典"肆虐，小汤山疗养院被改造为治疗"非典"的专门医院，俞伟超不得不移至广州附近的疗养院。他去世于 2003 年 12 月 5日，时值中国考古学年会在广州召开，只举行了简单的告别仪式。有中国文物管理部门的最高领导和各界师友、学生参加的追思会于 2004 年 1 月 4 日在北京举行，那天本是他七十一岁的生日。

俞伟超的夫人范淑华是位中学教师，他们育有一双儿女，女儿俞鸣鹿、儿子俞坦，取名"鸣鹿"是为纪念他学术生涯的开始——在陕西白鹿原的第一次发掘，"坦"因为与"坛"谐音，而"坛"是中国古代社会组织的中心象征，也是他的学术兴趣所在。

现在他们都在国外生活。俞伟超和夫人曾在北京照顾过在加拿大出生的外孙。

俞伟超去世前尚任数职，中国国家博物馆学术委员会主席、国家文物局考古专家组成员、"夏商周断代工程"专家组成员、重庆市三峡文物保护顾问组组长、中国考古学会副理事长、楚文化研究会会长、中国文物学会副会长、中国长城学会理事、北京大学古代文明研究中心学术顾问、北京大学中国考古学研究中心学术委员、中国科技大学兼任教授、西北大学兼任教授、吉林大学兼任教授、上海大学客座教授、安徽大学名誉教授、中央民族大学文物考古研究所名誉所长、四川大学博物馆顾问和保利艺术博物馆名誉馆长。为彰显其为保护三峡地区文物所做的突出贡献，1996 年他被提名为芝加哥大学荣誉博士学位的候选人，由于陷入学术纷争而未果[50]。

除 20 世纪 50 年代在田野考古中所做的突出成就，俞伟超的学术建树主要集中在以下三个方面：一是对考古和铭文资料中反映的社会和氏族组织发展史的研究；二是对秦统一前的地方文化面貌的考察；三是对考古学理论和方法的贡献。他成文的著作都收在 1985 年和 2002 年出版的两本论文集中[51]。另外还出版了两本书，一本是讨论中国古代基层的社会组织形态[52]，另一本是关于他对中国考古学的现状和未来进行探索的短文和访谈[53]。他还编辑了他的学生撰写的优秀论文集[54]，也为中国历史博物馆的系列出版物和其他友人、学生的专著撰写了大量序言。

俞伟超学术精神的特点是具有科学家的严密、诗人的视角和音乐家的感悟力。他对考古学的认识有着非同寻常的整体观念，他对考古学的理解是全局性的，尤其重视社会与环境的相互关系，他的认识接近于西方人类学意义上的考古学。他的研究重点虽然是公元前 500 年至公元 300 年，但他对考古学的认识和理解却是贯穿于人类历史发展全程的，从古人类学研究的人类进化问题一直到历史时期；更为可贵的是他对事物间内在联系的重视，对细节的专注并不建立在对具体历史事件进行简单化处理的基础之上，而是要勾画一个整体画面，追踪贯穿于几千年的基本线索。令人遗憾的是，他从未尝试写一部对中国考古学进行全面、综合性研究的著作，虽然他的一些文章已经勾画了其间的大体框架[55]。他的研究就像一幅马赛克拼嵌图案，尚未完成，但凭其上的粒粒石子所占据的位置已经可以察觉出那是一部气势恢弘的作品。

他探讨人类最早期历史的著作都是经过多年的思索，在他职业生涯的最后才予以发表的[56]，他修订了马克思主义人类进化理论中的工具中心论，提出社会组织的变化才是推动人类进化的原动力，是由于族外婚和由此产生的部落联盟等一系列变化所导致的。在对秦统一前的新石器时代和商周时期的研究中，受到苏秉琦区系类型学说的影响，其 20 世纪七八十年代的田野工作着重于从新石器和青铜时代的材料中来梳理中华文明由多源逐步走向融合的过程，特别是秦文化和楚文化在汉代文明中的主体构成[57]。追踪每一个遗址的物质文化的地理分布范围和发展源头，他发展了"文化因素分析"的方法（应该注意的是这种方法绝不是对民族集团的文化特征的简单显现，它还是中国考古学传统的类型学实践的重要延伸）。

俞伟超对中国社会组织发展史的研究沿着这样一条思想脉络，即制度和行政管理方式的变化促进了文化的统一，他找寻了城市和乡村不同等级的社会组织形式的考古学表现[58]，修正了马克思主义教条。在大陆，他是敢于探索古代宗教信仰的社会基础的第一人，尤以讨论中国早期艺术中出现的佛教图像一文最为突出[59]。这些问题的研究虽然没有把研究触角延伸至中国境外区域，但却指出了北魏邺城和北朝时期的都城规划在历史时期对东北亚地区产生过重要影响[60]。另外，他关于日本古坟形制的起源问题写了两篇文章，认为其重要源头应该是秦人围墓沟，并非是受魏晋墓葬制度的影响[61]。

俞伟超对于考古学理论的认识来源于两条截然不同的途径：一个是他与张忠培一起在《苏秉琦考古学论述选集》一书编后记中提出的以苏秉琦为奠基人的"中国学派"这一概念[62]，其主要特征是地层学和苏秉琦把蒙特留斯学说在中国考古学领域进行具体应用而形成的类型学，以及马克思主义的分析方法，俞伟超的考古学研究坚定地支持了这一学术主张；另外一个来源就是1983～1984年他在哈佛大学期间接触的以张光直为代表的人类学研究方法[63]。信立祥曾回忆，俞伟超回国后把这些理念介绍到中国时，遭到了批评和嘲讽，被谤讥为"新考古学在中国的代理人"[64]。客观地讲，俞伟超关于新考古学所做的表述并不激烈，他的所为只是提醒了诸位同仁考古学文化只是他所谓的"大文化"中的部分体现，他强调考古学研究不能只停留在物质资料的分析层面上，更应该揭示这些物质文化创造者的精神和心理世界，换句话说，俞伟超鼓励考古学家在整理分析资料时要充分发挥他们的想象力。为此，他推动在考古学研究中进行多学科合作，强调考古学不应只服务于自身的目标，在当代社会它还肩负着社会责任。这些观念的提出对保守思想是强有力的挑战。

关于"新考古学"的争论在20世纪90年代初期达到白热化，《文物报》上连载了他和日见疏远的张忠培之间的讨论。针对俞伟超的观点，张忠培重申了苏秉琦学说的正统观点，考古学分析即使是族属这类问题也必须依赖考古学自身的方法论——地层学和类型学；而多学科合作也只有在单纯依靠考古学方法不能圆满解决问题时才需要。在关于考古学文化这个概念的意义上二人也有分歧。当时正在为《文物报》撰写专栏的张光直试图从中调解，他认同张忠培关于考古学家的基本定位，指出俞伟超在某些概念上的错误，但他同意俞伟超关于"文化"的界定，强调了俞伟超关于考古学发展趋势的设想和建议的重要性[65]。随后二人把他们的观点各自编辑成集[66]，他们所讨论的问题虽已明示，但远未解决。

俞伟超去世后，一些悼念文章强调了他是一个革新者，但也有人包括他去世前不久和他前嫌尽释的张忠培在内，认为他是苏秉琦学说忠实的捍卫者[67]。冈村秀典指出在俞伟超的研究中表现出的矛盾性，他倡导用人类学方法来研究考古学，而他的研究方法自始至终都局限于以历史文化为中心的中国考古学传统[68]。也许，俞伟超自己会认为这不是矛盾而是互补，是他个人研究风格的体现。他认为自己是一个为青年学者们开路的拓荒者，而不是一个跋涉者，这不仅因为他改变不了自己根深蒂固的思维模式，也因为受外语水平的限制，很难深入思考西方考古学的研究方法。他一方面自信他所倡导的现代考古学实践最终会坚定支持而不是摧毁苏秉琦的考古学说，但另一方面他也深信所倡导的创新会改变中国考古学的发展方向。

总之，俞伟超在与他同时代的考古学家中，无疑是最具有前瞻视野和开放思想的。他永远不停滞在已经形成的结论上，勇于挑战自我，完全不受偏见的左右，对新知识有着无尽的好奇与渴望。最重要的是，他想了解事业起步阶段的年轻人的兴奋点，并寻求理解和分享他们的兴奋，他生命的成功就在于能把这种兴奋转化为力量，从而把中国考古学从长期的封闭中解放出来，并显著地提升了中国考古学在国际学界的地位。

俞伟超的很多著作被译成了日文，包括《中国古代社会组织的考察》一书，而被译成西方文字的很少[69]。不过他影响了一批包括我在内的 20 世纪 80 年代早期跟随他学习过的西方学者。我将要出版的新书《孔子时代的中国社会》就带有他思想印记。2002 年 12 月，我去小汤山疗养院探望病重的俞伟超，这是我们最后一次见面，意识到他可能已经看不到这本书的出版了，我给他看了手稿。当他读到书的题献——"谨以此书献给我们尊敬和热爱的俞伟超教授"时，他吃惊地问道："为什么？"

我把原因记述于上。

注释：

[1] 多年来，我在北京拜会俞伟超先生不下二十次，尚不包括在国外的会面。本文所涉及的其个人经历除来自我的记忆外，还来自辑于《考古学是什么：俞伟超考古理论文选》（中国社会科学出版社，1996 年）中的三篇访谈和《古史的考古学探索》（文物出版社，2002 年）中的简短的学术工作概况，也参考了先前发表的以下悼念文章，计有：《俞伟超先生生平》（作者未署名，最初用于 2003 年 12 月中国考古学年会上举行的俞伟超先生的追悼仪式上），《考古与文物》，2004 年第 1 期；荒井信一等编辑的《博古研究——俞伟超先生追悼号》第 27 号，博古研究会，2004 年 4 月；高崇文：《恩师风范，高山仰止：沉痛哀悼尊敬的俞伟超先生》，《中国文物报》，2004 年 1 月 9 日；高游：《"怀念俞伟超先生"追思会在京举行》，《中国文物报》2004 年 1 月 7 日；单霁翔等：《一个学者的生命力：深切缅怀俞伟超先生》，《中国文物报》2004 年 1 月 7 日；湘鄂豫皖楚文化研究会秘书处：《深切怀念俞伟超先生》，《江汉考古》，2004 年第 1 期；信立祥：《一座用生命和智慧熔铸的学术丰碑：俞伟超先生学术贡献评述》，《中国历史文物》，2004 年第 2 期；严文明：《永远的怀念》，《中国文物报》，2004 年 1 月 9 日；于炳文：《读"盘龙城"思恩师》，《中国历史文物》，2004 年第 2 期；张忠培：《了了，仍未了：沉痛哀悼伟超兄》，《中国文物报》，2004 年 1 月 9 日；中国国家博物馆：《追求博物馆最高境界：俞伟超先生在中国历史博物馆》，《中国文物报》，2004 年 1 月 9 日。在此我也感谢为本文提供帮助的白冰、李零、Mayke Wagner、巫鸿等诸位教授。

[2] "俞"可能为江阴的古姓之一（尚未考证），江阴尚存青铜时代的古城——佘城（佘城之"佘"与俞姓之"俞"通假），俞伟超曾谈起在江阴佘城遗址参加研讨会时，涌起了莫名的乡愁（所提交的论文见俞伟超：《古史的考古学探索》，文物出版社，2002 年）。他的故乡把他视为家乡的骄傲，由市长带队的大型代表团特意赴京参加了 2004 年 1 月 4 日举行的追思会。

［3］Lothar von Falkenhausen（罗泰）：“Xia Nai（1910 – 1985）.” *Encyclopedia of Archaeology*：*The Great Archaeologists*, Tim Murray（编）, pp. 601 – 614. Santa Barbara et al.：ABC – Clio, 1999.

［4］现在古脊椎和古人类研究所仍属于中国科学院，考古研究所和历史研究所已于 1977 年划归中国社会科学院。

［5］Lothar von Falkenhausen（罗泰）：“Su Bingqi（1909 ～ 1997）.” *Encyclopedia of Archaeology*：*The Great Archaeologists*, Tim Murray（编）, pp. 591 – 600. Santa Barbara et al.：ABC – Clio, 1999.

［6］考古研究所陕西考古调查发掘队：《宝鸡和西安附近考古发掘简报》，《考古通讯》1955 年第 2 期，33 ～ 40 页。

［7］洛阳区考古发掘队：《洛阳烧沟汉墓》，中国田野考古报告集，考古学专刊丁种第六号，科学出版社，1959 年。

［8］俞伟超：《西安白鹿原墓葬发掘报告》，《考古学报》1956 年第 3 期，33 ～ 76 页。

［9］1954 ～ 1957 年进行的发掘，报告见中国科学院考古研究所、陕西省西安半坡博物馆：《西安半坡：原始氏族公社聚落遗址》，文物出版社，1963 年。

［10］研究结果尚未发表。

［11］中国科学院考古研究所：《沣西发掘报告：1955 – 1957 年陕西长安县沣西乡考古发掘资料》，考古学专刊丁种第十二号，文物出版社，1962 年。

［12］代墓葬部分见叶小燕执笔的黄河水库考古工作队：《河南陕县刘家渠汉墓》，《考古学报》1965 年第 1 期，107 ～ 168 页。晚期墓葬资料尚未发表。

［13］中国科学院考古研究所：《三门峡漕运遗迹》（黄河水库考古队报告之一），中国田野考古报告集，考古学专刊丁种第八号，科学出版社，1959 年。报告编写工作一直续到 1959 年初，当时俞伟超已经离开考古所。

［14］中国科学院考古研究所：《上村岭虢国墓地》（黄河水库考古报告之三），中国田野考古报告集，考古学专刊丁种第十号，科学出版社，1959 年。报告的参加者名单中没有俞伟超，但根据俞伟超：《考古学是什么：俞伟超考古学理论文选》208 页中俞伟超的回忆，他也参加了这项工作。

［15］俞伟超：《邺城调查记》，《考古》1963 年第 1 期，15 ～ 24 页。

［16］北大考古专业资产阶级学术批判小组：《论资产阶级器物形态学的伪科学性：批判苏秉琦的“斗鸡台沟东区墓葬”》，《考古通讯》1958 年第 11 期。

［17］信立祥：《一座用生命和智慧熔铸的学术丰碑：俞伟超先生学术贡献评述》，《中国历史文物》，2004 年第 2 期，6 ～ 16 页。

［18］俞伟超：《汉代的“亭”、“市”陶文》，《文物》1963 年第 2 期，34 ～ 38 页；增订版见《秦汉的“亭”、“市”陶文》，俞伟超：《先秦两汉考古学论集》，文物出版社，1985 年，132 ～ 145 页。

［19］俞伟超、高明：《周代用鼎制度研究》，《北京大学学报》（社会科学版），1978 年第 1 期，84 ～ 98 页，第 2 期，84 ～ 97 页和 1979 年第 1 期，83 ～ 96 页，后收入俞伟超：《先秦两汉考古学论集》，文物出版社，1985 年，62 ～ 114 页。

［20］俞伟超：《先秦两汉考古学论集》，文物出版社，1985 年。

［21］俞伟超：《考古学是什么——俞伟超考古学理论文选》，中国社会科学出版社，1996 年，209 页。

［22］俞伟超：《中国古代公社组织的考察——论先秦两汉的“单—僤—弹”》，中国历史博物馆丛书第一号，文物出版社，1988 年。张忠培：《了了，仍未了——沉痛哀悼伟超兄》，《中国文物报》，2004 年 1 月 9 日第三版。

［23］教材最初编成于 1961 年，1980 年笔者在北京大学参与了附有油印图版的战国秦汉考古讲义的更新重印工作，北京大学历史系考古教研室，1973 年。

［24］向群：《在昌平县以西雪山村发现一处新石器时代至辽金时代遗址》，《北京日报》1961 年 11 月 21 日；《北京大学历史系考古专业四年级在京郊实习发掘到新石器时代至辽代文化遗址》，《光明日报》1964 年 4 月 2 日。除以上两篇报道外，材料至今未发表，也不清楚为什么第二篇报道在发现的第三年才见报。这是一次重要的发掘，"雪山"代表华北平原北部新石器时代晚期文化的名称沿用至今。

［25］湖北省博物馆：《湖北江陵太晖观楚墓清理简报》，《考古》1973 年第 6 期，337～344 页。

［26］群力：《临淄齐国故城勘探纪要》，《文物》1972 年第 5 期，45～54 页。在《俞伟超学术工作概况》（俞伟超：《古史的考古学探索》，文物出版社，2002 年，371 页。）中，参加此项工作的时间是在 1965 年。

［27］见张承志对其的访谈，收录在俞伟超：《考古学是什么：俞伟超考古学理论文选》，中国社会科学出版社，1996 年，200～201 页。

［28］俞伟超：《考古学是什么：俞伟超考古学理论文选》，中国社会科学出版社，1996 年，201 页。

［29］此项工作成果已收入正式出版的报告，见湖北省文物考古研究所：《盘龙城：1963 年－1994 年考古发掘报告》（上、下），文物出版社，2001 年。报告（上，7～9 页）提及 1974、1976 年北京大学的实习，俞伟超只参加了 1974 年的工作。高崇文（《恩师风范，高山仰止：沉痛哀悼尊敬的俞伟超先生》，《中国文物报》2004 年 1 月 9 日）、于炳文（《读"盘龙城"思恩师》，《中国历史文物》，2004 年第 2 期，17～19 页）和张承志（《诗的考古学——俞伟超张承志对话录》，《考古学是什么——俞伟超考古学理论文选》，中国社会科学出版社，1996 年，197～198 页）均对当时的工作情景有所回忆。

［30］北京大学考古专业 1975～1976 年参加的考古工作见湖北省博物馆：《楚都纪南城的勘查与发掘》，《考古学报》1982 年第 3 期，325～350 页；第 4 期，477～507 页。

［31］见湖北省宜昌地区博物馆、北京大学考古学系：《当阳赵家湖楚墓》，文物出版社，1982 年。高崇文在俞伟超的指导下，编写了此报告的绝大部分。

［32］未出版正式报告，可参见杨全喜：《当阳季家湖考古试掘的主要收获》，《江汉考古》1980 年第 2 期，27～30 页。

［33］资料未正式发表，关于这个遗址的基本情况可参见沙市市博物馆：《湖北沙市周梁玉桥遗址试掘简报》，《文物资料丛刊》第 10 辑 22～31 页，文物出版社。

［34］俞伟超：《先秦两汉考古学论集》，文物出版社，1985 年，211～261 页。Yu Weichao（俞伟超），"The Origins of the Cultures of the Eastern Zhou. " Terry Kleeman（译），*Early China* 9-10，1983-1985，pp307-314. Yu Weichao（俞伟超）"Menschen und Götter in der Kultur von Chu. " Jeonghee Lee-Kalisch（译），*Das Alte China：Menschen und Götter im Reich der Mitte，5000 v. Chr. - 220 n. Chr.*，Roger Goepper（编），Essen：Kulturstiftung Ruhr，and München：Hirmer，1995，pp. 130-135. Yu Weichao（俞伟超），"The State of Chu. " Jessica Rawson（编），*Mysteries of Ancient China：New Discoveries from the Early Dynasties*，London：British Museum Press，and New York：George Brazillier，Inc. ，1996，pp. 266-268. 俞伟超：《古史的考古学探索》，文物出版社，2002 年，155～176 页。

［35］北京大学参加了 1976～1978 年的这项工作，有关的发掘简报是从 1978 年开始陆续发表的，只

有关于 1976 年岐山凤雏村建筑基址的发掘简报中明确提到了俞伟超的参加，见陕西周原考古队：《陕西岐山凤雏村西周建筑基址发掘简报》，《文物》1979 年第 10 期，27～37 页。

[36] 青海省文物考古研究所：《上孙家寨汉晋墓》，文物出版社，1993 年。

[37] 资料未发表。

[38] 甘肃省文物工作队、北京大学考古系：《甘肃甘谷毛家坪遗址发掘报告》，《考古学报》1987 年第 3 期，359～396 页。

[39] 俞伟超：《先秦两汉考古学论集》，文物出版社，1985 年，180～210 页。

[40] 目前只有辽宁项目的报告出版，见张威：《绥中三道岗元代沉船》，中国水下考古报告系列（一），科学出版社，2001 年。

[41] 宋宝泉、邵锡惠：《遥感考古学》，中州古籍出版社，2000 年。

[42] 中国历史博物馆遥感与航空摄影考古中心、内蒙古自治区文物考古研究所：《内蒙古东南部航空摄影考古报告》，科学出版社，2002 年。

[43] 报告尚未出版。

[44] 中国历史博物馆、山西省考古研究所、垣曲县博物馆：《垣曲商城（一）：1985－1986 年度勘查报告》，科学出版社，1996 年；中国历史博物馆、山西省考古研究所、垣曲县博物馆：《垣曲古城东关—黄河小浪底水库报告之二》，科学出版社，2001 年。

[45] 如圣路易斯华盛顿大学的 Jim A. Railey，见其博士论文："*Neolithic to Early Bronze Age Sociopolitical Evolution in the Yuanqu Basin, North-Central China*"，Washington University, St. Louis, 1999.

[46] Glyn Daniel, *A Short History of Archaeology*, London：Thames and Hudson, 1981. 中文版见丹尼尔：《考古学简史》，三联出版社，1987 年。

[47] 中国历史博物馆考古部：《当代国外考古学的理论与方法》，三秦出版社，1991 年。

[48] 张一品：《长江三峡出土文物精粹》，中国三峡出版社，1998 年；俞伟超：《长江三峡文物存真》，重庆出版社，2000 年。

[49] 俞伟超：《古史的考古学探索》，文物出版社，2002 年，268～275 页、299～322 页。

[50] 2004 年曾与巫鸿就这一问题进行过交流。

[51] 俞伟超：《先秦两汉考古学论集》，文物出版社，1985 年；俞伟超：《古史的考古学探索》，文物出版社，2002 年。

[52] 俞伟超：《中国古代公社组织的考察——论先秦两汉的单—僤—弹》，中国历史博物馆丛书第一号，文物出版社，1988 年。

[53] 俞伟超：《考古学是什么——俞伟超考古学理论文选》，中国社会科学出版社，1996 年。

[54] 俞伟超主编：《考古类型学的理论与实践》，文物出版社，1989 年。

[55] 在俞伟超《古史的考古学探索》一书中，这种例子俯拾皆是，也可见于 "Five Thousand Years of Chinese Culture." June Mei（译），*China 5000 Years*：*Innovation and Transformation in the Arts*, Sherman E. Lee（编），New York：Guggenheim Museum, pp. 49－54.

[56] 在俞伟超《古史的考古学探索》1～67 页中有充分的反映。

[57] 俞伟超：《古史的考古学探索》，文物出版社，2002 年，180～248 页。

[58] 见俞伟超《先秦两汉考古学论集》34～53 页中关于城市社会组织的论述、54～61 页和俞伟超《中国古代公社组织的考察——论先秦两汉的"单—僤—弹"》一书中对于农村社会组织的论述。

［59］收入俞伟超:《先秦两汉考古学论集》,文物出版社,1985 年,157～179 页。

［60］俞伟超:《古史的考古学探索》,文物出版社,2002 年,265～267 页。

［61］俞伟超:《方形周沟墓と秦文化の关系》,《博古研究》第 8 号,1～11 页;中文版《方形周沟墓与秦文化的关系》,《中国历史博物馆馆刊》1993 年第 2 期,3～13 页;后收入俞伟超:《古史的考古学探索》,文物出版社,2002 年,347～369 页。

［62］俞伟超、张忠培:《编后记》,《苏秉琦考古学论述选集》,文物出版社,1984 年,306～319 页。

［63］Lothar von Falkenhausen(罗泰),"Kwang‐chih Chang(1931－2001)." *Artibus Asiae* 61.1:120－138. 中文版见罗泰(Lothar von Falkenhausen):《追忆张光直》,《四海为家——追念考古学家张光直》,三联书店,2002 年,237－271 页。

［64］信立祥:《一座用生命和智慧熔铸的学术丰碑——俞伟超先生学术贡献评述》,《中国历史文物》2004 年第 2 期,8 页。

［65］张光直:《取长补短百家争鸣:从俞伟超、张忠培二先生论文谈考古学理论》,《中国文物报》1994 年 5 月 8 日,后收入张光直:《考古人类学随笔》,三联书店,1999 年,143～150 页。

［66］张忠培:《中国考古学——实践、理论、方法》,中州古籍出版社,1994 年;俞伟超:《考古学是什么:俞伟超考古学理论文选》,中国社会科学出版社,1996 年,1～193 页。

［67］张忠培在《了了,仍未了——沉痛哀悼伟超兄》一文中列举了 20 世纪八九十年代中作为苏秉琦的追随者共同做了如下几件事,一是出版了《苏秉琦考古学论述选集》;二是在上书所附的"编后记"中,正式提出"中国学派"的概念;三是出版了苏秉琦挂名主编的四辑《考古学文化论集》;四是组织了由苏秉琦主持的几次"燕山南北、长城地带考古座谈会";五是从 1986 年起在山东兖州和河南郑州西山等地开办了考古领队培训班;六是出版了苏秉琦主编的《中国通史·远古时代》。俞伟超只参与了其中几项,并不是全部由他发起。

［68］冈村秀典:《俞老师に学んだと》,《博古研究》第 27 号,博古研究会,2004 年 4 月,36 页。

［69］译成英文的只有一篇为展览图录写就的短文,是关于中国文化发展史的,见 Yu Weichao(俞伟超)"Five Thousand Years of Chinese Culture." June Mei(译),*China 5000 Years:Innovation and Transformation in the Arts*,Sherman E. Lee(编),New York:Guggenheim Museum,pp. 49－54. 以及关于楚文化研究的一些发言。其中最好的可能是 Yu Weichao(俞伟超)"Issues Concerning the Formation,Development,and Demise of Chu Culture."〈Lu Lingen(译). Yu Weichao(俞伟超)*The Golden Age of Chinese Archaeology*,Yang Xiaoneng(编),Washington:National Gallery of Art,pp. 537－548.〉"The Origins of the Cultures of the Eastern Zhou."〈Terry Kleeman(译),*Early China* 9－10,1983－1985,pp. 307－314.〉草译自他在加利福尼亚伯克利分校的演讲;Yu Weichao(俞伟超)"The State of Chu"〈*Mysteries of Ancient China:New Discoveries from the Early Dynasties*,Jessica Rawson(编),London:British Museum Press,and New York:George Braziller,Inc. pp. 266－68.〉一文是转译自"Menschen und Götter in der Kultur von Chu."〈Jeonghee Lee‐Kalisch(译)*Das Alte China:Menschen und Götter im Reich der Mitte,5000 v. Chr. -220 n. Chr.*,Roger Goepper(编),Essen:Kulturstiftung Ruhr,and München:Hirmer,pp. 130－135.〉的部分段落,和原文出入较大。

(本文原载 *Artibus Asiae* 64 第 2 期,2004 年,295～312 页。本译文修订了原文中的某些细节,并略有删节。作者在此对译者王睿女士深表谢忱。)

难忘的教诲

——回忆俞伟超老师

董 琦[*]

信立祥先生打电话询问我，有没有与俞伟超老师生前的合影照片？回忆一下，俞老师最后在广州治疗时，我前往探视，留下了唯一一次与他单独合影的照片。此前的数十年中，虽不曾与俞老师单独合影拍照过，但俞老师对我的长期教诲，却是永远难忘的。

记得俞老师给我们班讲授战国秦汉考古课时的情景。俞老师那跳跃的思路，常常将我们引入与古人对话的境界。一堂课下来，我的学习笔记本上一字未落，却使我深深地陷入了历史的沉思。从俞老师的讲课中，我感受到考古学并不枯燥。我们面对的不仅仅是古代的遗迹遗物，更是古代社会的方方面面，我们需要探索古人的所思所想。正是俞老师富有思想的授课方式，不断引导我对考古学研究产生了浓厚的兴趣。

记得俞老师第一次教我做资料卡片的情景。我在每个不同的学习和研究阶段，都做有不同内容的资料卡片，以帮助我记忆那些枯燥、繁复、庞杂的专业知识。而最早教我如何做资料卡片的，就是俞老师。那是俞老师给我们班讲授战国秦汉考古课后，组织我们几个同学参与编写战国秦汉考古课的简本讲义。俞老师仔细地与我们讨论简本讲义大纲，并让大家分工准备。当时，我负责准备战国秦汉的手工业这一部分，面对浩繁的先秦两汉文献和考古资料，如何归纳战国秦汉手工业的特点，我感到无从着手。俞老师就从如何做资料卡片开始，教我如何通过做资料卡片，迅速掌握相关文献和考古资料。从那时候起，不管是学习还是研究，做资料卡片成了我的工作习惯，几十年来受益匪浅。

记得俞老师鼓励我报考研究生的情景。对于从校门走出来，步入考古工作队伍的青年学子来说，遇到困难与挫折是在所难免的。经过多年的考古工作实践后，我愈发感到自己专业基础知识的薄弱，工作中常常感到十分困惑和苦恼。俞老师了解我的情况后，就鼓励我报考研究生。在他的鼓励和支持下，我终于开始了研究生的学习生活，坚定了考古学研究的努力方向。当我向俞老师汇报博士论文的准备情况时，他一再嘱

* 作者系中国国家博物馆研究馆员。

咐我，定下博士论文答辩的时间，一定要告诉他，他一定要参加。那时，俞老师已是中国历史博物馆的一馆之长，但他还是在百忙之中抽出时间参加了我的论文答辩会。

记得俞老师指导我考古发掘工作的情景。我在主持山西垣曲商城发掘工作的时候，俞老师一再嘱咐我，垣曲商城大规模揭露后，一定要用热气球拍片，取得垣曲商城的完整考古资料。由于种种原因，与有关单位联系热气球拍片之事一波三折，久久未能落实。我心里开始打退堂鼓了，想停止热气球拍片的努力。俞老师坚决不同意，认为不进行热气球拍片的摄影工作，对垣曲商城的考古资料是重大损失，一定要千方百计地落实此事。我了解到俞老师的态度这么坚决，就硬着头皮继续想方设法，终于落实了垣曲商城的热气球拍摄工作。俞老师对考古发掘工作一丝不苟的认真严格态度深深印在我的脑海中。

记得俞老师布置我借调外地文物的情景。在俞老师的主持下，配合中国历史博物馆的通史陈列的改陈工作，开展了大规模的借调外地文物的工作。当时我负责山东省的文物借调工作。临出发前，俞老师语重心长地对我说：我多次去山东工作，至今未登泰山。你这回去要速去速回，保证文物借调工作的落实。我原本计划到曲阜借调文物时，顺便参观孔庙的。一想到俞老师的叮嘱，我在曲阜办妥文物借调事宜，连孔庙也未参观，就奔赴他处。在山东借调文物期间，我三过泰山脚下而未攀登，按计划全面完成了山东省的文物借调工作。

记得俞老师畅谈中国历史博物馆考古事业的情景。当全国考古发掘工作以传统方法为标准的时候，他率先组织班村考古队，引进国外新的考古学理论的方法；他率先组建中国水下考古研究中心，填补了中国考古学科研究的空白；他率先组建中国航空遥感考古研究中心，开辟了中国考古学研究的一片新天地。当我们用海陆空三军司令来戏称俞老师的时候，他开心地笑了。俞老师多次语重心长地说过，考古学只有不断开创新理论和新方法，不断地引进新技术，才有持续的生命力。

记得俞老师领导中国通史陈列修改时的情景。数十年来，中国通史陈列始终摆脱不开阶级斗争模式的束缚。在俞老师的领导下，中国通史陈列修改得耳目一新，较全面地展现了中国古代文明。他反复强调，中国历史博物馆应当是历史的殿堂。他的陈列思想，至今给我们以启迪。

数十年来，俞老师的教诲，点点滴滴累积心中。俞老师对后学成长的关心，永远难忘。俞老师的教诲将永远激励我努力地工作。

我心目中的俞伟超先生

蒋英炬*

　　我和俞伟超先生初次见面是在 1965 年秋他带领学生来临淄齐国故城进行考古发掘实习时，此前我读过他发表的《秦汉的"亭"、"市"陶文》，已闻知他是北大考古专业一位年轻有为的教师。和俞先生最后一次会面是在 2001 年秋，这次是他携信立祥同志（曾做过俞先生的研究生，时为中国历史博物馆考古部主任）应邀来济南考察洛庄汉墓考古新发现的。此后不久，便听说俞先生身患癌症的不幸消息。又过一年后，2003 年 12 月，从广州传来俞先生逝世的噩耗，我心中无限悲伤。回头一想，在这近 40 年当中，我和俞先生曾有过不少接触，有工作上的交往，有开会时的见面，有登门拜访，有书信往来，也有同舍、共餐或闲聊。但是，我和俞先生并没有什么特殊和过从甚密的关系，若恕我高攀，我只能说是同道上的一般平常交往。他的学问高又年长于我，见面时我自然尊称他"俞先生"，他则呼我"老蒋"。我既可以严肃地向他请教学问，也可以无拘无束地同他讲"下里巴人"式的故事。这种关系如套用一句常用的雅语说，那就是"君子之交淡如水"，虽不能自喻君子，但关系之淡泊、平静、透明如水则近乎实。我对俞先生说不上有较全面的认识和了解，更无力掌控和论述他的渊博学问与治学之道的发展历程。写我心目中的俞伟超先生，只是我对他的一些感知，零零星星如同几滴水，却让我明目甜心，他是一位让我仰慕和尊敬的师长。

　　从 1964 年下半年到 1966 年上半年"文革"开始前，我参加了山东省文化局临淄文物工作队对齐国故城的勘探、发掘工作，当时主要是为了做齐国故城的"四有"保护。由于我省大遗址的考古工作人单力薄，曾陆续邀请北京及有关地方的人员前来协助，就是在这种情况下，1965 年秋天，俞伟超和邹衡先生带领北京大学 61 届考古班学生来临淄了，既作教学实习，又支援山东工作。当时的考古工作条件与今天无法同日而语，而我印象中在临淄时还算好的，虽说住的都是简陋民房，但有固定驻地，有伙房，还有几角钱补助费。我和俞、邹二位先生同住一屋，他们两位与工作队长杨子范（已故）住外间，我在里面小间，原定与我共住小间的黄景略先生因事未来。在临淄同

---

　　* 作者系山东石刻艺术博物馆研究员。

俞先生住在一起大约 3 个月，相隔 40 年对许多事情记不清了，在我脑海里留下的只是朦胧而又真切的印象。当时俞先生既是教师又是领导，他还肩负北大历史系考古教研室党支部书记工作。俞先生带队更具有政治领导的地位和责任，可在我眼中，他对学生没有形式主义的说教，而是殷勤的帮助与辅导；对人和蔼面带笑容，有事和杨子范队长商量，心平气和，相安共事。那时他个人更无什么特殊待遇和优厚经济条件，冬天来了，一身大棉裤、棉袄、棉帽子，手里还经常夹着一支烟。每天到工地去，不论远近都是步行，有时工地远了就带饭或送饭中午在工地吃，每天带着学生早出晚归，那真是日出而作，日落而息，风尘仆仆，不辞辛劳。好在那时他才 30 多岁，一路说笑，不知疲劳。不但不知疲劳，他晚上睡觉时喜欢聊天，这也是我之所好，所以我们屋里经常聊到半夜不睡觉。记得有一次晚上已过半夜，话题逐渐转到俞、邹二先生对学校里一些事的看法上，其他人插不上嘴便想入睡，就听见俞先生说："他们都困了，咱俩出去聊吧！"二人便披衣起床出去了。我不知他二人何时回来睡的觉，只知道第二天一早看见犀门前留下两堆烟头。还有一晚聊起山东考古的问题，说到嘉祥的汉代武梁祠，我因此前去过武梁祠，并因一偶然机遇从来此考察的顾铁符先生手里看到过美国人费尉梅（Wilma Fairbanks）关于武梁祠建筑复原的文章，当时我只知道有这么回事，而我一提起，俞先生就说了许多有关费尉梅的事，使我知道更多的背景，我爱听故事，更佩服俞先生的博学多识。在临淄的 3 个多月，虽没有较深的交谈和了解，但从此我们成了相互认识的熟人，当时，他在我心目中留下的印象就是一位和蔼可亲、可以交谈和请教的师长。

再次和俞先生见面是在"文革"期间的 1971 年，那年夏天在北京故宫举办了"无产阶级文化大革命期间出土文物展览"，在当时的许多禁锢中文物工作有些恢复，冬天又在西安召开一次全国性的文物工作会议，我有幸跟随去赴会，到会后就听说俞先生也来了。在与他见面之前，我心中还在思虑如何向他表达问候，因为几年前就听说了俞先生在"文革"初期遭遇人生挫折的事。而当我们见面时，俞先生老远就先打招呼："老蒋，你来啦！"我赶紧上前问候说："俞先生，您好！"随即握住了他伸过来的手，那手指残缺的异样感觉顿时传达到我的心头，我心中有些难受和忐忑不安，而俞先生却泰然自若，有说有笑，问这个问那个，我的心情逐渐平静下来。那次会上见了许多老朋友，又吃了许多平常吃不到的东西，颇为痛快。在一次小聚会上，俞先生要让我说说上年在山东邹县发掘明鲁王朱檀墓的事，我对当时那超常规的发掘过程和意外收获随意描述了几段，俞先生一会儿皱着眉头，一会儿又笑不自禁。在那次及以后的见面，我都没有问过俞先生"文革"初期发生的事，他思想深处的变化我当然不知，但从那次会上见面和相处后，我感到他已经翻过了那历史的一页，他为人不变，个性依然，他又重新振作踏上他为之奋斗的里程。

大约在 1974 年和 1980 年间，我在北京时曾两次去俞先生家拜访，地点已记不清了，从我还保存的当时他的一封来信中可以看到落款地址是"北京大学五公寓 207 号"。现在还保留的印象是他那如同斗室的书房，四壁书架充顶，桌上、甚至地上都摆满书籍，真是汗牛充栋。在那狭小的空间里，他和我促膝而谈。还记得头次去一是要他编的战国秦汉考古讲义，再是向他请教临沂银雀山汉墓出土的漆器戳记文字。讲义一时手下没有，答应日后寄来，在我回来后不久便收到了。对漆器戳记中"市府草"的"草"字，我曾顺意而测它可能同"造"，但没有依据；俞先生也是初次见到，他也认为有可能通"造"，要待继续深入研究。约半年后，俞先生来信了，说他刚从湖北回来，从江陵凤凰山出土的漆器中看到有"成市草"、"市府草"等同样戳记文字，更得到文献旁证，已明白是"造"字。这样，在得到俞先生的帮助后，我写的《临沂银雀山西汉漆器铭文考释》，和他与李家浩先生写的《马王堆一号汉墓出土漆器制地诸问题》，都一同在《考古》上发表了。回忆当年拜访俞先生时的情景，更引起我无尽的思念。

1981 年春、夏，俞先生先是托来山东的严文明先生带信，后又专程来信给我，要我帮助有关汉画像石的专题考古实习，来实习的是由俞先生的研究生信立祥带领的 77、78 级三名学生。在来信中他对我当时完成的武氏祠调查复原工作表示肯定和赞许，也使我更佩服他对学术研究的广泛关注和洞察力。俞先生表示此次不能前来，恳切要我帮助、指导完成这次实习，而这次实习又与我们对孝堂山石祠的考察工作相结合，无论本领大小，我都感到义不容辞。是年秋冬，大致根据俞先生的要求，我们先后进行了对孝堂山石祠的调查实测记录，对鲁南等地方的汉画像石调查，对安丘汉画像石墓的实测记录等，并以孝堂山石祠为重点完成了实习报告，我也如约大胆地给实习成绩写了评语。通过这次实习，信立祥同志所选的关于画像石的研究生论文进一步确立和丰富了，他和我也成了无话不说的朋友，就在俞先生去世前的 2003 年春，我们俩还应邀一同去美国作学术交流，一路上他还向我传达了许多俞先生的情况，可谓人生有缘啊。那年他们回校后不久便来信说，系里和俞先生对这次实习很满意，我感到很欣慰。又一年之后，我收到北大历史系发来的聘书，邀我参加信立祥的硕士论文答辩，我去了。记得那次到会的有苏秉琦先生、阎文儒先生、黄展岳先生、俞先生和我，由于我是小字辈，又有我熟识的诸位先生在，我丝毫没感到为难。20 多年过去，其中三位先生已仙逝而去，而去世者中就有较年轻的俞先生。写到这里，一个小事却使我难以忘怀。当时我去参加答辩是住在北大招待所里，其间俞先生到我住处问过寒暖，邀我到外面吃过饭，既有礼数又很自然。答辩会结束后，我就和俞先生告别要返回了，由于北大离北京火车站远，又是 12 月寒冬，我怕耽误早发的火车，就提前一天到城里王府井大街考古所住宿。第二天一早天不亮我就起床了，刚走出考古所大门，天还灰蒙蒙的，就猛然见俞先生迎面而来说："老蒋起来啦！我刚赶过来，送送你。"我赶紧上前握住他的手，只惊讶地道一声："俞先生！"不知说什么好。然后，他漫步陪我走到公共汽车站，嘱我回去后代他问候诸位朋友，看我登上车后，才依依挥手告别。这件事一直留在我心中，现在写来也不是对俞先生说什么感谢的话，而是表达我对他的敬重。

20 世纪 80 年代后期，俞先生任中国历史博物馆馆长后，他的业务和社会活动更加繁忙。在他上任后不久，为了历史博物馆改陈任务亲自出马到各地商谈征调文物事宜。此事虽有国务院的文件，但在我看来，要顺利完成此事俞先生又是非其莫属的合适人选，因为他对各地既熟悉人又熟悉物。俞先生也来了山东，当时老局长刘谷领张学海和我到宾馆住处与他面谈，细节不记得了，在我的印象中，他既强调完成改陈与征调任务，也能理解当地的心情和需要；他心平气和，不逼人，容商量，想办法，化解难点，达成共识。正是如此，他顺利而归，不虚他不辞辛劳、千里跋涉的行程。

还有我做的一件小事，也反映我心目中的俞先生。在20世纪90年代初，为编辑出版中国美术分类全集中的中国画像石全集，由人民美术出版社牵头，山东、河南、四川等省美术出版社有关人员在济南南郊宾馆开会，当时山东美术出版社邀我参加了这个会。会议后期，一次讨论到要找一位声望高、有权威的学术人士当全集的顾问或主编，当有人提出几个人名后，我突然警觉地意识到一个人，那就是俞伟超先生，于是马上推出俞先生的名字，会议主持人向我点头示意并记下来。以后，关于主编人选是如何运作和决定的我一概不知，但我知道最终确定了俞先生。1996年冬有关出版社在郑州开会讨论如何编辑、出版全集时，俞先生就是以主编身份与会的，会间俞先生还征求我的看法和意见。在编辑过程中，出版社曾将有些地方较欠缺的文稿让我修改，因为我不负责其卷，为了工作的顺利方便，我到北京同俞先生商量，并在全集主编同意的名义下进行工作。2000年《中国画像石全集》八卷出版，不仅前面有主编俞伟超的名字，还有俞先生写的《中国画像石概论》的文章。回想此事，我所以能灵机一动想到和推出俞先生，那完全是俞先生的学术地位和声望所决定的，因为他在我心目中是较合适的人选，他可以高屋建瓴地俯瞰中国画像石整体，运筹帷幄、指导得当的完成这项任务。

在和俞先生多年的见面和交往中，他留在我心目中的形象，有慷慨的发言、激昂的辩论，有餐桌上的对饮和满意的酒量，也有夜半时的叙谈和肆意说笑，还有会上的困顿、闭目养神或入睡的呼声，一切都坦然自得。还有一粗略印象，他过去不太讲究穿着，后来却边幅整齐、衣着考究，这大概也是由于条件限制和环境变化的随遇而安吧。但不论他穿大棉袄、棉裤还是着西服革履，都丝毫不掩他那学者的气质与风范。他一生对考古学追求执著，勤奋、努力，读万卷书、行万里路、著万篇作；他才思敏捷，在其学术思想中更富有浪漫艺术气质，勇于领异标新；他从不停息追求学术研究的深层次和学术思想的高境界，向考古学方法论和目的论的高峰攀援，他为中国考古学建设作出了重要贡献。更可贵的是，他和青年学者始终保持广泛交流和友谊，如同他的学术思想永远充满青春活力。

俞伟超先生仙逝而去了，但他的音容笑貌却永远留在我的心中。俞先生的为人和学者风范，让我尊重和仰慕；俞先生一生留下的等身著作与其治学之道、治学精神，更值得我们学习、借鉴和思考。

2004年12月于济南

怀念俞伟超先生

李容全[*]

俞先生曾在我的母校任教。那时我是学生，他是老师，虽在同一学校，却因文理隔离严重，所以彼此既不相知，更不相识。知道先生，那是在我参加工作之后，拜读先生与侯仁之联名发表的关于乌兰布和沙漠历史变迁的论文时，领悟到先生在考古学方面学识渊博，田野考察能力极其出众。再有，印象很深刻的一篇论文是我在北师大陪同学们去三门峡进行地貌学教学实习时读到先生写的黄河古栈道的考证，致详、致精，至今记忆犹新。

有幸当面聆听俞先生的学术报告和讲话，并能拜见到他本人，是1990年10月在三门峡市召开的"小浪底库区班村遗址发掘与综合研究论证会"上。他的演讲，强调考古发掘必须走创新之路，要充分利用现代科学技术手段，进行多学科合作，使考古学的发掘研究工作在内容上、理论上和研究方法上都有明显的创新，把我国考古学发展引向新水平，显现出考古界领军人物高瞻远瞩的见识和勇于创新的气魄，显现出推动考古学发展前瞻指路的学术带头人的风范。如果从学科综合程度的角度出发，考古学是众学科当中最综合的学科，没有任何一门学科像考古学那样，几乎涉及所有人文与自然学科，无论是从遗址考古发掘当中碰到的遗迹、遗物也好，还是在考古发掘后如何复原古代先民的生产、生活和社会等等的需要也好，考古研究所涉及的专业知识真是数、理、化、天、地、生无所不包，理、工、农、医、艺、体无所不容的。所以说，作为一位考古学工作者知识面真的是宽广，而作为一位考古学的带头人，不仅知识渊博，还要有高屋建瓴的风度。俞先生恰恰是这样一位学者。从这次在三门峡市召开的论证会所邀请的单位和人员，就能看出他不仅撰文，而且亲自领导实践推动考古学向现代考古学方向发展。这次论证会上，除三位美国学者之外，还邀请了考古学界以外的人员，例如，开创科技考古方向的中国科学院研究生院的王昌燧教授，倡导利用孢粉分析做环境考古的周昆叔研究员，我是由周昆叔介绍，从事古代人类生存时期前后的古地貌环境及演变的研究工作，还有一些其他专业的人员。足见，先生想发起多学

---

* 作者系北京师范大学地理学与遥感科学学院教授。

科合作，实现他推动考古学的跨越式发展的思想。

俞先生倡导并努力推进环境考古工作。在他1992年发表的《考古学新理解论纲》中提到，环境考古学的任务是"分析特定文化得以发生的环境条件，及其对文化进程的制约作用；研究环境与特定的技术、行为方式和观念形态的相互影响"。还指出环境考古学产生的理论基础是："文化生态的经典模式"。恢复古代人类生存时期的自然环境和人文地理环境，只是环境考古研究的最初级的一步，但又是必须进行、也有一定难度的一步。在进行这步研究时，需要地貌学、第四纪地质学及与之相应的地学测试和测年手段的配合与协作。第二步，也是最难的一步就是古环境研究结果如何与相应时期古代人类的生产、生活与社会活动相联系，与古代人类的文化相联系。要想做到这一步，就必须充分掌握考古发掘中所发现的古代人类遗存下来的所有遗迹和遗物，并逐一分析每项遗迹和每个遗物的人文属性、文化属性以及它们的扩散或源地的空间位置属性、与相邻文化的空间相互关系，再逐一分析它们可能受到或接受的环境影响。这些只有在各学科与考古学的融合性合作中才能达到臻美的程度。从这个角度可以看出，俞先生组织考古研究队伍的基本思想是：吸纳多学科人才参与考古发掘，鼓励多学科合作进行综合研究。真正使考古发掘迈向新水平，使考古学迈向新时代。俞先生的远见卓识，显示出领军将帅的风度。

记得2004年4月10～12日，中国科学院举行的香山科学会议第136次学术讨论会，先生参加了，会议的主题是科技考古学的现状与展望。先生即席大会发言，梗概如下：指出人类的物质、精神追求所依靠的社会结构和组织组成了社会。人类物质与精神、社会结构、社会组织进步的几大阶段：由群猎状态到约10000年前农业出现，群体增加，活动范围扩大，知识进步加快。大约在4000～5000年前某些地方进入文明时代，生产能力有很大进步，青铜冶炼与制作标志人类能制造自然界没有的青铜器，人类树立了本身能力的信念；世界几大区域出现文明的巨大进步，早期哲学、科学、文化、艺术才有大发展。大约2500年前开始形成世界三大宗教，只有中国是受儒家思想教育，而没有受宗教教育。所以中国多数或主体是个多民族的国家，其他地区具有单一民族的国家居多。中世纪以后，很多国家政教一体，中国则始终政教分离。他还讲到：人类文化早期属于适应性文化。他认为：东西文化的比较具有现实意义；两河流域文化与欧洲文化无关，等等。虽说是寥寥数言，却勾绘出一个经典轮廓，让在场的学者们无不景仰。

先生是考古学和其他自然科学牵手的搭桥人，既为考古学攀登高峰指出了方向，又为自然科学找到了新的服务领域。先生刚届古稀就离我们而去，使我痛失一位良师挚友。我们唯有学习先生严谨治学、开拓创新的精神，在先生胸怀博大的风范和兼容并蓄的人格魅力感召下，兢兢业业，不断创新，把先生开创的事业推进到一个新的高度，才是对先生最大的慰藉。

中国环境考古的倡导者俞公伟超先生

周昆叔[*]

一 雪中送炭

我是一个从事第四纪地质学研究的工作者，主要运用孢粉分析的方法探索第四纪地质规律，尤注重第四纪环境的变化与人类关系研究。1978 年科学春天的到来，给我插上科学新思路的翅膀，在整理历年研究工作的基础上，出版了《第四纪孢粉分析与古环境》（科学出版社，1984 年）一书。此时恰值中国科学院体制发生大转变时，理论与实践结合之路正是大家企盼的。1995 年 10 月，所领导告知有英国在深圳蛇口的一家石油科研公司想聘请中国微体古生物专家合作研究南海油田，其中就包括孢粉学家，询问我的意见。我觉得这是科研与生产相结合的一条途径，可以了解国际石油地质科研情况，于是当年 11 月被派到深圳"中华三源古生物服务公司"合作工作。

1996 年下半年我连着接到侯仁之教授来函，谈及在北京平谷发现了上宅新石器时代遗址，盼我早日返京合作研究。11 月与英国人合作期满，随即返京，并于年底受命侯老前往上宅遗址踏勘。1997 年 2 月 14 日向北京市文物事业管理局和侯老汇报踏勘结果，我提出以"环境考古"的思路展开上宅遗址古环境与古文化关系研究，并获赞同。

1987 ~ 1988 年间，经过对上宅遗址与平谷地质、地貌及新石器时代人类关系的野外考察与室内研究，于 1988 年 5 月 28 ~ 29 日，在平谷县举行的《上宅遗址综合研究汇报会》上，我做了《平谷盆地环境考古调查》报告，指出上宅遗址堆积是处在泃河由燕山流入平谷盆地的右岸二级阶地的古冲沟中，其时气候温润，在第五文化层中发现禾本科农作物花粉，说明上宅文化晚期这里已有农业垦殖。侯仁之教授认为我的报告"是北京古文化研究的一个突破"。应邀与会的中国历史博物馆馆长俞伟超教授指出："这是我国第一次应用自然科学手段研究农业的起源和文化发展问题，是一个可喜的开端。"

俞先生的谈话，如同他那高高的身材一样精练，透着一股对科学的追求精神和对

---

[*] 作者系中国科学院地质与地球物理研究所研究员。

新生事物的期望，引起我的注意，这成为我与俞先生交往之始。

也就是在平谷会上，俞先生洞察到环境考古的重要，热情邀我到中国历史博物馆做环境考古报告。1988 年 8 月 26 日，我应邀在中国历史博物馆做《考古学的新内容——环境考古》学术报告。俞先生在报告会后的总结发言中，充分肯定了环境考古的学术重要性，认为环境考古研究的展开将会为中国考古学革新以有力的推动。

环境考古是我科研生涯中一大转折，这转折是社会与科学发展推动的，也与到英国石油科研公司工作的所见所闻有关。环境考古让我面临与社会科学结合的难题。尽管我曾做过一点与考古学有关的工作，而且在平谷的环境考古中，兢兢业业，但究竟如何，心里还是无底。听到侯老的评语，尤其是听到考古学家俞先生的肯定，他们的谈话和俞先生合作研究的意愿，对于我这个在环境考古领域初试锋芒的人是一个极大的鼓舞，坚定了我走环境考古之路的勇气和决心，犹如雪中送炭。此事虽时隔多年，仍历历在目。俞先生不仅是对我个人工作的肯定，而是对中国考古学走多学科综合研究之路的企盼。俞先生对科研苗头的敏感与执著，成为我们追求科学的榜样。

二　合作之路

俞先生 1989 年初手书交刘本安同志送给我，邀我商谈合作研究。最初俞先生希望我到湖北、湖南地区去工作，他作为一个楚文化专家是完全可以理解的。但是，我觉得黄河中下游古文化发达，且黄土地层出露好，便于考察，有与文化层对比研究的便利。俞先生欣然同意从黄河中下游着手古环境与古文化关系的研究，并说希望派曹兵武同志随我读环境考古研究生。后征得我的同意，以曹兵武同志考取中山大学硕士研究生的成绩，转到中国科学院地质研究所攻读环境考古学硕士学位。他经过三年基础课学习和河南省辉县百泉镇韩小庄全新世古沼泽孢粉分析与古文化关系研究，做出优秀论文，获得硕士学位。我们研究所还让我总结培养文理兼修曹兵武同志的方法与效果上报所研究生部。

1989 年后，俞伟超先生先后安排刘本安、张广如同志随我到黄河中下游考察，除了重点考察关中盆地外，还几次到中国历史博物馆在山西垣曲古城镇东关遗址和商城遗址的工地，在佟伟华先生的陪同下考察。

1989～1990 年间的黄河中下游环境考古，使我从众多遗址与地层关系中，逐渐理出全新世周原黄土地层分层，辨别出文化层与周原黄土间有可比关系，从而增强了我在这里从事环境考古的信心，遂倡议召开一次全国环境考古学术会议，得到包括俞先生在内诸多学者的大力支持。1990 年 10 月 21～24 日，"中国环境考古学术讨论会"在西安市临潼召开了，会后出版了《环境考古研究》第一集（科学出版社，1991 年），这是我国环境考古学史之初具里程碑意义的学术活动。我国五千年文明史的科学园地中，又开出了环境考古学新奇葩。

尽管在面上考察中看到环境考古的希望，但要谈到地学与考古学结合还相差甚远，也就是人们说的有"两张皮"的问题,有问题,就有动力。1991 年春,我跟俞先生谈到希望从面上调查转到点上研究,借以结合遗址发掘深入展开环境考古工作。俞先生说:这和我想到一块去了,正好小浪底水库淹没区要做抢救发掘。可以结合这项工作来做,请你带队做一次选点调查。同年 4 月 17 日~23 日,俞先生派曹兵武、张广如、裴安平、李占阳等同志参加,由我率队到河南省孟津、安新、渑池做小浪底水库淹没区考古学综合研究选点调查,最后选定渑池县南村乡含庙底沟文化的班村遗址做试点研究。

班村遗址发掘初期,即 1991 年 10 月 15 日中国历史博物馆在三门峡市召开班村遗址综合研究研讨会。俞先生指出班村遗址综合研究是仰韶文化遗址发掘 70 年后,中国考古学迈向新阶段的一次重要考古发掘,关键是要搞成多单位参与多学科结合的一次综合性考古学研究。他谈到我国解放后考古学与国外联系少,影响了我国考古学的更好发展,因此,班村发掘不仅要对国内开放,而且要考虑吸收国外专家参与。嗣后,才有由中国历史博物馆主持,并有河南省文物考古研究所、中国科学院地质研究所、中国科技大学、中山大学等单位参与的班村遗址综合研究,期间有美国著名考古学家沃森(Watson)、艾金斯(Ailcens)、杜朴(Thorp)和日本考古学家茂木雅博来班村遗址考察交流。

班村遗址发掘是在俞伟超先生的领导下,在信立祥、王建新等许多同志的努力下,做的一次中国考古学走多学科综合研究之路的首倡性学术研究。

为了筹备全国第二届环境考古学大会,1993 年春我到洛阳市文物工作队联系请求协助,得到该队叶万松、朱亮等队领导的支持,并约定合作研究洛阳市关林镇皂角树遗址,以作 1994 年与会代表参观。皂角树遗址是一处以二里头文化遗存为主的遗址,在该遗址北侧有一处裸露的上百米大剖面,剖面清晰地显示出二里头文化层,东周、汉、唐宋文化层分别与褐红色古土壤、褐色古土壤和新近黄土有叠置可比关系,考虑到这种地质地层与文化层关系如此清楚的地层剖面十分难得,遂由洛阳市文物工作队主持,由我代邀请刘东生院士、俞伟超教授和严文明教授出席 10 月 29 日的《皂角树遗址考古工作座谈会》。当俞伟超先生在皂角树遗址考古工地见到清楚的周原黄土与文化层叠置关系后,他笑容满面,拍着我的肩膀说:问题解决了!2002 年皂角树遗址发掘报告《洛阳皂角树》(科学出版社)出版时,不幸的是俞伟超先生已重病在身,虽送了《洛阳皂角树》和我著的《花粉分析与环境考古》(学苑出版社,2002 年)两本书给他,他已不可能细读了,但他表示十分欣喜和赞许。

1995 年 4 月,正值三峡各考古队即将收队前,俞伟超先生邀我尽快前去考察,遂与莫多闻同志于 5 月起程前往,俞先生已请在万县的袁东山同志引领我们,后来袁靖同志也参加进来。调查为时半个月,最后草成了《长江三峡水库环境考古初报》(花粉分析与环境考古,学苑出版社,2002 年)向俞先生做了汇报。

俞先生对我组织的历次环境考古学术活动,都大力支持,积极参加。如给在洛阳召开的第二次全国环境考古学大会写来长篇贺信，在信中大声疾呼："总之，无论从哪方面谈，当今的考古工作者必须和地学工作者、生物学工作者，以及其他与研究环境有关的一切科学工作者携起手来，发展环境考古学，进而开创考古学的新时代，搞清人类历史的真实面貌，最终为全人类改善现有的生存环境而奋斗！"（《环境考古研究》第二辑，科学出版社，2000 年）

三　慰藉俞公

2001 年参加中国社会科学院考古研究所在北京市政协礼堂举行的中国文明起源研讨会上，惊悉俞伟超先生得重病住在北京医院治疗。会后我前往探望，一路琢磨着俞先生的身体情况，手提着万年青三转两转到了俞先生病房。在病房外就听到谈话声，进门一看原来已有好几位探视者。俞先生见我来，他与夫人忙让往里坐。见俞先生精神很好，心头悬念掉下来了，问候和安慰了几句话后就告辞，以免他们接待的劳累。在回途上，我衷心祝愿他在医生的医护下能闯过这一关，如万年青常荣。

后来俞先生转住在昌平区小汤山疗养院疗养，2002 年春节前前往探望，思来想去无以为赠，还是请内人堂弟舞美设计家王晓鑫先生把曹操老前辈的《龟虽寿》抄上配镜框送上（请参见余追记手书）。俞先生见到曹操诗作，握着我的手久久不放，满面笑容，连说谢谢！我知道俞先生不仅是一位出色的考古学家，而且是一位洋溢着诗人般激情的人。曹操那昂扬奋发，不屈不挠的斗志和乐观积极的人生观，一定会有助于他向疾病作斗争。我谈到他为中国考古学革新做了历史性贡献时，俞先生谦说：只是让中国考古学少了点沉寂。是的，20 世纪末，中国考古学新气象的出现，得益于新思潮的到来，而俞先生是新思潮的主要旗手。

2002 年下半年，获悉俞先生的身体不如前，心里一直挂念着。2003 年元月与几位朋友一同去看望他，刚踏入疗养院俞先生卧室的楼道，他就带着病体来迎接我们，看了我送他的郁金香说：真漂亮！把花盆高高地置在窗台上。郁金香点缀着病房，似乎增添了一份生气。他示意同去的朋友们暂避一下，拉着我和张广如同志单独谈话。他深沉地说："环境考古搞到现在这个样子不容易，总算是顶过来了！"接着以企盼口气说："环境考古要继续搞下去，要搞得更好些。"显然，俞先生要趁见面机会，对他一贯倡导的环境考古事业做一个交代。我对俞先生说："谢谢您一贯对开展环境考古工作的指导与大力支持，我们会继续努力的。"他满意地说："好！好！"

俞先生啊！您走了，是我国考古文博界的重大损失，我失去了一位益友，不能再促膝长谈，不能再听您的真知灼见，不能在碰杯畅饮中领略您的豪爽与进取精神。但要告慰您的是，我国环境考古在各方大力促进下，已有了较大的进步。现在不是要不要搞的问题，而是如何搞得更好；不是少数单位和少数人在搞，而是有愈来愈多的单位和愈来愈多的人在搞；研究结果由零星到不断涌现；人才有如雨后春笋，形势喜人。您在九泉之下，也会感到欣慰的。您所倡导的环境考古事业，会如您的愿望蒸蒸日上，后继有人。

　　俞先生，您大力支持的黄河中下游环境考古工作，现在不但在继续，而且有更多的学者参与，研究的地区和内容向广度与深度进行。就我个人来说，未能如意，但在朋友们的大力支持下，总的来说有两点收获，其一是提出周原黄土概念，而且周原黄土与文化层的对比有了头绪。其二是提出嵩山文化圈概念，解释了中原古文化发达之原因，阐述了中原古文化在中华文化中的核心地位。

　　俞先生，您的音容和功绩将永留在我们的心坎里！您的嘱托已变成我们的行动。请您安息吧！

忆俞伟超先生对中国古代制陶技术研究的关注

李文杰 *

我与俞伟超先生的交往始于 1979 年，当时我在湖北省枝江县关庙山遗址进行考古发掘，俞先生在当阳县季家湖遗址进行考古发掘，两地相距 5 公里，我们互相参观对方的发掘现场，并且在一起交谈学术问题，我还应他的邀请，去季家湖给参加考古实习的学生讲解湖北郧县青龙泉遗址上层陶器的形制。1987 年 7 月我从中国社会科学院考古研究所调到中国历史博物馆考古部，此后跟俞伟超先生的交往就更多了，主要是在研究古代制陶技术方面。

我是 1980 年在关庙山遗址发掘工地开始研究古代制陶技术的，从研究陶器的渗碳工艺和脱碳现象入手。1985 年我发表了《浅说大溪文化陶器的渗碳工艺》（《江汉考古》1985 年第 4 期），论述了窑内渗碳和窑外渗碳工艺。1986 年俞伟超先生发表了《中国早期的"模制法"制陶术》（《文物与考古论集》，文物出版社，1986 年），论述了泥片贴筑法。1989 年我发表了《大溪文化的制陶工艺》（《中国原始文化论集》，文物出版社，1989 年），全面论述了泥质陶、夹炭陶、夹蚌陶、夹砂陶、制法、红陶、彩陶、白陶、灰陶、渗碳等工艺。这些论文相继发表，显示出我跟俞伟超先生在研究中国古代制陶技术方面具有共识。

1989 年夏我跟俞伟超先生讨论宁夏海原县菜园村遗址陶器的制作工艺时，他对我说："中国的田野考古发掘报告很多，研究古代制陶术的论文很少，对你来说，研究古代制陶术比写田野考古发掘报告更重要，更能够发挥你的长处，以后你就集中精力研究古代制陶术吧！"他这番话给我的研究工作指明了主攻方向。从此以后，我把研究古代制陶技术作为工作的重点。1995 年初我写完《中国古代制陶工艺研究》书稿。俞伟超先生在审阅书稿之后，于同年 5 月 28 日题写了书名，撰写了序言，他写道，该书"已大体勾画出了我国秦汉以前的制陶术进步过程的轮廓。在我国考古学研究中，这自然是一项重要的基础性研究。我相信，李文杰同志这一系列考察报告的结集成书并出版，是我国考古学中对古代制陶术已开始进行系统研究的一个标志。"该书 1996 年由

---

* 作者系中国国家博物馆研究员。

科学出版社出版，这是我国第一部研究古代制陶工艺的专著。

1996 年我应中国科学院自然科学史研究所的邀请，承担了编写《中国古代制陶技术史》的任务，该书是中国科学院"九五"立项的重大研究项目《中国古代工程技术史大系》丛书当中的一卷。我先后到河南、山西、山东、陕西、湖北、江苏、内蒙古等地考察了古代制陶技术，并且查阅了大量文献资料，在此基础上，于 2001 年初写完《中国古代制陶工程技术史》书稿。

《中国古代制陶工程技术史》系统地总结了新石器时代早期至清代制陶技术的主要成就，与《中国古代制陶工艺研究》相比，有以下新的研究成果：

一、时代延伸了、地域扩大了、内容增加了。

第一章，新石器时代早期的制陶技术，全部内容是新增加的，包括湖南道县玉蟾岩、江西万年县仙人洞、河北阳原县虎头梁、河北徐水县南庄头、广西桂林市甑皮岩等遗址的资料；

第二章，新石器时代中期的制陶技术，增加了河南舞阳县贾湖遗址等资料；

第三章，新石器时代晚期的制陶技术，增加了山西垣曲县古城东关遗址仰韶文化、河南渑池县班村遗址仰韶文化等资料；

第四章，铜石并用时代早期的制陶技术，增加了河南渑池县班村遗址庙底沟二期文化、山西垣曲县古城东关遗址庙底沟二期文化等资料；

第五章，铜石并用时代晚期的制陶技术，增加了湖北天门市肖家屋脊遗址石家河文化、山西垣曲县古城东关遗址龙山文化等资料；

第六章，夏商时代的制陶技术，增加了河南渑池县郑窑遗址二里头文化、内蒙古敖汉旗大甸子夏家店下层文化、湖北黄陂县盘龙城遗址、江西清江县吴城遗址印纹硬陶等资料；

第七章，西周春秋时代的制陶技术，增加了山西侯马市上马周代墓地的资料；

第八章，战国秦代的制陶技术，全部内容是新增加的，包括秦始皇陵兵马俑等资料；

第九章，汉代的制陶技术，增加了汉长安城窑址等资料；

第十章，北魏的制陶技术，全部内容是新增加的；

第十一章，唐代三彩器的制陶技术，全部内容是新增加的，包括陕西铜川市唐代黄堡窑址、河南巩县唐三彩窑址等资料；

第十二章，宋元明清的制陶技术，全部内容是新增加的，包括内蒙古赤峰市缸瓦窑等资料；

第十三章，传统制陶技术调查，增加了河南渑池县班村遗址传统烧砖技术的资料。

由于在《中国古代制陶工艺研究》的基础上，增加了上述新的内容以及随之而来的新观点，就形成了新石器时代早期至宋元明清制陶技术史的框架。

二、书的体例改变了。

《中国古代制陶工艺研究》采用社会科学体例，即以考古学文化或遗址为单位进行研究。《中国古代制陶工程技术史》打破了考古学文化或遗址的框框，采用自然科学体例，即以时代早晚分章，每章之内以工艺流程分节的体例。新体例的优点是：从纵向可以看到中国古代制陶技术发生、发展和演变的历史过程，从横向可以看到各时代的陶器从制作工艺到装饰工艺，再到烧成工艺的全过程。新体例跨越了社会科学与自然科学之间的鸿沟，既保留了考古学文化或遗址的内容，又适应了技术史形式的要求。

三、书中所用的资料更加可靠了。

大部分资料都是经过笔者亲自观察实物和研究之后才选用的。例如数十年来，关于空心砖的成型方法问题是一个谜，中外学者只是笼统地说模制成型，然而，究竟如何模制成型？如何才能够使砖坯内部形成空心？都没有说清楚。2003年2月笔者在河南新郑市郑韩故城考察制陶工艺时，从大量的空心砖当中挑选出两块残破的战国晚期的空心砖进行了研究，因为只有残破的空心砖才便于观察内部的结构和成型时所遗留的痕迹。研究之后得出结论：郑韩故城战国晚期空心砖的成型方法是泥板逐块拼接法，属于模制法范畴，它是在模制过程中利用泥料的一种形式和方法，以"泥板"作为从泥料到坯体的中间环节，"泥板"起中介作用，以"逐块拼接"作为处理"泥板"的方法。底板、两帮、左挡头在外模之内成型，顶板在托板（相当于内模）之上成型。

对一部分陶器还亲自做过模拟实验。例如有些考古发掘报告说唐代的绞胎釉陶器是轮制成型的。笔者通过模拟实验，成功地仿制了全绞胎釉陶器和半绞胎釉陶器，得出结论，唐代的全绞胎釉陶器和半绞胎釉陶器都是模制成型的。

一部分资料是引用了其他学者的研究成果，如夏家店下层文化的彩绘陶、秦始皇陵兵马俑、唐三彩等。对于这些资料，都一一注明出处，而且自己也进行了研究，慎重选用，还提出自己的见解。例如笔者从《唐代黄堡窑址》发掘报告中引用了陶轮结构和部件的资料以及线图，分析了各个部件的作用如何，在此基础上绘制了唐代黄堡窑址的快轮装置复原图。

俞伟超先生在审阅书稿之后，于2001年9月17日撰写了序言，他写道："这部著作又有以下的几大优点：一、具有人文学科和自然科学相互渗透的特点，是考古学、物理学、化学、制陶工艺学等学科门类的综合研究成果。""二、全书所用材料，几乎都是通过亲身观察实物后得到的结果，因而其采用资料具有很强的科学性。""三、本书既从技术史的角度，说明了我国古代制陶术的发展过程，在许多方面，又把制陶术的进步和社会因素的变动联系起来。这样，本书就不仅是一本技术史，而且还是一本很好的文化史。""总起来说，本书是在二十余年的专门研究基础上，实事求是地完成的，反映了当前我国制陶工艺研究的最高成就，对进一步提高我国古代制陶工艺技术的研究，将会起到很好的促进作用。"俞伟超先生写完序言后问我："我 1989 年跟你说的话对吧？"我回答说："完全正确。"

总之，我在跟俞伟超先生交往的过程中，获益匪浅，因为他是一位具有远见卓识的考古学家，是我的良师益友。

2005 年 5 月 17 日于北京

忆俞伟超先生对湖北考古文物事业的卓越贡献

谭维四 *

公元 2003 年 12 月 5 日，中国考古文博学界一颗巨星陨落了。我国当代著名考古学家、中国考古学会副理事长、原中国国家博物馆馆长、原北京大学历史系考古专业教授、湘鄂豫皖楚文化研究会理事长俞伟超先生因病医治无效不幸仙逝了。噩耗传来，白云低垂、江汉呜咽！湖北考古学界的同仁们，无不扼腕叹息，深为悲恸。他是我国考古文博界一位学识渊博的思想家、理论家，走的过早了！太可惜了。回忆先生对我省考古文物事业所做的奉献，往事如昨，历历在目，令人悲痛不已！景仰无限。

我初识先生是 1954 年 7 月，在北京大学第三届全国考古工作人员训练班上。当时我是一位初入文物考古界的训练班学员，俞先生正在我国老一辈考古学家苏秉琦先生门下攻读研究生，举办训练班期间他是训练班的工作人员，负责教务工作。他工作热情，勤勤恳恳，待人亲切和蔼，给同学们留下了深刻的印象。研究生毕业以后，它留在北京大学任教，仍和我们保持着密切的联系，给予了许多支持、指导和帮助，对开创湖北考古文物事业做出了重要的贡献。这里择其要者略作叙述，聊表吊唁之情，以告慰先生在天之灵。

湖北的考古学研究，尤其是现代意义上的田野考古发掘，建国之前基本处于零的状态，既没有田野考古专业人才，也没有获得什么成果。建国初，文化部、中科院、北京大学联合举办的全国考古工作人员训练班为我省培养了第一批考古专业人员，但人数少得可怜，第一届训练班只去了一位同志，因此，近代意义上的科学的田野考古发掘在湖北开展得很晚，尤其是湖北地处江汉平原腹地，又是楚国都城——郢都所在地，对楚文化的考古工作更是十分薄弱，无论是楚国文化遗址或是楚国墓葬都没有进行过系统的调查勘察和发掘。60 年代初期，俞先生在北京大学历史系考古教研室任职，教授我国先秦和秦汉考古及考古学理论与方法的课程，他敏锐地看到了我省考古学研究的这一薄弱环节，于是热情地给我们以无私帮助，除了通过多种途径坦诚地提出建议外，1961 年、1962 年，他即多次率领北京大学考古专业学生来我省江陵进行田野考

* 作者系湖北省博物馆研究馆员。

古实习，他们不顾生活的艰苦和工作条件的简陋，住在一座破庙里，对江陵张家山、太晖观楚墓进行发掘，清理发掘了一批小型楚墓。同时，结合田野实习教学，对楚郢都纪南城故址及城外八巅山一带的大中型楚墓群进行了调查与勘察，这些活动在实际上开创了湖北楚文化考古的先河，是湖北境内真正科学意义上的近代考古发掘的开始，正是这个开始，在以后的年代里，才使湖北成了楚文化考古的中心，并在 20 世纪七八十年代取得辉煌战果。

俞伟超先生在率领他的学生进行田野考古实践的同时，始终不忘及时地进行资料的整理和学术理论研究以指导我省的考古学研究和为我省培养人才的工作。例如 60 年代初在江陵太晖观等地楚墓发掘实习，及时整理了这批资料，并以之与此前考古界在长沙发掘的楚墓资料进行对比，总结出楚墓分期断代的规律，从而建立起东周楚墓的年代表，这就为我省以后逐步发掘的楚墓树立了分期断代的标尺，发挥了指导的作用。而在人才的培养方面，除了他率领的学生以后出了不少出类拔萃的人才，诸如后来担任国家文物局领导的张文斌、张柏、童明康先生等均出自他的门下，我省第一批 50 年代进入文物考古领域的研究员们，如王劲、陈贤乙、杨定爱等，大多得益于俞伟超先生的言传身教，想起这些往事他们至今仍感激不已。

俞伟超先生对考古文博事业的深沉挚爱和对我省考古文物事业的无私援助和忘我投入的精神，是我们永远难以忘怀的，这里只举几个事例即可见一斑。

20 世纪六七十年代，"文革"的十年浩劫期间，一方面，考古文博界受到极大冲击，机构被砸烂，专家遭迫害，不少业务人员被流放，业务工作难以开展；而另一方面，各项建设工程仍在不断进行，尤其是"农业学大寨"群众运动的开展，大量地下文化遗存惨遭厄运。斯时，俞伟超先生也正受到残酷迫害，身心健康都受到摧残，可就在这种情况下，他置个人安危于不顾，应约先后来到我省，指导帮助和亲自参与了对黄陂盘龙城商代遗址和江陵楚郢都故城纪南城的文物保护与考古发掘，取得了辉煌成果。

1974 年上半年，黄陂盘龙城所在地的农民，在城外修筑围堤时发现古墓葬，我们做了抢救性清理发掘。下半年，当地农田建设扩展到了城内，古城垣和城内宫殿遗存都受到威胁，急需进行抢救性清理发掘和全面的勘探与保护，为此我们邀请北京大学历史系考古专业派老师率学生结合进行考古实习前来支援，共同组织较大规模的勘探与发掘工作。俞伟超先生全然不顾他正处在遭受迫害之后，身心正待修养与康复的关键时刻，毅然率领北大考古教研室的老师陈跃均、张建奇及 72 级学生 20 余人来到湖北，在盘龙城一干就是好几个月。这时候，正是"四人帮"大搞"批林批孔"的时期，在文教科技领域里什么批判白专道路、反对厚古薄今等，甚嚣尘上。俞先生作为教研室来此的领队，他既要顶着来自各方思想批判的压力，又要耐心地做好学生的思想工作。加以这个地方又是血吸虫病疫区，当年我们在那里还没有建立考古工作站，生活是艰苦的，工作条件也是很差的，可是俞伟超先生不顾这一切，以饱满的工作精神，为人表率，勤勤恳恳地工作，终于使这里的工作取得了突破性进展，几个月的发掘，取得了一系列显著成果：一是通过解剖北城垣，探明了古城垣的营造年代为商代；二是在城内发现了两座商代大型的宫殿建筑基址，揭露出一座保存较好的商代二里岗期的大型宫殿基址；三是在李家嘴墓地发掘了商代墓葬三座，并首次在长江中游发现了一座奴隶殉葬墓，出土了以青铜、玉器为主的珍贵文物 90 多件。这些成果的取得为开创湖北地区商代考古的新局面奠定了基础，还为我们在这里建立考古工作站打开了局面，赢得了省委与省革委会主要领导韩宁夫书记的高度重视与关怀，不久工作站得以建立，为我们进一步做好这里的文物保护、考古发掘与研究奠定了较好的物质基础。其中，俞先生的鼓与呼，起到了关键作用。

次年（1975 年）3 月，为妥善处理"农业学大寨"群众运动与全国重点文物保护单位江陵纪南城故址的文物保护，经国务院批准，湖北省政府和国家文物局决定动员中央文博单位和全国十个省、市文博部门的干部及十所大专院校历史系考古专业的师生对纪南城故址进行大规模的文物保护与考古大会战，成立了"湖北省纪南城文物保护与考古发掘工作领导小组"，省委书记、省革委会副主任韩宁夫任组长，国家文物局文物处处长陈滋德、省文化局副局长邢西彬等任副组长，俞伟超先生被邀为领导小组专家成员，他率北大考古专业师生几十人参加会战，在这里奋斗了近一年，他除了率北大师生员工进行田野考古的实际工作外，还要以领导小组专家的身份，对参加大会战来自全国各地的专业人员进行业务指导，工作任务十分繁忙。俞伟超先生满腔热情、勤勤恳恳地工作着。尤其是面对当时四人帮发起的"反击右倾翻案风"的运动，俞先生身临厄运，身心压力十分巨大，可他全然不顾，一身正气。面对来自全国各地的师生员工，他旗帜鲜明，坚持按国家文物保护法令政策办事，坚持以马列主义唯物史观指导工作，按科学规律对待考古发掘与研究。记得在领导小组召开的全体会战人员的动员大会上，在领导小组组长韩宁夫、副组长陈滋德传达了国务院的批复和省委、省革委会、国家文物局的决定以后，俞先生以其渊博的学识和丰富的资料，就纪南城文物保护与考古发掘的重要意义，以生动的语言，作了深入浅出的报告，赢得了领导及全国各地专业工作人员的一致称赞，对顺利完成大会战进行了很好的思想动员。

在省委、省革委召开的当地各级党政领导干部座谈会上，俞伟超先生响应省委书记韩宁夫的倡议，向与会者进行了考古知识的普及与文物保护重要意义的宣讲，赢得了省委书记的高度赞扬及与会各级党政领导干部的拥护，帮助我省对与会者作了一次很好的无可替代的组织动员与思想发动工作。

俞伟超先生在进行上述工作的同时，还亲自多次深入到我省各地进行调查研究，作深入浅出的学术讲演，帮助我省考古工作人员提高认识，做好工作。例如 1979 年从 5 月 3 日始，他从武汉出发，途经云梦、襄樊、宜城、荆门、宜昌、当阳、枝江、秭归和江陵等地，历时一月，进行调查研究。6 月 1 日在省博物馆向省里的考古工作人员及武汉大学考古专业师生作了题为《关于楚文化发展的新探索》的学术报告，就为什么要重视楚文化的研究，今后如何进一步探索楚文化的问题作了精辟的论述，对推动我省关于楚文化的考古学研究发挥了重要的指导作用。又例如俞先生在参加了江陵荆南寺遗址、沙市周梁玉桥商周遗址、当阳季家湖楚城遗址与楚墓等的考古发掘后，1982年下半年又和我省考古工作者一道深入到鄂西峡江地区及沮漳河沿岸，为了寻找楚文化渊源，作了深入调查，并于1982年12月4日，再次在省博物馆向省博全体工作人员及武大历史系考古专业的师生，作了《寻找楚文化渊源的新探索》的学术报告，又一次以他考古学界思想与理论家的眼力，在充分肯定我省近两年来在楚文化探索方面取得好成绩的同时，对今后如何进一步探索楚文化渊源阶段和发展阶段的问题提出了许多中肯的建议，对于以后我省楚文化考古取得许多新成果发挥了思想理论的指导作用。今天，我省考古界同仁，说及这些，无不感慨万千、感激不尽。

俞伟超先生在实际工作中，总是不忘为我省培养人才的工作，在江陵纪南城、黄陂盘龙城，他曾多次亲自主持举办考古专业人员培训班、组织他的学生举办亦工亦农考古训练班，并亲自为这些训练讲课，为我省培养了大批专业干部和考古技工，学生遍及我省各地，这些人当中不少已成为我省各地领导干部或技术骨干，有些已是很有成就的高级研究人员。

俞伟超先生为我省文物考古事业所作的最后一件大事就是三峡库区的文物保护与考古发掘工作。先生从1993年起，就为三峡库区的文物保护工作奔走呼号。1994年，尽管他在中国历史博物馆馆长职位上行政工作十分繁重，身体状况也日益不佳，但他毫不犹豫的担起了三峡库区文物保护规划组组长的重任，在三年多的时间里，他以60多岁的高龄，多次深入库区，跑遍了库区的山山水水，每次他都要亲自到湖北境内库区各地作现场勘探，指导文物保护规划的编制和保护方案的制订，帮助我省有关部门和广大专业工作者做好工作。如今湖北境内库区的文物保护与考古发掘均走在工程的前头，完成了该做的工作，取得了很好的成绩，这一切都记录着一位学者的艰苦奋斗的历程和其生命永存的灿烂光辉。尤其使我们难以忘怀的是，他的这些工作，是在年近古稀，与癌症进行顽强斗争的岁月中进行的，充分体现着这位学人热爱文物考古的执著追求与无私奉献的高贵品质，是永远值得我们学习的光辉榜样，我们要永远怀念他！

我们湖北考古文博界的同仁，将永远继承他的遗志，学习他的高贵品质、艰苦治学与求实的精神，高举马列主义旗帜，坚持邓小平理论与三个代表重要思想，团结一致，艰苦奋斗，开拓创新，把我省的考古文博工作做得好上加好，取得更大的成就，为中华民族的伟大复兴作出更大的贡献。

俞伟超先生永垂不朽！

安息吧，俞先生！

2004年1月于武汉东湖

良师教诲　永铭不忘

——深切缅怀俞伟超先生

陈振裕[*]

　　我国著名的考古学家、中国考古学会副理事长俞伟超先生，为新中国文物考古事业做出了重大的贡献。他是水下考古、遥感考古的奠基人和开拓者，他对考古学理论与方法的研究、楚文化研究、现代科学技术应用于考古学研究，以及为博物馆事业的发展，都做出了不可磨灭的重要贡献。2003 年 12 月 5 日传来俞伟超先生在与癌症抗争两年多后不幸在广州逝世的噩耗，我感到万分悲痛。

　　俞伟超先生虽然离开了我们，但是他的音容笑貌仍深深地印在我的脑海中。作为他的学生，在湖北工作期间常常得到俞先生的谆谆教诲，这一切都使我难以忘怀，与良师亲身经历的一些往事便历历在目。

　　1959 年至 1964 年我在北京大学历史系考古专业学习期间，战国秦汉考古课是苏秉琦先生讲授的，俞伟超先生是从 60 级开始讲授此课的，而且我当时想回福建省工作，主要精力投入于新石器时代考古课程的学习，所以与俞先生的接触很少。

　　我与俞伟超先生较长时间的相处，是 1972 年在北京故宫的武英殿，当时正在筹备赴法国和英国展出的《中华人民共和国出土文物展览》，俞先生在战国秦汉组担任业务把关，我因此组展品中有我 1965 年参加发掘的江陵望山楚墓的展品而与俞先生在一起，因而有机会经常请教有关的学术问题，俞先生总是谆谆教诲，直至真正懂得为止。有一次我问俞先生如何提高业务水平，俞先生看了看我，十分亲切地讲："你书读少了。"我问俞先生："首先应读哪些书？"俞先生拿起笔，在我的笔记本上开列书目，并意味深长地说："首先应多读点马列主义著作，中国考古学的发展必须以马列主义作指导，才能解读中国历史；同时，应该多读些历史文献，才能对考古发现有更深刻的理解。"现在回想起来，俞先生很早就开始研究中国考古的理论与方法问题，尔后有关这方面的力作正是"冰冻三尺，非一日之寒"。当时正值文化大革命期间，"越有知识越反动"，读书就是走"白专"道路，因而抽调参加此展览的各省同仁，在工作之余或打扑克，或聊天。我因受俞先生的鼓励，当时常到中国科学院考古研究所图书室借阅有

＊　作者系湖北省文物考古研究所研究员。

关图书，节假日与每天晚上都读书至 12 时左右，并认真作读书笔记。在北京故宫一年多的时间里，一直坚持不懈地读书学习，使自己对许多问题有了进一步地认识，而且从此养成坚持读书学习的习惯，使尔后的考古工作受益匪浅。

1974 年秋，北京大学考古专业七五届学生到湖北盘龙城实习，俞伟超先生带队先到湖北为实习作安排。我陪俞先生到盘龙城遗址进行实地勘察和选择发掘地点，并安排学生住宿等事项。因学生尚未到武汉，又陪先生到鄂城参观。鄂城是三国时期孙吴首建都城的地方，即公元 220 年孙权自公安迁都鄂，更名武昌；公元 229 年孙权迁都建业（今南京市），但仍以大将军陆逊辅太子登掌武昌留事。公元 265 年孙皓又曾迁都武昌，次年十二月又还都建业，由卫将军滕牧留镇武昌。两晋和南朝时期，它是武昌郡的郡治所在。这次在鄂城博物馆的库房中，发现了三百多面西汉至三国六朝的铜镜，其中有数十面是铭文镜尤为珍贵。俞先生非常高兴，对每面铭文镜逐件释读铭文，并叫当时在吉林大学考古专业任教的魏存成老师作笔录，同时抄留鄂城县博物馆。1986年湖北省博物馆和鄂城县博物馆联合编著的《鄂城汉三国六朝铜镜》（文物出版社出版）一书，收录的铭文镜中的铭文就是采用了俞先生的释文成果。俞先生还为这本图录题写书名并作序，在序言中对国内外研究两汉及六朝铜镜的情况进行简要的概述，着重分析研究这批铜镜的学术价值：首先，指出三国前后的武昌是东吴会稽山阴以外的又一铸镜中心；其次，精辟地分析武昌镜的特点；第三，提出了这批铜镜中的变异柿蒂八凤镜中的佛兽镜，它与神兽镜中的神人变为佛像显然分属于两个系统。从这次到鄂城参观及俞先生对这批铜镜的镜铭考释与研究可以看出，俞先生不是沿袭金石学家对零星器物的研究方法，而是依据科学的考古发掘品进行分析，弄清楚这些铜镜的发展谱系，研究东吴地区铜镜工艺的地方特点及铸镜作坊等学术问题。虽然这次只有三天的时间，但俞先生的研究方法对我后来的学术研究工作有许多的启迪。

1975 年秋，俞伟超先生到陕西周原遗址主持考古发掘工作。岁末从周原工地传来发现西周时期的宫殿建筑遗址。于是，当时同仁们盛传：俞伟超先生到哪里，哪里就发现宫殿。乍听了会觉得有点神秘的色彩，也会认为是偶然的结果。仔细一想，这也是必然的结果。这个时期或此前的大遗址考古发掘，一般都是先在遗址的边缘地区进行发掘，不在中心地区进行发掘，所以发掘的结果也就可想而知，这应是考古界的一种较普遍的理念。而俞伟超先生考古学理念却与众不同，例如在上述的盘龙城遗址的考古发掘，就是在城内东北部高地的宫殿区布探方发掘的，因而发现商代早期宫殿也是其必然的结果。在大遗址的边缘地区发掘，只能了解该遗址的年代等问题，只有在其中心地区进行考古发掘，才能探明该遗址的性质。这种考古学的理念，此后为许多考古界同仁们认可。例如湖北潜江龙湾遗址群，就是选择保存较好、规模最大的放鹰台遗址进行发掘，才能揭露出规模壮观的高台建筑、回廊亭院和贝壳路等建筑遗迹。这处宏伟的建筑，应是楚王的离宫别馆。有的学者甚至认为，这是楚灵王所建的"章华台"。如果只在边缘地区发掘，我们对这个遗址群的性质及其重要意义，是难于了解的，也不会重视而加强其保护的力度。又如我在撰写早期楚文化探索时，也明确提出必须以文献记载作为考古调查的线索，当初步认为可能是楚国早期都城丹阳时，也必须在该遗址的中心区进行考古发掘才能探明遗址的性质，从而确定是否就是丹阳。这个想法，显然也是受到俞先生的这种考古学理念的影响的。

1979 年 5 月俞伟超先生受苏秉琦先生之托到湖北了解探索楚文化的情况，为 1980 年在武汉召开以研究楚文化为中心议题的中国考古学会第二次年会作准备。自 5 月 3 日至 29 日，俞伟超先生先后到云梦、襄樊、宜城、荆门、宜昌、当阳、枝江、秭归和江陵等地考察楚文化的考古发现与研究情况。当时领导安排杨权喜先生陪同考察东边的县市，我负责陪同考察宜昌和荆州地区。俞先生每到一地，不仅看当地的文物，还到实地考察，与当地的文物干部交谈，详尽地了解各方面的情况，态度非常和蔼可亲。例如在云梦县，参观睡虎地出土的战国晚期和秦代的各种质料的文物及楚文物，还到楚王城实地考察。在宜城参观库存的出土文物后，又到楚皇城遗址考察，有的学者认为楚皇城是楚国早期的郢都，因而俞先生在实地考察时不断地询问有关情况。又如在当阳县的玉泉寺看到当阳赵家湖墓地发掘的近三百座楚墓的出土文物，俞先生非常高兴，他认为这批楚墓的最早年代为春秋早期，甚至西周晚期，其基本组合为鬲、盂、豆、罐，同陕西、河南地区西周晚期墓的器物组合是一样的，但器形有自己的特点，到春秋中期开始出现仿铜的陶礼器。这批楚墓不仅年代系列清楚，最晚的年代至战国中晚期，而且可分为三类墓，它是春秋战国之际社会变动在葬俗方面的反映。在赵家湖楚墓的出土遗物中，有些铭文铜器发现，俞先生认为在赵家湖周围有一些规模不大的遗址，应是居住有许多楚国贵族。在当阳季家湖古城还发现一件春秋时期的青铜构件及同出的一件"秦王卑命"青铜钟，俞先生认为这是楚国的一个重要城址。而后，我们随同俞伟超先生到当阳赵家湖墓地与季家湖古城进行实地考察，正值雨季，考察的当天虽然没下雨，但雨后的土路十分泥泞，当地老百姓称之为"天晴一把刀，下雨一团糟"，非常难走，俞先生虽然步履艰难，仍坚持到季家湖古城与各个墓地考察。在季家湖古城考察时，俞先生要求我们认真调查，注意采集陶片，当看到这里的陶片比纪南城的年代早时，俞先生非常高兴，这也是 1979 年秋决定北大考古专业的学生在这时进行实习的缘故吧。我们从当阳经宜昌乘船到秭归，也是先在库房参观文物，后到实地考察。关于楚国早期丹阳的地望，主要有三种不同的说法，其中有一种秭归说，是郦道元在《水经注》中提出来的。我们先到秭归县城关东边的鲢鱼山遗址，有些学者依据《水经注》记载认为此遗址就是楚都丹阳所在地。1958 年中国科学院考古研究所为配合筹备兴建长江三峡工程曾在鲢鱼山遗址作过考古调查与试掘，发现了一些夏商时期的陶器。我们这次调查时，因有窑厂而使遗址遭到严重破坏。该遗址的面积很小，面临长江是较缓的山坡，两边有大冲沟。俞先生认为在西陵峡内，山高平地少，不利于古代农业的发展。从楚国发展的整个历史过程来说，也很难设想最初会在三峡之中建都，所以"秭归说"不可从。秭归县的文物干部还告知，在城关斜对面临江的山岭上还有座楚王城。俞先生决定前往实地考察，我们从这座山的东坡上去，山顶竟出人意料之外地有一大片较平坦的坡地，并保存了楚王城的部分城垣，从城垣的断面可以看出是分三次筑成的，上层是明代的、中、下层的时代不明。在下层的夯土里，有相当于龙山文化阶段的遗物。我们在地面上采集到许多标本，其中有不少汉代的瓦片，还有很多明代"龙泉窑"的瓷片，但未见西周和唐宋时期的遗物。经过这次在秭归楚王城的考古调查，俞伟超先生认为此城与《水经注》记载的位置不合，即使此城是始建于西周，当时这一带也还存在一个夒国，不能确定它就是熊绎所居丹阳。从整个地理环境及楚国发展的历史过程考虑，熊绎所居的丹阳，不大可能在这里，楚人在这里修筑东周城则是可能的。

回到武汉以后，应湖北省博物馆和武汉大学的邀请，俞伟超先生作了《关于楚文化发展的新探索》的学术报告。这一天俞先生先到湖北省文化厅拜访有关领导，晚饭后我们一起聊天，到晚上九点时俞先生说明天要讲话需作准备。第二天上午俞先生竟然把讲稿都写好了，他以为什么要重视楚文化的研究、楚文化发展的简单旅程、考古学界对楚文化研究的概况和楚文化与其他文化的相互关系问题等四部分进行演讲。在听俞先生这次学术报告时有两个感受至今难忘：一是俞先生这次仅在湖北九个县市作了有关楚文化问题的专题调查，而且仅仅一个晚上的准备时间，竟然能将楚文化问题谈得如此全面系统、而且十分精辟，当时我虽然已在湖北工作15年了，而且1965年还在江陵发掘了望山与沙冢楚墓，平时也收集有关楚文化的资料，自己感到与俞先生的学术水平差距很大，同时也学到了许多知识与研究方法。二是俞先生在学术报告中谈到从江陵雨台山楚墓与当阳赵家湖楚墓出土的文物，已经初步建立了楚墓的年代分期序列，而且开始找到了探索西周时期楚文化的线索。报告中明确提出，要从上下两头来探索楚文化的来源，而且江汉平原与沮漳河流域会同时成为探索楚文化的中心，而后在荆州与宜昌地区掀起了探索早期楚文化的热潮。

俞伟超先生在上述的湖北省博物馆所作的学术报告中，谈到当时关于楚国早期都城丹阳的地望有三说：一是枝江说、二是秭归说、三是丹淅之会说，并认为"枝江说"最有可能成立。因而从1979年下半年开始，荆州博物馆在江陵一带进行考古调查与发掘，湖北省博物馆、宜昌博物馆、北京大学和武汉大学在沮漳河流域开展考古调查与发掘，积极地寻找早期的楚文化。1979年秋，俞先生带北京大学考古专业的学生到湖北当阳季家湖古城与赵家湖墓地实习，并与湖北省博物馆、宜昌博物馆和武汉大学考古专业师生共同组成考古发掘队进行发掘，同时还在沮漳河流域开展考古调查。这次在季家湖古城发掘中，对整个城址进行全面勘探，解剖城垣和发掘了一座较大型的房屋基址，证实了该城的年代早于江陵纪南城的年代。有的学者据此提出楚国先在季家湖古城建都，之后又迁都纪南城的观点。这次在赵家湖墓地的发掘后，对这个墓地的资料进行全面的室内整理，将这批楚墓分为甲、乙、丙三类，并将各类楚墓进行年代分期，这三类墓葬均分为七期十二段，其年代自西周晚期至战国晚期早段，建立了鄂西地区小型楚墓的年代学。在沮漳河流域的考古调查与发掘中，找到一些寻找楚文化渊源的线索，这个工作一直持续到20世纪80年代中期，虽然并未找到楚国早期都城丹阳，但是对于早期楚文化研究有极其重要的推动作用。

1980年在武昌召开中国考古学会第二次年会，学术讨论以楚文化研究为重点。夏鼐先生和苏秉琦先生都在这次会议上就楚文化研究为题作了报告，充分地肯定了建国以来楚文化的考古发现与研究成果，并指出今后如何深入地进行楚文化研究。在这次会议期间，湖北、湖南、河南和安徽四省的与会代表深感必须加强合作，把楚文化研究工作不断地向前推进，召开了成立四省联合组成楚文化研究会的筹备会。我参加了这次筹备会，会上决定请俞伟超先生担任理事长，四省各推选一名副理事长，秘书处设在湖北省博物馆。这次筹备会议还决定第二年在湖南长沙召开湘、鄂、豫、皖四省楚文化研究会成立大会，并就楚文化进行学术研讨。

1981年6月，在湖南长沙召开了湘、鄂、豫、皖四省楚文化研究会成立大会。会议由各省提出理事的人选，在理事会上一致推选俞伟超先生为理事长，谭维四为常务副理事长，舒之梅为秘书长，湘、豫、皖也各有一名副理事长与副秘书长，我也参加了楚文化研究会的这次年会，被选为常务理事。这次年会的规模不大，没有分小组讨论，大家在一起各抒己见，讨论相当热烈，学术气氛十分浓厚，晚上还三五成群地共同探讨有关楚文化的问题。俞伟超先生自始至终参加大家的讨论，还不时插话，看了大家提交的论文，于6月11日作了《关于当前楚文化的考古学研究问题》的讲话。参加这次楚文化研究会的同仁，许多人并没有参加中国考古学会第二次年会，所以在讨论中关于什么是楚文化这个概念性的问题是很不一致的。为了使以后的楚文化研究工作避免误差和少走弯路，俞先生明确地指出："考古学上的楚文化，简单地说，就是中国古代楚人所创造出一种有自身特征的文化遗存，讲得再具体一点，就是这种文化遗存有一定的时间范围、一定的空间范围、一定的族属范围、一定的文化特征内涵。在这四个方面中，一定的文化特征内涵是最重要的。"根据当时会上的发言情况，俞先生还指出："并非所有楚人或楚国疆域里所创造的、存在的文化遗存，都属于楚文化。""在楚国的疆域以外，某些不是楚人所创造的文化遗存，也可以归之于楚文化的范畴。"四省楚文化研究会已经正式成立了，今后如何开展考古发掘与研究工作呢？作为楚文化研究会理事长的俞伟超先生，在这次报告的第二部分着重谈了当前如何深入探索楚文化的重要课题，明确指出了研究会今后应围绕哪些学术课题开展考古发掘与研究工作。俞先生将楚文化发展的总过程分为四个阶段，然后再谈各阶段的课题。第一阶段，是楚文化正式形成以前的渊源阶段。"当前要解决楚文化渊源的关键，是把楚人建国之初的文化面貌搞清楚，找到了这个基点，就容易在新石器时代诸文化中看到它的渊源。"第二阶段，是青铜时代的楚文化。"这个阶段，楚文化的中心自然是在其都城丹阳一带。""因此，探清丹阳的地望，对研究楚人的青铜文化来说，自然具有重要的意义。"第三阶段，是早期铁器时代的楚文化。楚人自公元前689年迁郢至公元前223年秦灭楚，其中心是郢都。江陵纪南城的年代是春秋晚期至公元前278年秦将白起"拔郢"，而早期郢都又在何处，这是必须研究的重要课题。楚墓已发掘很多，资料非常丰富，俞先生指出："今后理应进行较大规模的综合研究。这种研究，我想还是要首先考虑进行考古学研究中的三个基础性的工作，即分期、分类和分区。"第四阶段，是楚文化的延伸时期。俞伟超先生热情洋溢的报告，指明了楚文化进一步开展研究工作的方向，四省与会同仁们受到极大鼓舞，会后基本上依照俞先生所指明的方法进行考古调查、发掘和研究工作。因此，毫不夸张地说，这个重要讲话，对于四省的楚文化研究起到了极大的推动作用。

在这次四省楚文化研究会成立大会上，还决定出版一本《楚文化考古大事记》，经过四省同仁们的努力，书稿很快就完成了。1973年3月7日，俞伟超先生为这本书写了序言。俞先生的序言将楚文化的研究分为三个阶段：第一个阶段，从20世纪20年代至40年代，主要是古器物学的研究。第二阶段，从1951年至20世纪70年代，主要成果是基本建立了东周楚墓的年代学和大体认识了东周楚文化的考古学特征。第三阶段，是20世80年代以后，主要是对楚文化的继续探索。俞先生明确地指出，第三阶段有五个方面的工作是亟待进行而且可能进行的：一是尽快搞清楚西周时期的楚文化面貌，并进而解决楚文化的渊源问题；二是应当开展划分楚文化区域类型工作；三是进一步开展楚文化的分期研究；四是进行楚墓的分类研究；五是选择典型楚器，按器别研究其形态演化过程。俞先生在序言中还指出："探索楚文化的内容，当然远不止这些。随着各种条件的进步，今后必将发现更多的楚文化遗存，也必将不断扩大研究领域，从建筑、矿冶、金属工艺、制漆工艺、玉石工艺、音乐、舞蹈、美术史、服装史、风俗史，及至运用体质人类学、动植物学、生态学等等方法来研究这些遗存。"俞伟超先生的这篇序言，是在1981年6月11日长沙举办的四省楚文化研究会成立大会上重要讲话的基础上，结合两年来四省的楚文化研究情况，提出了近期的研究课题与远期的研究设想，推动了楚文化研究工作的发展。

1983年我们在河南郑州召开四省楚文化研究会第二次年会，俞先生因赴美国进行学术访问而未参加。1985年在安徽合肥举办四省楚文化研究会第三次年会，俞先生参加了，6月22日还作了《楚文化的研究与文化因素的分析》的讲话。这次讲话是因为当时在分析楚文化的区域类型和探索楚文化渊源的过程中，虽然取得一些新成果，但在方法论方面有些应用不当之处，所以俞先生就"文化因素分析法"进行了精辟的论述。俞先生认为："一个学科的进步，如果不作理论上的探索，是不可能概括出新的方法的，也不可能更好地指引具体研究而更快地取得新成果，但如果没有相当的具体研究的成果，新的方法便得不到启示，更得不到催化力量检验的基点，从而不可能概括出来。"并指出在具体分析时应注意二点：一是用定性、定量的方法，来确定同一文化中各种文化因素的主次地位；二是确定各遗迹、遗物所代表的文化因素的属性，要在同时期的不同文化中作比较，并尽量扩大比较的范围。这次报告之后，文化因素的研究方法被广泛应用于楚文化的研究中，并取得许多可喜的新的研究成果。

1988 年 6 月在湖北江陵召开四省楚文化研究会第四次年会，会议以楚国手工业的发展为中心议题。这次会议俞先生因工作繁忙而未能参加，会后我们将这次会议所提交的 50 余篇论文送京给俞先生。1989 年四省楚文化研究会秘书处将《楚文化研究论集》（第二集）的书稿送京，并请俞先生为这本论文集作序，俞先生欣然命笔，写了《对楚文化总体研究的一点期望》的序言。当时的楚文化研究在俞伟超先生的指引下，正在逐渐深入，而且各种研究成果也较多，因而俞先生指出："有了这样一些基础，从物质文明、精神文化、社会关系的相关联系以及它们同自然环境的关系等方面，对楚文化作总体研究，已经不是可望而不可及的空中楼阁了。"并指出对楚文化作总体研究，"其要点就是寻找楚文化中的各种行为的必然关系，从而才能认识楚文化的总体特点。"俞先生新提出的这种研究方法，许多同仁在研究楚文化时立即加以运用。1990 年 6 月在湖南长沙召开四省楚文化研究会时，我提交了一篇《我国东周漆器的分区初探》的论文，就是应用这种研究方法的一个例证，在分析楚、齐鲁、三晋、秦等四个地区东周漆器的异同及其原因时，就与当时漆器造型与装饰纹样的异同与各地区的哲学、文学等方面作了分析比较。

湘、鄂、豫、皖四省楚文化研究会，是我国第一个成立的跨地区的考古学文化研究会。随着考古事业的发展，尔后的秦文化、晋文化、齐鲁文化、吴越文化和巴蜀文化等跨地区的考古学文化研究会亦相继成立。在这些研究会中，楚文化研究会不仅是成立最早的，而且也是学术风气最浓、研究成果最多的。俞伟超先生自四省楚文化研究会成立以来的二十二年中，他一直是理事长，他站在学术的前沿，明确地指出各个时期应着重研究那些学术课题；他高瞻远瞩，对实际研究工作加以理论概括，不断地总结并提出新的研究方法，推动楚文化研究不断地发展。因此，楚文化研究所取得的丰硕成果，是与俞伟超先生的指导有着密切关系的。

1984 年至 1986 年，当国家领导人准备兴建长江三峡工程，吉林大学、南京大学、武汉大学等考古专业的师生，以及湖北省博物馆、宜昌博物馆和四川、福建、江苏等省的文物考古工作者都参加这项文物保护工作。俞伟超先生当时作为国家文物局考古专家组的专家，主持了宜昌中堡岛遗址和秭归朝天嘴遗址的发掘工作。当时我带领湖北省博物馆的考古人员参加这项保护工作，并与杨权喜先生共同主持三斗坪、白庙等十余个遗址的发掘工作。当时俞先生住在茅坪镇，我们住在老三斗坪，两个住地相距很近，尤其是俞先生在朝天嘴遗址发掘了城背溪文化与大溪文化的迭压关系的地层后，我们常去参观，并与俞先生共同探讨一些相关的学术问题。

1992 年 4 月，全国人民代表大会通过兴建长江三峡工程的决议，这是项我国历史上规模最大的跨世纪工程，如何做好配合长江三峡工程的文物保护工作，是当时国内外人们关注的一个热点。在湖北省文化厅的领导下，我们闻风而动。当时我已担任湖北省文物考古研究所所长，亲自带领所里的考古与古建的专业人员赶赴长江三峡工程的坝区，并与宜昌博物馆的考古人员共20余人共同组队，在坝区范围内进行考古调查与地面建筑调查，发现古代文化遗址25处，古代民居3处，共计28个文物点。坝区的调查工作刚结束，立即组织编写《长江三峡工程坝区文物保护规划报告》。当年6月，国家文物局组织专家到宜昌评审这个规划报告，尔后依据专家意见进行修改，送国家文物局审批，国家文物局很快审批并同意实施。为了掌握长江三峡工程库区的文物情况，国家文物局组织专家考察，我有幸参加这次考察活动。这次考察活动是从重庆开始顺江而下，到各个县市了解重要的遗址与地面建筑的现状，在重庆见到俞先生，在涪陵至丰都一个多小时的船上，我向俞先生详尽地汇报了长江三峡工程坝区的文物考古调查与规划报告的情况，当时我们在规划报告将古代遗址分为重点遗址与一般遗址，并采取不同的保护办法，以及三处古代民居仅杨家老屋一处作原直保护处理，其余二处仅留取资料。俞先生不断地插语询问有关情况，因他对坝区的文物情况十分了解。我们规划报告所列的文物保护经费400多万元，而当时长江水利委员会在长江三峡工程坝区所预列的文物保护经费仅仅45万元人民币，经费明显地不足。俞先生说，要多反映情况与多争取经费，才能保证坝区文物保护工作的顺利完成；同时，应组织力量，才能保质保量地做好文物保护工作。这次考察活动结束后回到武汉，我拿着湖北省文化厅关于长工三峡坝区文物经费报告直接找到当时主管财经的陈水文副省长，向他汇报了有关情况，得到他大力支持，后来以湖北省政府的文件发给长江三峡开发总公司，最后落实了450万元的文物保护经费。湖北省文化厅统一调集全省的文博干部，到坝区参加文物保护工作；国家文物局为了确保重点遗址——坝址所在地中堡岛遗址的考古发掘，举办考古领队培训班，调集了长江流域十个省市的考古业务骨干参加考古发掘。1994年夏，长江三峡工程坝区的文物保护工作顺利完成。当时，我心里非常高兴，一方面感谢各级领导的重视与支持，以及同仁们的共同努力；另一方面也感谢俞伟先生的关心。

为了加强长江三峡库区的文物保护工作，1993年国家文物局成立了"三峡工程文物保护工作领导小组"，张德勤局长任组长，张柏副局长以及湖北、四川两省的主管文物工作的副厅长任副组长，国家文物局专家组成员与湖北、四川两省的考古所长为成员，并下设湖北省和四川省两个工作站，由两省的文化厅代管，分别负责两省的三峡工程库区文物保护工作的组织和实施。同年11月和12月，国家文物局先后在北京和四川成都召开制定长江三峡工程库区文物保护规划的动员与组织工作会议，拟定了工作原则并作了工作部署。尔后，全国30多家高等院校和科研院所的专业人员进入三峡库区，对地下、地面文物进行全面的调查和小规模的考古发掘工作，并完成编制文物保护规划基础资料的准备工作。当时俞先生和我都是领导小组成员，我还兼任湖北三峡工作站的站长，经常在一起开会。给我印象最深的是俞先生在会上总是慷慨激昂地淡长江三峡工程库区文物保护工作是一次性的，如何将文物损失降低到最低的程度，不仅是每个文物工作者的职责，也是每个炎黄子孙的神圣职责；还多次谈到在配合长江三峡工程库区的文物保护工作中，必须有课题意识，着重解决巴和巴楚关系等学术问题，还应该加强科技考古的力度。在国家文物局召开的三峡工作会议期间，俞先生还常到湖北和四川两省与会同志的房里，了解三峡工程库区文物调查情况，并提了许多很好的意见。在此期间，宿白先生、徐苹芳先生、张忠培先生和俞伟超先生等专家，还在《光明日报》等报纸杂志发表文章，阐述长江三峡工程库区文物保护工作的重要意义，呼吁全社会关注。

1994年3月，国家文物局指定中国历史博物馆和中国文物研究所具体制定长江三峡工程库区文物保护规划，并成立"三峡工程库区文物保护规划组"，俞伟超先生任组长、黄克忠先生任副组长。尔后，俞先生和黄先生带领规划组的同志到四川、湖北两省了解三峡工程库区文物调查的情况。到湖北的巴东县，负责地下文物调查的武汉大学考古专业师生和负责地面文物调查的河北省古建所都作了汇报会；但是，负责宜昌、秭归、兴山三县的地下与地面文物调查的湖北省文物考古研究所却尚未开展文物调查工作，俞先生非常生气。当时我正在北京修改《江陵望山沙冢楚墓》一书的最后定稿，俞先生视察三峡工程库区文物工作时我不在工地。4月下旬俞先生回京后，陪同俞先生的付佳欣同志告诉我：俞先生对湖北的工作很不满意，要找你谈话，俞先生可能会发脾气的，你可千万注意。5月初，俞先生打电话叫我到设在中国历史博物馆的三峡工程库区文物保护规划组，见面时俞先生非常亲切，简明扼要地谈了在三峡时看到各个调查队较好的做法，然后问我湖北什么时候开始进行文物调查。我感到很意外，俞先生不仅没有发脾气，而是那么亲切，谈话时总是笑着。我说湖北因刚搞完三峡坝区的文物保护工作，许多同志正忙于收尾工作，还有几位同志参加三峡领队培训班工作，本来也可以另外调人进行调查，但这些同志对三峡的文物情况不熟悉，所以想在六七月份三峡领队培训班结束后立即进行，我亲自带队参加田野调查工作，一定保证质量按时完成，决不会延误时间影响规划报告的完成。俞先生当时是中国历史博物馆的馆长，馆里与三峡的工作非常繁忙，谈话时电话与找他的人不断。我们谈完话后，俞先生请吃午餐，吃饭时还是再三说一定要搞好调查与资料工作，这是做好三峡工程库区文物保护规划工作的基础，并说湖北段的重点是巴与巴楚关系，要尽量在这个地区寻找东周时期的楚城；还语重心长地说，湖北的工作我就交给你了。当时我被俞先生为了搞好三峡的文物保护工作的精神所感动，日夜加班搞好书稿的统稿工作，交付文物出版社，并就立即赶回武汉，处理所里工作后又赶到宜昌三斗坪的三峡考古领队培训班。在湖北省文化厅的统一领导下，我们组织湖北省文物考古研究所、宜昌博物馆和有关的县市近40人的专业队伍，地下文物调查分4个组进行拉网式的调查，地面文物调查又分一个组，调查前明确一定要认真负责，尽量做到不遗漏文物点，对每个文物点必须做好文字、图纸、照片等记录资料，地下文物点还必须采集标本等等。当时三峡的天气非常炎热，中午都是带干粮进行调查，为了搞好三峡工程库区的文物保护工作，大家都有股拼命精神，经过20多天的努力终于完成了田野调查工作，新发现了几十处文物点，各种资料也做得十分认真齐备。紧接着进行室内整理，对采集的各种标本绘图、照相，各个文物点的资料汇集，初步提出分类处理意见，完成编制三峡工程库区湖北段的文物保护规划基础资料，并派专人送到北京交规划组。俞先生看后相当满意，湖北省的工作虽然起步晚，但工作做得既快又符合要求。尔后，我们又派人参加规划组对文物保护规划基础资料的整理与文物点的复核工作。

　　1995 年春夏，湖北、四川两省的文物考古研究所，又对三峡工程移民迁建区的地下和地面文物进行全面的调查。通过对长江三峡工程淹没区与迁建区的文物调查，确定有地下文物点 830 处，地面文物点 451 处，总计 1281 处。在这些文物调查的基础上，俞先生带领"三峡库区文物保护规划组"的全体同志，夜以继日地制定《长江三峡工程水库淹没区及迁建区文物保护规划报告》，共 32 本。初稿完成后，曾多次召开论证会，反复进行研究和修改，并于 1996 年 5 月下旬按照规定的时间将规划报告送交国务院三峡工程建设委员会办公室审批。需要特别指出的是，俞伟超先生主持编制的这个三峡文物保护规划报告，是古今中外所有的文物保护规划报告中，文物点的数量最多，范围最广大，文物的种类最多，采取的保护措施最有效，并能在最短的时间内送交，是件了不起的创举。当然，这个规划报告的最终完成，也不是件容易的事。我参加了有关这个规划报告的所有论证会，长江水利委员会预列的文物点一百多处，文物保护经费 3 亿元。因而，会上争论十分激烈，主要焦点可以大致归纳为两个方面：一是文物点的问题，主要有地下文物点的面积与海拔高度，地面文物点中不是县以上文物保护单位的民居、桥梁及纪念性建筑等方面的问题；二是文物保护经费问题，主要有地下与地面文物的取费标准、博物馆建设与科研成果的出版经费等方面的问题。俞先生在每次论证会总是对搞好三峡工程淹没区与迁建区的文物保护工作充满激情，据理力争。我国文物考古战线的一批著名专家也都齐心协力地共同努力，使三峡文物保护规划报告取得最佳的效果。2000 年 6 月，国务院三峡工程建设委员会正式批准了《长江三峡工程淹没区及迁建区文物保护规划报告（保护项目与保护方式）》，文物保护项目共计 1087 项，文物保护经费也与俞先生主持制定的规划报告相差不多。

　　《长江三峡工程水库淹没区及迁建区文物规划报告》送交后，作为主持编制规划组长的俞伟超先生，并不是以为自己已经完成任务而不闻不问，而是不断地催促尽快审批，使文物保护工作得到实施。时间一分一秒地流逝，时至 1997 年 11 月 8 日三峡工程顺利地实现大江截流，但有关部门尚未审批规划报告，俞先生深深地感到搞好三峡工程的文物保护工作犹如是在与时间赛跑，刻不容缓，于是他与各界的知名学者联名向国家主席江泽民上书。当时，国务院三建委的一些领导对此十分反感，俞先生也因此承受了极大的压力。但是，为了保护三峡工程的文物，俞先生仍然不屈不挠地坚持自己的观点，多方努力地敦促尽快地使规划报告得到审批，同时支持各地尽快地开展三峡的文物保护工作。俞先生始终将搞好三峡的文物保护工作为己任的这种精神，是永远值得我们学习的。

俞先生争分夺秒地为了保护好三峡工程文物保护工作的精神，极大地鼓舞了我们。当时我认为，长江三峡工程的坝区和库首均在湖北省境内，工程留给湖北省进行文物保护工作的时间紧、任务重、责任大，为了切实地做好三峡库区（湖北段）的文物工作，我提出了"抢先务实"的指导思想。在湖北省文化厅和湖北三峡工程移民局的大力支持下，从1995年下半年完成三峡工程坝区的文物保护工作之后，就率先开始进行三峡工程淹没区及迁建区的文物保护抢救工作。在地面文物方面，首先是进行测绘、照相、录像和文字等资料工作，为以后的拆迁复建做好各种准备；在移民搬迁时，做好民居的保护工作。在地下文物方面，先对各个重要遗址进行小规模的发掘工作，摸清情况，为大规模的文物保护工作做好准备；对一些重点遗址进行大规模的发掘。例如秭归庙坪遗址进行全面揭露，发掘面积达14000平方米。又如秭归官庄坪遗址，发掘面积达2000平方米。加强领导和管理是搞好三峡文物保护工作的关键。我们十分注意管理工作，先后制定了各种管理制度，并不断地在实践中加以完善，使三峡文物保护工作顺利地开展，并取得很好的成效。至1997年11月8日三峡工程大江截流期间，地下文物点经过考古发掘的有40处，发扬面积达30000平方米，出土了大批各种质料的文物，并有一些较重要的考古发现；地面文物在抢救野外资料方面，也有很大的收获。当时重庆段的地下和地面的文物点，因保护经费未落实而尚未开展三峡工程文物保护工作。

自1978年我国改革开放之后，经济建设蓬勃发展，配合建设工程进行文物保护已不是一个短期行为，而是一项长远的任务。如何在配合基本建设工程中搞好文物保护工作，为此国家文物局于1985年在福州召开了部分省市的座谈会，苏秉琦先生在这次会上发表重要讲话，明确指出在配合大型建设工程中，必须围绕学术课题开展文物保护工作。俞先生也是非常赞同苏先生的这个正确观点的，在长江三峡工程启动以后的多次会上，反复地强调要有学术课题意识与加强科技考古力度。我们在配合三峡中，十分注意围绕课题开展文物保护工作。过去了在配合葛洲坝工程与1984年至1986年为配合三峡大坝工程中，在这个地区做了不小少的文物工作，有些考古资料也较多。我们通过梳理以往的文物考古资料，对各个时期确立相关的研究课题。例如在楚文化研究方面，楚人何时进入三峡地区，如何逐步西扩，以及楚与巴文化的关系等等。又如过去对六朝至宋元时期发现的资料较少，我们也十分注重这些历史时期在三峡地区的情况。在加强科技考古方面，我们对一些重要遗址都要求采集各种标本进行测试。有些重点遗址还进行动物学、古环境等方面的研究；为了解决巴人与现在土家族的关系，在一些遗址还对人骨取样进行基因分析研究。

俞伟超先生虽然已经和我们永别了，但他的精神是永恒的。他的无私奉献的高贵品德，无限忠于社会主义祖国的爱国主义精神，不顾个人荣辱而为振兴我国文物考古事业的奋斗精神，是永远值得我们学习，并发扬光大的。

尊敬的俞伟超先生，安息吧！

事业永在　风范长存

杨权喜[*]

　　俞伟超先生是我的恩师、同志和挚友。在北大，我是他的普通学生，我们一起渡过了上个世纪 60 年代前期的校园生活，共同参加过农村的社教运动。在"文革"期间，先生和我都参加了轰动一时的北京故宫"出土文展"[1]和湖北江陵纪南城考古"大会战"。在北大时我叫他"先生"，在社教中我叫他"老俞"，后来我一直叫他"老师"。从上世纪 70 年代开始，我和俞老师常常一起做田野和室内工作，常常同在一室住宿和谈天、同在一个探方发掘和思考、同在一室拼对和修复，常常跟随老师参观各地出土文物和考察考古发掘现场。我因直接听到老师的学术讲话、现象分析而得到知识和启迪，直接得到老师的教诲、指导、鼓励而激动和奋发，直接看到老师的敬业精神、思想追求、杰出贡献而敬仰和崇拜。

　　1963 年 2 月 21 日是俞先生首次讲授《战国秦汉考古》课的第一天，也是我开始进入战国秦汉考古之门的日子。这门课是前辈苏秉琦先生和俞先生在我国大学最早开设的内容丰富、涉及面广泛的考古基础课程。40 多年过去了，我打开当年的课堂笔记，与现在大学教材相比，基本内容和涉及的面变化并不大。俞先生当时给我印象很深，他学识过人，风度不凡，讲课极能吸引和启发学生，课后又善于辅导，说话和气而很具感染力，与学生的关系十分融洽。

　　1965 年我毕业分配到湖北工作，知道俞老师对湖北荆门出土的巴人铜戚早就有研究。不久在江陵看到过俞老师 1962 年带领张文彬等学长发掘楚墓时留下的合格资料和笔迹。1971 年冬，我和老师在北京故宫见面，他低着头往前走，我在后面叫了一声"俞老师"，他猛调头就往后走，慌张地走了二、三步才发现是我叫他。举动恍惚的情景，可以看出他身心所受到的创伤，可以想象他曾遭遇过何等的摧残！我握着他新残的手，心头在颤动。然而没料到，在全国文博考古事业处于低谷的那个年代，许多文博考古专业人员已改行或感到前程茫然的时期，俞老师信念依旧，事业仍然，默默地在研究，孜孜地在探索。1971 年 12 月 13 日我有幸听了俞老师在故宫做的《先秦两汉

---

　　* 作者系湖北省文物考古研究所研究员。

墓地的几个问题》的学术演讲。关于"族坟墓"制度等问题后来被充实到北大《战国秦汉考古》讲义之中。

俞老师说："秉琦师是极厚道的人。他对四方求教者，永远是毫不保留地把自己的研究心得告诉别人。他对别人从不苛求，只有鼓励，而且是热情洋溢的鼓励"[2]。俞老师继承了苏秉琦先生这种为人厚道、奖掖后学的品德。上世纪70年代初，他热情指导、帮助湖北沙市青年李家浩研究楚国货币的事已传为佳话。1974年秋冬，俞老师带领北大考古专业72级学生赴黄陂盘龙城实习。在武汉，我将自己发掘整理的光化五座坟西汉墓、襄阳山湾和蔡坡楚墓资料送交老师审阅。老师高兴地看了全部资料，热情讲述西汉铜镜形制花纹特点、铭文释读和巴蜀器物等问题，还特地叫我单位的几位负责人前来，肯定我的工作，推荐我所做的齐全规整资料。在盘龙城工地，老师亲自领我到城墙断面、宫殿基址和李家嘴3号墓墓底，介绍遗迹现象，讲解科学判断，谈论自己的看法。1975年夏，在湖北、河南、川大合作发掘的纪南城西垣北门遗址工地上，俞老师从别的工地前来，支持我对遗迹复杂现象的判断，并帮助解决发掘中的一些难题，使楚郢都发掘的第一座城门得以确认，使我国东周已出现的"一门三洞"的城门建制得到证明。1977~1978年，我在整理编写纪南城"大会战"期间的调查发掘资料，俞老师建议将楚文化典型陶器钵的名称改成盂，长颈壶改成长颈罐。他说，钵是佛教传入中国以后才出现的器名，先秦时期这种器物应称为盂；长颈壶的形态则是中原罐颈部的加长。那时俞老师就再三指出，过去对信阳长台关和长沙楚墓的年代断早了，对楚器年代的认识存在偏差。后来我把自己编写的四万余字的《楚纪南故城的调查与发掘》初稿（后来因故未刊）交付俞老师审查，老师表示满意。纪南城的兴废年代、整体布局、重要遗迹的基本形制，以及盂、长颈罐等楚文化陶器名称得到认可。从此，纪南城为楚战国郢都被学术界公认，钵、长颈壶的陶器名称在楚文化中消失。

不怕劳累不怕苦，亲自动手和动笔；工作一丝不苟，并与同仁共同探索、研究是俞老师做田野考古工作的一贯作风。1979年秋至1980年春，北京大学、武汉大学和湖北省、宜昌地区联合组成考古队，发掘当阳季家湖遗址。俞老师从北京去甘肃经四川，一路风尘仆仆地于1979年10月14日中午到达季家湖发掘工地，午饭后立即观看出土陶片，然后到发掘现场检查，傍晚赶往草埠湖农场总部与地区、县、农场的领导见面，宣传考古发掘的意义。第二天清晨俞老师就匆匆回到季家湖发掘工地，马上手持小铲下探方，投入了亲自动手刮平面、剔遗迹、剥地层的考古发掘工作中。在工地，俞老师要求探方规整、干净和肃静。他曾情不自禁地训斥，不要民工大声讲话，他说考古发掘的探方如同实验室，要保持安静。俞老师常常蹲俯在遗迹现象旁边，在剔铲，在观察，在琢磨，在分析。季家湖杨家山子F2、M1等新石器时代重要遗迹是老师亲手清理出来的。季家湖发掘资料转运到当阳玉泉寺整理，俞老师长时间蹲在该寺大厅内，聚精会神地拼对陶片、修复陶器。杨家山子出土的陶鼎（F2［上］：1）、缸（F2［上］：11）、尊（F2［上］：10）等重要器物是老师亲手拼复起来的[3]。在发掘、整理期间，俞老师特地从黄石请来黄景略、殷玮璋，从枝江请来李文杰等在考古工地的专家前来进行共同研究，还将杨家山子出土的陶器线图资料送到北京苏秉琦先生手中请教。整理工作刚结束，1980 年 1 月 25 日至 2 月 1 日俞老师马不停蹄地从武汉请王劲同志前来，会同我、高崇文、高应勤等同志一起，赴宜都红花套、白水港、向家沱、莲花堰、古老背等遗址实地调查。在调查过程中，老师除认真观察遗址地形地貌，寻找遗物和断面，触摸陶器残片之外，还提笔作记录、绘草图，并不断询问当地过去的一些发现情况。调查结束到了武汉，老师拿出 1979 年国庆前后路过四川参观出土文物古迹时自己所作的笔记给我看，笔记中有数十幅成都城西、忠县、新繁等地出土的典型巴蜀文化陶器、铜器草图，还有乐山虎头湾崖墓的复杂平面图和题刻。80 年代俞老师在湖北亲自主持和参加的田野考古主要有 1982 年沙市周梁玉桥遗址、1985～1986 年三峡工程坝区朝天嘴和中堡岛等遗址的发掘。每次发掘他都小铲不离手、亲自蹲探方。周梁玉桥遗迹揭露后，为了一张全景照片，他曾要来大吊车和直升机进行反复拍摄。他亲自作出朝天嘴 22 层堆积剖面，城背溪文化、早期巴文化陶器出土后，曾特意到三斗坪发掘工地邀请我前去观看，并谦虚地征求看法。俞老师对地层的划分、遗迹和遗物性质的判断是十分仔细和慎重的。70 年代至 80 年代前期，俞老师亲自参加发掘的黄陂盘龙城发现了商代宫殿遗址、江陵纪南城发现了 30 号台楚国宫殿基址、陕西周原发现了西周宫殿基址、当阳季家湖发现了新石器时代季家湖遗存、沙市周梁玉桥发现了商代周梁玉桥遗存。而长江三峡至峡口以东一带新发现的新石器时代城背溪文化和商周早期巴文化均与俞老师的田野工作密切相关。许多人说俞老师挖什么地方，什么地方就有宫殿，就有新文化，这并不完全是句玩笑话。

为了提高我国考古学的基础工作水平，俞老师从理论、方法着手，与实践相结合，下大力气培养人才。他早在 70 年代的考古实践中，就深深感到我国田野考古存在理论与方法方面的两大问题。"文革"后期，特别是江陵纪南城考古"大会战"期间，俞老师经常和我谈论来自各所大学和省市的考古人员存在许多差异和问题，许多考古人员素质较低、田野考古方法不规范，明显影响考古发掘与研究的科学性和质量。痴迷于我国文物考古事业的他心中着急，他屈指点数全国各省、市考古水平较高的人才，觉得数量太少。从 70 年代末 80 年代初开始，俞老师便紧张地策划如何普遍提高我国现有考古人员的理论水平和业务素质问题。1984 年终于促成山东兖州以田野发掘为主体的考古领队培训班的举办，并亲自讲授"考古地层学问题"、"关于考古类型学问题"等课程。数期领队培训班的举办，使我国考古水平和专业人员素质有了大幅度的提高。

俞老师为了不断推动我国考古学向前发展，不断达到更新、更高的理想境界，他同样从理论和方法两方面着眼，呕心沥血，不断探索与实践。地层学与类型学是考古学理论基础。前辈苏秉琦先生提出的区系类型理论，将类型学和我国的考古学提到一个新高度。二十多年来，俞老师在指导鄂湘豫皖四省楚文化研究中，除亲自做好田野和分期、分区、分类等基础工作之外，更为重要的是在理论、方法上给予直接指导。

他站在我国考古学整体的高度，将区系类型理论加以应用和发展。俞老师看到楚文化研究工作开展初期出现研究对象或概念方面的模糊认识，在1981年10月长沙楚文化研究会成立会上，给楚文化的概念作了明确的科学定义。后来，俞老师发现楚文化研究中存在不少材料来源等方面的混乱现象，他根据苏先生的区系类型理论，在1982年10月郑州楚文化研究会第二次年会上强调做好楚文化区域类型的工作，指出楚国疆域范围很大，"在这大片疆域内的楚文化，一定存在着不同的区域类型"，"楚文化内部的区域类型，肯定会随着时间差异而发生变化"。再后来，俞老师注意到楚地各区出现许多新的考古学遗存，对它们的属性、特征看不明白。在1985年6月合肥楚文化研究会第三次年会上提出应用"文化因素分析法"，并作了举例和具体指导。认为这是一种类型学的分析方法，区系类型理论建立后自然概括出这种方法。1983年8月俞老师赴美国访问，回国后和我谈了不少感受，介绍了不少国外考古状况，提出考古与多学科合作问题，这是考古学高层次研究的必然趋势。在1988年6月江陵楚文化研究会第四次年会上，俞老师指出任何学科的研究，客观上存在着不同的层次，认为楚文化研究已走过了古器物学研究、年代分期研究等较低层次研究阶段，而正在进行概括文化特征、区系类型研究阶段。有关精神文化及社会关系等方面研究的高层次阶段也已经开始，并提出对楚文化总体研究的期待。他说要在物质文明、精神文化、社会关系的相互联系，以及它们同自然环境的关系等方面进行综合研究。1992年9月淅川楚文化研究会第六次年会上，俞老师进而提出扩大楚文化的范畴，从技术的、精神的、社会的三方面来进行研究和解释。1987年初俞老师放下小手铲，主持中国历史博物馆工作以后开创的水下考古、航空考古、DNA鉴定考古等考古新领域，是俞老师对我国考古学总体研究的期望和尝试，也是他对我国考古学发展所作出的杰出贡献。

俞老师重病期间，仍然念念不忘他的事业。他在病床上给2001年10月在合肥召开的楚文化研究会第七次年会写了一封深情的贺信。他说："现在，新世纪已经来临……考古学的转型速度，也许会让我们吃惊。……我诚恳地希望楚文化的研究继续开放门户，并吸引更多的志同道合者共同工作，人员的开放，当然也意味着学科合作种类的扩大"[4]。他要当代楚文化研究者不负前人和后人，能在学科概念、具体工作和综合研究方法上，对考古学中的其他分支，甚至是考古学以外的其他人文学科能有一些开创性的启发。俞老师为我国文博考古事业奋斗了半个世纪，直至他生命的最后时刻。他现在已经离开了我们，而他的事业永在，风范长存！

注释：

[1] 杨权喜：《冬天里的春天》，《文物天地》1994年第6期。

[2] 俞伟超：《生命的幸福——记苏秉琦老师的最后留言》，《苏秉琦先生纪念集》，科学出版社，2000年。

[3] 湖北省博物馆：《湖北当阳季家湖新石器时代遗址》，《文物资料丛刊》10，文物出版社，1987年。

[4] 楚文化研究会编：《楚文化研究论集·序一》第五集，黄山书社，2003年。

深切怀念俞伟超先生

刘彬徽*

俞伟超先生是我所交往的当代许多考古学家中与我认识最早、联系密切、使我受益良多的师长和朋友。自从他得病住院治疗，就时时挂念着他，电话或致信慰问。在他不幸辞世的这一年多，回忆起和他交往 40 年来的情景，犹历历在目，心情久久不能平静。

1962 年 9 月，在湖北江陵（今荆州市）考古工地第一次见到俞伟超先生，给我留下了深刻印象。其时他带领学生张文彬（后出任国家文物局局长）和孟亚男等到那里进行田野考古实习，和我们一起发掘太晖观、张家山楚墓。我和张文彬一起负责发掘一个编号为 M20 的楚墓，得到了俞先生的亲自辅导（据本人 1962 年 9 月 23 日～10 月日记）。1961 年冬至 1962 年在江陵的楚墓发掘，是湖北省在楚郢都故地所在地首次进行的科学考古发掘，由张云鹏、王劲两位考古学者负责。那是我刚从大学历史系毕业，有幸成为在此进行科学考古的首批工作者之一。一开始就得到这样好的机会，不但得到湖北考古学者的指导，更得到了俞先生的热心指导，实乃三生有幸。从此以后，我开始了和俞先生的长期联系。

江陵及其附近地区乃昔日楚文化中心地，20 世纪 60 年代初开启的楚文化考古工作，像河水开启的闸门，考古新发现的浪潮势不可挡。灿烂的楚文化遗存像涌泉般层出不穷，由此导致楚文化研究不断升温。在 20 世纪 80 年代出现了先秦考古研究中"北夏"（夏文化）、"南楚"（楚文化）两大主题的研究热潮。现在回想起来，俞先生作为那时新中国第一批考古专业研究生毕业不久的年轻考古学者，又是北大考古教研室的党支部书记，定然看到了江陵首次启动的这一考古工作的重要性，以他那敏锐的战略眼光和前瞻性思维，毅然带领学生到江陵楚文化考古处女地去拓荒。从此他和楚文化考古与研究结下不解之缘。20 世纪七八十年代他多次到湖北进行实地考察、作楚文化学术报告，高屋建瓴地从理论高度和实践的结合上发挥其指导作用，后来众望所归，被推选为湘、鄂、豫、皖四省文博考古工作者组成的楚文化研究会理事长，成为

---

* 作者系湖南省博物馆研究馆员。

楚文化考古事业的领路人和旗手。

1962 年以来，我和俞伟超先生有较多的见面机会，并有多次书信往来，大多是有关楚文化研究的问题向他请教。现我仍保存有他给我的三封信。

第一封信是 20 世纪 60 年代初的。就在俞先生带领学生到江陵考古之后的第二年，他出于对江陵及附近出土文物的关心，在《考古》1963 年第 3 期上发表了一篇论文，阐述对在江陵以北不远的荆门出土的一件有"大礼"铭文铜兵器的看法。我读后感到这件兵器究竟定名为"戈"或"戚"，产生疑问，便写信求教。他于 1963 年 5 月 23 日回信，信中引用文献和考古材料给我以满意的答复，谦虚地说"以上意见是否正确，还望赐正"，回信只隔了十多天，却写道："回信推迟了很久，见谅。"这着实令我感动，感觉他对人的可亲、可敬和学问根底之深。这件兵器的铭文和图像后来引发出多篇讨论文章。俞先生此文是"始作俑者"，其功不可没，其说仍值得我们珍视。

第二封信是他 20 世纪 70 年代写的。其时我受命写作江陵望山楚墓出土的巧夺天工的彩绘漆座屏的文章，就这件国宝级楚文物研究中的问题写信向他请教，他的复信对我写好此文有重要的启迪意义。这件珍品于 1973 年在京筹备赴日出国文物展览时在故宫预展，我利用在京参加这一筹备工作之机，又曾和俞先生交换过意见，并向史树青、启功、沈从文和远在开封的楚辞研究者孙作方等先生求教（至今还保留有启功、沈从文的书面意见信）。俞先生和上述知名学者的指导对于搞好这件珍贵楚文物的展览说明和促进研究，起了重要作用。

1975 年，江陵楚郢都故址纪南城进行了大规模的田野考古发掘，邀请了北京大学、吉林大学等校师生参加发掘。由我负责的编号为 30 号夯土台基的发掘，先是严文明、后是俞伟超、最后是张忠培等先生协助和指导。学生中后来成为北京大学考古文博学院院长的高崇文（其时为学生党支部书记）等，那时生活条件非常艰苦，学生住的是临时搭建的芦席棚，仅能避风雨，难以御寒，老师住地也好不了多少。他们承担的发掘任务繁重（发掘面积达 5000 平方米），师生们在那样艰苦困难的条件下兢兢业业地工作着，俞先生更是"身先士卒"，在考古工地上和师生们一起忙碌着，我也和他有了更多接触交往的机会。他在探方内一蹲就是很久很久，用他那因"文革"留下遗憾的手，四个手指紧紧握住手铲，在探方平面、剖面上费力地刮找遗迹现象，时而细察，时而停下来思索，令我肃然起敬，让我感悟良多。正是由于有北大、吉大等校师生地参与，保证了 30 号台基发掘的科学性和取得重大的收获。这是在楚故都遗址内揭露的第一处宫殿建筑性质的重要楚文化遗存，是楚文化考古的重大收获之一，意义深远。俞先生在盘龙城找到了宫殿遗存，到纪南城又找到了宫殿遗存，记得以后曾流传对他的美谈：只要俞伟超到了哪里，哪里就有重要发现，哪里就有宫殿建筑遗存被发现。

1975 年的这次考古发掘历时甚久，加深了我和北大考古专业师生的友谊。以后去北京出差，到过严文明、俞伟超先生家里请教，和当时的学生高崇文等至今仍有联系。在我整理编写 30 号台基考古报告过程中，得到了俞伟超、张忠培及其学生的支持、帮助。"1979 年俞伟超同志来鄂，对此稿提出了许多宝贵的意见，又作了一次修改，这份简报就是根据发掘报告整理而成的。"（见湖北省博物馆编印的《楚都纪南城考古资料汇编》中的由我执笔写的 30 号台基报告的后记，基本材料刊发于《考古学报》1982 年第 4 期）

现在保留着的俞先生给我的第三封信是关于纪南城考古研究的。其时中国考古学会第二次年会将在武汉召开（重点讨论楚文化问题）。由于此前我曾写过《纪南城考古纪略》一文（湖北省博物馆内部油印资料），感到其中的考古分期问题十分重要，值得探讨，拟撰写《纪南城考古分期初探》一文，作为参加中国考古学会第二次年会的论文（后刊发于《江汉考古》1982 年第 2 期）。在研究中感到问题不少，难度较大，便又一次向俞先生求教。他其时刚从外地出差回京，又忙着再次出差，在那样繁忙的工作中，仍抽出时间及时回复，给我以宝贵的指导性意见。

在上世纪七八十年代，由于俞先生多次到湖北荆州、宜昌、当阳等地实地考察和参加发掘工作，我曾有机会和他同行。我在 1980 年 1 月 26 日的日记里写道："特别是俞伟超同志指导更多，受益不少"，"与俞伟超同志接连二夜谈得较多，对如何做学问，如何处理好人与人的关系，颇受教益"。俞先生所谈的许多细节虽难以回忆，据此日记足见他对我的潜在影响是久远的。

1989 年我调回家乡湖南省博物馆工作。1990 年时任研究室主任的我（后任学术委员会副主任）率领一个参观学习小组前往北京，参观中国历史博物馆新修改后的通史陈列，在俞伟超馆长安排下，开了一次小型座谈会，参加者有该馆办公室、陈列部、美工部的王冠英、王玉成、李之檀、纪山、德永华等共 9 人，他们一一介绍了工作经验，会议开得很成功。在此期间，又有机会向俞先生请教，承蒙他赠送我一份对他的访谈录，即：《考古学是什么——俞伟超先生访谈录》，此文系《新华文摘》转载的复印件，值得珍视的是他对此文亲笔作了必要的勘误和补充。我把它作为学习和研究考古学理论的珍贵文献保存至今。此文以后收入他的考古学理论文选——《考古学是什么》（中国社会科学出版社，1996 年）。后来他来长沙考察举世瞩目的三国吴简，把他签了名的此书并他的专著带来长沙送给了我。他那极富哲理和激情的文章，深深地撼动我的心灵，激发我对考古学理论的倍加关注和反复思考。

俞伟超先生在楚文化研究和中国考古学研究上的卓越成就和巨大贡献，有目共睹。他在考古学研究（包括楚文化研究），特别是考古学理论研究上不断探索、与时俱进。"俞伟超先生成为中外公认的中国考古学体系的主要构建者之一"、"他实现了从考古学家到考古思想家的升华"（引自信立祥：《一座用生命和智慧熔铸的学术丰碑——俞伟超先生学术贡献评述》，《中国历史文物》2004 年第 2 期），这真正是实至名归，"俞伟超已融入我们这个时代"（《中国文物报》2004 年 6 月 4 日车广锦文）。已故的著名美籍华裔考古学家张光直称赞俞先生为中国重量级的考古理论家。俞先生对中国考古学的进一步发展，无疑有着深远的巨大影响。

　　我撰写自己的第二本专著《江汉文化与荆楚文明》一书（早期中国文明丛书之一，江苏教育出版社待出版，已看过校样），在最后一章论及荆楚文明的历史地位和世纪之交的考古思考时，引述了俞先生在《考古学是什么》书中"六十述志"的话："忽识古今一体之道……乃古今真谛。"接着写道："古今一体，古今相通，蕴含深奥，很有意义，值得大谈特谈。"我还在此书内提到俞先生《望世纪内外》这一思路开阔的文章，他不但思考中国考古学，还在思考全球考古学问题。

　　俞先生的考古学及其理论研究成果已汇聚在他的专著和三本学术论文集内，但远不能涵盖他大脑中的所有思想、智慧。可惜天不假年，如果能让他的生命再延长许久，他那思想之海所蕴蓄着的能量必将进一步爆发，像灯塔般更加光芒四射，发出更大的影响力、号召力。

　　俞先生不仅是极富激情和理想的优秀考古学家、思想家，而且极具人情味。生活中的俞伟超平易近人，谈笑风生，让人十分愿意亲近他，听他娓娓侃谈，在亲切气氛中感受他的人格魅力和生活情趣。到北京出差，总想到他家（先是中关园后是小石桥）拜访，在武汉时，现仍记得有一次邀请他到我家聚餐，在几位考古同行的陪同下，边吃边聊，他杯酒下肚，乘兴侃谈，不知不觉从中午 12 时一直到下午 4 时许方休。1992年在河南淅川召开的四省楚文化研究年会，他在大会上作了重要讲话（已收入年会论文集和他的学术文集），会后组织与会代表考察丹江水库岸边的楚贵族墓地，并坐船畅游丹江水库，在船上有机会和他聊谈，一起照相，留下具有纪念意义的合影。在我编著个人学术文集《早期文明与楚文化研究》（岳麓书社，2001 年）的后记中，特意提到俞先生对我的帮助，以作永久的纪念。我将永记俞先生对我的帮助，永远地怀念他。

深深的怀念

佟伟华[*]

　　俞伟超先生是我的业师，从我 1965 年读大学开始就和俞先生相识，但那时和俞先生的接触并不多。到了腥风血雨依旧笼罩的"文革"后期，当俞先生遭受残酷的身心迫害，和我们共同被发配到北京郊区房山县劳动时，我常常会看到他忧郁的目光和神情，并感受到他低落迷茫的心绪。

　　时光流转，"文革"结束后的 1979 年，我有幸重回北大读研究生，当我再次见到俞先生时，他已在精神焕发地忙碌着考古教学和科研工作，准备迎接考古学春天的到来。三年后在我研究生毕业时，俞先生热情地向时任中国历史博物馆考古部主任的李石英和胡德平推荐我和信立祥到考古部工作，离开北大前，我们在未名湖畔漫步，俞先生叮嘱我们一定要尽早独立支撑起发掘和科研课题。两年以后，他也应国家文物局之邀，先后出任中国历史博物馆副馆长、馆长。1987 年我被任命为中国历史博物馆考古部副主任，从这以后，便开始了与俞先生既是师生又是上下级的交往。

　　俞先生是考古学大家，他敏于思考，勤于写作，著述丰厚，多有惊世之作，令学界折服。他在考古学研究的道路上苦苦探求，孜孜不倦地追求中国考古学的进步与发展。他极富开拓和创新精神，在改革开放后的 20 世纪 80 年代，俞先生率先走出国门与西方考古学者进行交流，他积极倡导学习国外考古学新的理论和方法，与中国传统考古学相互借鉴，支持中国历史博物馆等单位的青年学者编译出版了《当代外国考古学的理论与方法》一书，第一次较为系统地将国外考古学的理论与方法介绍给国内学者。在美中学术交流委员会的支持下，他率先垂范，由中国历史博物馆考古部发起组织，有数十名青年学者参加，在山东与美国学者联合举办了"中美陶器研究研讨班"，将国外对陶器的研究方法介绍到中国，并与中国学者进行交流。同时他还在历博考古部组建了水下考古与航空考古两支队伍，改变了这两个领域缺少考古与科研的状况，并在黄河小浪底水库淹没区的河南渑池班村遗址进行了多学科考古发掘和综合研究的实践，这些富于开创性的工作为传统的中国考古学注入了生机与活力。

---

* 作者系中国国家博物馆研究员。

　　俞先生不仅是考古学新思想潮流的倡导者和开创者，同时，他更是一位脚踏实地的中国考古学发展与推进的先行者和实践者。他以对考古事业的理想和炽热的情怀，以自己多年从事艰苦的田野考古工作为示范，针对一些年轻学者考古实践不多，却忽视田野考古工作，主张走脱离考古一线的写作治学之路的倾向，特别强调考古学理论的基础建立在田野考古工作的实际中。他决不是一位只将国外的某些理论拿来兜售的空谈家，他尤其注重在本国的考古工作的实践中加以运用。

　　自 1983 年开始，我参加了山西垣曲古城东关遗址的发掘，1985 年以后，我先后主持了垣曲古城东关和垣曲商城两个遗址的发掘，这两个地点是中国历史博物馆考古部 1978 年重新组建后最早由本馆主持发掘的工地，俞先生对工地发掘倾注了大量心血。每年春秋两季，我从工地发掘归来，俞先生都要求我备好遗址总平面图、发掘遗迹平面图、出土遗物照片和线图等基础资料，详细地向他汇报情况，并认真探讨发掘中遇到的各种问题，有时汇报从下午下班后开始，几个人直谈至深夜。从制定商城的整体发掘规划到确定发掘步骤与程序，从如何布置探方、如何测量城址平面图到如何在发掘中运用和借鉴国外考古学的思想理念和方法，俞先生都给予了许多具体的指导和关注。

　　俞先生曾两次亲赴垣曲商城遗址及发掘现场进行实地考察。第一次是 1990 年 12 月，为了制定商城发掘的总体规划，我邀请俞先生来到商城遗址。俞先生兴致勃勃地来到垣曲古城，首先庆贺商城工作站落成，然后认真地考察和了解了商城遗址的概况，更重要的是和参加发掘的所有业务人员在一起就商城发掘的总体规划作了全面深入的探讨，制定了详细的工作计划。对于城址的发掘，俞先生首先提出进行大面积揭露的意见，由于垣曲商城只是商代前期的地域性小城，城址规模不大，而且此城位于黄河小浪底水库淹没区内，大约还有 10 年左右的发掘时间，因而有可能也有必要进行全面揭露。他说，要用十几年的时间来回答垣曲商城到底是一座什么样的城址，而且一定要高标准地回答。以对一个小城作全面解剖的思想为指导，大家在发掘对象范围内划分了工作区域，在发掘时间上划分了工作阶段，并制定了商城逐年的具体发掘计划。另外，在讨论中，大家提出了一个难于理解的现象，到 1990 年时，垣曲商城已发现了 6 年，但在其周边地区发现的同期遗址却很少，这种现象颇令人费解。为了探讨商城在这里兴建的背景，在这次考察中，俞先生带领业务人员冒着凛冽的寒风，在垣曲古城周边地区进行了详细调查，又发现了南堡头、小赵等二里岗时期的遗址，从而更加明确了垣曲商城在黄河北岸存在的基础。

　　在发掘规划制定后，垣曲商城的发掘工作全面展开，尽管对这一城址的发掘仍采用中国传统的考古学发掘方法，但俞先生却积极倡导将聚落考古的发掘方法运用到商城发掘中来。为了首先掌握整个城址的地层堆积状况，1991 年在城内试掘了各长百余米、宽 1 米的纵贯南北及横穿东西的两条十字交叉长探沟，以搞清全城范围内各不同时期文化层堆积，探明叠压层次，便于在发掘中掌握各层堆积的逐层揭露，并有利于在发掘中寻找城址兴建及使用期间人类生存的原生活动面，以及较快地搞清城址的基本布局。长探沟发掘后，我们获得了两条百余米长的城内地层剖面图，这使城内的各不同时期的文化层存在情况一目了然，特别是对于城址始建及使用时期的地层堆积的范围、厚度、深度、倾斜度等状况有了明确的了解。在这一工作的基础上，1992年，在俞先生的策划和指导下，我们在近1000平方米的发掘面积内，采用各探方相互顾及工作进程和速度"齐头并进"的方法，整体下挖，到达不同的堆积层面时作一停顿。等待各探方均到达同一层面时，整体观察这一层面上具有共时性的各种遗迹现象，如各遗迹间有无相通的道路，有无居址面、活动面、广场等，有无人工及天然的各种遗物，然后再逐一清理开口于此层下的遗迹，各探方之间的隔梁采取分阶段打掉的方法，使代表某一时期活动面和在这一层面上保留的遗迹遗物得到较大面积的展露，以便于观察不同时期的活动面所承载的各种信息，并可以得到较大范围内的一定时期的遗存分布图像。待一个层面上的遗迹遗物揭露和清理完后，依此方法，可继续向下整体发掘，为了保存遗迹的完整，发掘探方可不做到生土。我们的发掘先后停留在城址使用时期的二里岗上层和城址兴建时期的二里岗下层两个层面上，希望寻找到当时人类活动遗留的各种现象，但是由于这次发掘揭露的面积有限，发掘范围内的二里岗上层和二里岗下层两个层面都遭到了破坏，未能保留原生的活动面，而这一层面上的遗迹只有灰坑一种，因此也未能找到什么特别的遗迹现象，然而，这种方法仍不失为一种聚落考古新方法的尝试。运用这种方法，我们分别获得了二里岗上、下层两个层面以及当时所存在的遗迹分布图像。以后数年的发掘，我们先后发掘了西城门、城内主干道以及宫殿区等重要区域，使这一城址的基本面貌呈现在世人面前。1993年11月，在我们发掘西城门和通往宫殿区的道路时，俞先生再次来到垣曲商城，考察了发掘现场，他认真地观察了发掘探方的地层剖面和路沟内的各层路土，分析了各层堆积的成因，对于路沟的形成原因提出了人工形成的看法，后来的进一步发掘证实了俞先生推断的正确。看到已揭露出的城门和宽阔的路沟，俞先生异常兴奋，他说："这些遗迹是商城发掘中的重大发现，也是商城发掘以来最为重要的收获。"俞先生还特别重视垣曲商城的航空摄影工作，在现代科学手段尚不发达的20世纪80年代，俞先生就提出，搞城址发掘一定要有好的航片，所以我们从20世纪80年代开始就采用飞机航拍、热气球摄影、轻型遥控飞机航空摄影等方法多次进行高空拍摄，垣曲商城勘察报告中发表的印制精美的城址彩色红外遥感片就是与有关单位合作的成果。总之，俞先生不仅是考古学新方法、新技术的倡导者，更是积极的实践者。

在垣曲商城第一阶段的勘察工作结束以后，俞先生就提出应尽早发表勘察资料，他认为一个城址的发掘周期过长，若等到全部发掘后再出版报告，许多资料的搁置时间就会过久，难以尽早示人，使学术界共享。因此，他主张分期出版不同阶段的工作报告。在他的推动下，垣曲商城第一阶段的工作报告在发掘两年以后即开始着手整理，我接受了整理和撰写报告的工作，日夜赶写，使勘察阶段的报告较快出版。在报告的写作过程中，俞先生亲自审阅了初稿，就报告的体例、文化期命名、城址地层与修筑年代、城址性质、结语各部分的叙述顺序等方面的问题，都提出了中肯的意见，使报告不断完善。回想起20世纪80年代初，俞先生为了学习和实践苏秉琦先生的考古学文化区系类型和文明起源与形成的学说，准备编辑出版四集《考古学文化论集》，他邀我写一篇稿子，我在研究生毕业论文的基础上，撰写了《胶东半岛与辽东半岛原始文化的交流》一文，他看后很高兴，认为比毕业论文写得好，定稿时，他又逐字逐句进行了审阅和修改，直到满意为止，俞先生对于自己的学生从来都是有教无类，殷殷教诲。

除了垣曲商城的发掘外，俞先生还提出借鉴国外聚落考古中区域调查的方法，在垣曲商城所在的黄河南岸的垣曲小盆地及其周边地区开展区域调查工作。聚落形态考古虽然在20世纪40年代便在西方国家出现，但其作为一种新的学科方法被介绍到中国大陆却是20世纪80年代以后的事情。伴随着聚落考古这一新的研究方法的传入，我国学者的传统思维和理念受到了极大的挑战，这一新的研究方法为我们拓展了一个全新的研究领域。20世纪90年代初期，俞先生在与垣曲商城遗址隔黄河相望的河南渑池班村进行了多学科考古的实践，在班村遗址发掘期间，俞先生聘请美国华盛顿大学沃森（Patty jo Watson.）教授、俄勒冈大学艾金斯（C. Melvin Aikens）教授等国外学者作为考古学理论与方法方面的学术顾问。他们于1993年5月和1994年6月先后两次来到班村遗址发掘现场，与中国学者就考古学理论与方法的实践等问题进行了广泛而深入的探讨和交流。在学术讲演中，他们还特别介绍了国外聚落考古和区域调查的方法和手段，给中国学者以耳目一新的启迪。1993年11月，俞伟超先生亲临班村工地，主持召开了垣曲盆地考古工作座谈会，提出了在垣曲盆地开展区域调查的课题，希望通过对古代人类的生存方式、生产方式、行为方式、人们所建立社会组织结构的探讨，探寻古代聚落迁徙的原因和过程，认识人类活动与自然环境的关系，进而获取社会结构、生态环境等方面的信息，最终达到复原古代社会的目的。他希望中国历史博物馆考古部的垣曲古城和渑池班村两支考古队联手进行这一课题的工作。为此两支考古队于1994年6月在班村召开了座谈会，就这一课题的实施进行了理论和方法的讨论。但是，后来由于黄河小浪底水库抢救发掘任务的紧迫以及其他各种原因，这一课题被暂时搁置。以后，垣曲考古队进一步思索了这一课题的重要意义以及课题在垣曲盆地实施的必要性和可行性，决定按照俞先生的思想，完成这一课题的工作。2000年由我主持的全国文博系统人文社会科学重点研究课题《山西垣曲盆地考古学文化与聚落考古研究》正式启动，通过从聚落考古的角度去考察遗址中存在的各不同时期的聚落形态及其演变过程，特别是一定区域内具有共时性的各聚落间的空间关系和分布特征，以及从物质文化遗存中获取的关于人类社会以及非物质方面的信息，探讨垣曲盆地的原始聚落形态的演变规律以及在晋南原始文化发展进程中占有的地位，特别是在中原腹地的三代王朝崛起中发挥的作用。这一课题历经4年时间，已于2004年底结束，当我们把数十万字的稿件交到国家文物局课题办时，我们才感到些许慰藉。如今，这一课题的成果编辑而成的专著《垣曲盆地聚落考古研究》已经出版，对于俞先生提出的这一课题，我们已经努力完成了。现在黄河小浪底水利枢纽工程已经完工，垣曲商城也已大半被水库淹没，考古发掘已告一段落。我们会加快整理商城后一阶段的发掘资料，来回答俞先生向我们提出的垣曲商城到底是一座什么城址的问题，我们一定努力交出一份高标准的答卷，以告慰俞先生的在天之灵。

　　俞先生静静地走了，俞先生过早地走了。2003 年 12 月 4 日午后，就在俞先生离开人世前的最后几个小时里，我赶到俞先生的病床前，看到赶来的弟子们，他多么想把对学科发展的思考和对大家的期望倾吐出来，但此时他已无力用语言和文字表达。至今，他憔悴的面容上欲吐不能的焦虑神情以及对生命无限眷恋的目光仍深深地印在我的脑海里，他留给大家的是永久的遗憾。从他临终前留下的一首小诗里可以体味到，他是多么留恋生活，留恋未竟的考古事业，但上帝却是如此不公，将扼杀生命的恶疾降临到他的头上，这使中国考古界痛失了一位忠诚而执著的考古事业的赤子、一位聪敏过人的学科巨匠、一位追求唯美的理想主义者、一位激情洋溢的思想先锋、一位推动学科发展创新的探索与实践者、一位具有远见卓识的诲人不倦的导师。考古事业是俞先生生命的全部，他为考古事业做出的卓越贡献，他留下的许多闪烁着真知灼见的思想火花的鸿篇巨著，将成为中国考古学知识宝库中的永久财富。俞先生为探索科学、追求真理而献身的精神，永远激励我们努力奋斗。

时代的召唤与时代的限制

张承志*

一

任何一个考古队员，从他第一次挖开封土或表土以后，就长久地陷入了一个苦苦的思索。绝对真实的遗物和遗迹沉默着，逼迫他也诱惑他想破译、想解读、想洞彻这恼人的历史之谜，抓住真实，但这几乎是无望的。岁月如流，在田野和标本库以及书海里，衰老了一代又一代考古工作者。普通的、不使用考古学方法的历史研究者虽然也有对于历史的这种究明的渴望，但那与考古学有巨大的差别——因为考古队员真的触摸着逝者的遗留，从陶铜的冰凉触感到灰坑烧土的余温，都强烈地影响着思维，使他们无法回避这个学科的最朴素最原初的问题。仿佛这个满身泥土的学科有一句严厉的门规：或者当个特殊技术工人告终，或者攀援为思想家。从田野发掘出来、又从整理中揭示出来的、沉默的古代真是太不可思议了，它太辉煌、太费解、太深沉。没有一个考古工作者能够完全摆脱它带来的苦恼，但是也很少有人能坚持思考并企图作答。而且，在这里，考古学界与古代史学界严肃地分离了。

普通古代史学或称一般性的史学缺乏如考古学科这种谨严的方法论依据。后者必须走向结论。哪怕最纯粹的考据派，事实上也大多是依靠历史的蛛丝马迹求结论。客观的一般性历史学几乎不存在——因而它们在某一天被刷新被淘汰的危险也永远存在。然而考古学却自它从19世纪成为一门学科时起，就首先奠定了不被淘汰、即科学地限制结论的基础，这就是考古学依靠的地层层位学和器物类型学两大支柱，以及由这两根坚实支柱架起的"考古学文化"的理论。

考古学文化——它的魅力远远不是外行所可能体味的。它不是对古代的结论，却是对已发掘和整理清晰的古代现象的结论。它不涉及逝者全貌，却源源不断地发现着逝者的部分。它不妄言逝事的规律，却科学地宣布着一条条遗物的规律。它可以自身补充、纠正和发展，后来的资料和认识并不嘲笑以前那些极其片面极其单薄的积累。

---

* 作者系自由职业作家。

在总体的地层和器物的图谱上，甚至个别完全失误的发掘和总结都能很容易地被甄别剔除并被补救。包括文化二字，有哪一个人或哪一部辞书能解释清楚这个词汇呢？然而考古学文化却实现了这个概括。文化——所有相关的地理，包括风水、文献、传说、技术水平、经济类型、遗物及居住、分布范围和外来因素、已知的一切与未知的一切、明显的一切及隐藏的一切，都可能由这个考古学文化本身来获得最具体的实感。

　　而且并不拒绝人们的好奇或自信。认为它是夏是商、属羌属胡，都会导致深入。无论人们用纯阶级斗争观点解释它，抑或用纯艺术观点解释它，一律开卷有益。甚至它接受各种技术和标签：无论是"开门办学"或"评法批儒"，无论怎样使用^{14}C 年代鉴定以及各种理化手段——基于层位学和类型学之上的考古学文化方法论都如同磐石，不为撼动。

　　当读着史论家的洋洋洒洒时，考古学者很冷静。因为前者的那一套太容易了。我们不说，是因为了解事实（而且只是被发掘出来的一小部分事实）要复杂得多。当看着考据家的细致收罗时，考古学者很明白：他们只是为我们编制了索引；同样的文献我们也要全部摸一遍，而且还要与发掘资料一一对证。考古学文化是一个相当微妙的概念，它不仅限制了关于历史的空谈，也限制了关于文化的空谈。雄辩的地层学体系和类型学图谱，在一个省一个省、一个流域一个流域、一个又一个自然·历史·地理区划范围内建立起来，并随着频频的田野工作进展而繁衍开来，名副其实地成为世界之最。各式各样的专家涌现着，摸摸陶片就能断代的熟练，打一铲土就能明白地下的技能，已经成为外界的传说。在这巨塔的顶部，比如在北京大学，渐渐培育出读尽了相关的每一条史料也走遍了相关的每条河谷的特殊学者。他们的理论特征是——这理论能征服并提高野外发掘者流着汗水积蓄的年深月久的经验。还应当说，考古学并无误解中的所谓暮气。田野即社会底层的丰富有趣，出土的瞬间展现在眼前的遗物遗迹的丰富有趣，从来挑逗着人的童心。若举例，1973 年在湖北盘龙城，当我们从商代二里岗期墓葬的腰坑中真的亲手发掘出长达 92 厘米的玉戈时，我们欢喜欲狂，又唱又闹，那是人生中难忘的快乐时刻。

　　这样考古学成熟了。绝大多数考古工作者在这种成熟期的学科里渐渐找到了归宿。极其庞杂炫目的考古学文化研究，极其劳累的田野考古发掘调查，满足了也麻痹了他们要向逝去的古代穷究的年轻冲动。

　　从这样一个考古学之中，出现了一位学者。他不仅对考古学文化这一方法论感到不满足，而且正在咀嚼考古学因依的时代问题。尚不仅着眼于此，他的关心已经涉及考古学与艺术、价值以至"人"的关系问题。他就是俞伟超师。

二

　　其实曾经有过更使人耳目一新的声音。毛泽东曾就汉末张鲁起义发出议论，他论断：中国农民一穷二白的状态两千年来基本未变。这是一个根据现代真实对逝去的古代真实做出的揭破。

多少次，当我在甘肃在宁夏，亲眼看见农民们使用着二牛抬杠的犁耕着黄土高原的山卵坡地时，我便无法不联想汉代画像石上如出一辙的二牛抬杠画面，也无法不琢磨到毛泽东的方法论。还有一处毛泽东对史学方法论的反驳，他说：研究历史，主要是研究近代史。否则一亿年以后怎么办？

这决非随心所欲的语言。应当感觉到在这断言之中深寓的道理。而值得留意的是，这种向身近的时间寻找的思路，与俞伟超师六十寿辰述怀时所讲的"古今一体"微微有一丝相系。我以为，对于历史学科方法论最彻底的质疑者是毛泽东；而俞伟超师出发于考古学的感悟，又证实了这个现象的存在：在中国，凡从知识人中走出来的佼佼者，都会经历扬弃旧史学的阶段。

俞伟超师指出：理解古代社会的钥匙就是现代社会。在这句很简单很好懂的话中，省略了不能尽数忆起的一步步跋涉，省略了艰涩的钩沉考据和痛苦的思想磨砺。他人很难尽知，本人也很难尽述。

也许，这种道路走尽的体会已经非常私人化了。明白以后，人便不愿也不能更多表达。最终的真知灼见总是这样朴素的话，"难以深为解释"。然而，没有类似的启示体验，就不可能导致起码的理解。俞伟超师在终于感觉到考古学是一种以科学性制限的艺术之后，他无疑会面临艺术家式的孤单。一种附庸者和斥责者都不是理解者的孤单，在所谓艺术界已经多得成灾——今天出现在考古学的世界，显得意味深长。

在这部着力于考古学方法论的文选中，比比可见俞伟超师对于考古学史、特别是对近代考古学起源的强调。他多次回溯达尔文的进化论，以及19世纪哲学及科学之于考古学诞生的意义。这是他思路的特点。他很少言及19世纪的实证主义——这个与近代考古学血缘更近的思潮。意味正在于此。一般说来，实证主义主张客观性，排除主观性即"人"的介入。而19世纪思想的旗帜却正是"人"——这样，在对考古学的溯本求源的认知过程中，思想是对立的。俞伟超师在这里非常谨慎，他并没有指出这种对立，但他更从未强调19世纪实证主义。思路已经是道路问题。他模糊地、并不很稳定地寻找着新立场。事实上，他已经从近代考古学诞生的原点及哲学开始，企图对旧方法论实施革命的扬弃。他危险地向一切学科的基础，即关于人的认识倾斜，走向恢复人文科学本质的艰难求索。

思想只有具备如此色彩和特性，才有可能淬炼成真正的思想。当然已经用不着渲染道路的险恶。探求终于渐渐回到原初，从树根长出的地方重新寻找阳光和空间。或者他是无意的或被动的，但俞伟超师代表的命题已经相当重大。它并非像现世形形色色的伪学和艺术界的伪现代派那样，只缘无根无基才信口雌黄——俞伟超师代表的、从严谨而权威的中国考古学母体中发生的对新方法论的渴望，如同绘画中由欧洲写实主义大师们实现的现代主义变革一样，反映着深刻的原因，令人至少倾听和尊重。

三

残酷的是：准确的感悟或默默的内心判断，并不一定能够在当代被验证。真知灼见虽然不惧怕时间流逝，但是微弱的，甚至未经充分宣扬的真知灼见，是可能被湮没的。思想最大的悲剧就是消失在思想家的墓圹里，而没有获得必要的散播。古人不易遭受这种不幸：诸子百家，不过百家而已；唐诗兴盛，也不过若干诗人——至少有考古学会记挂它们。而今天不同，今天是一个印刷垃圾的现代，是一个泥沙俱下鱼龙混杂的现代，是一个文化侏儒多如牛毛而真知灼见无法求得共鸣的现代。何况俞伟超师追求的又并非一种单纯的哲学或思想，他面对的是极富实践性的考古学。

于是，矛盾的两难处境就来临了。一方面，俞伟超师深知自己获得的和追求的，都仅仅是一个简明的道理。他本人的心血脚印在获得了这么一个道理之后都变得无所谓有无。真理太朴素了。"天下万民，生而知之"，所以发现者缄口难言；教授无法在讲堂里启口，"畏于教书"。我坚信，这是当代一切悟道者的共通心态。它只能意会，无法注释。

而另一方面，考古学的实践性和现世这个时代的科学技术性，则流水推舟一般把他从纯粹的思想拉走。这不仅表现在俞伟超师朦胧设想的新考古学方法论中已列举着种种技术方法和新思潮，更表现于俞伟超师对于 20 世纪末叶的时代观。

20 世纪末叶——究竟是世界末日还是新生前夜？是大时代 19 世纪与下一个大时代之间漫长而混沌的过渡，还是它本身就应当被评价为一个大时代？

如果"人"是更根本的原则，那么以科学技术主义为中核的种种新思潮新方法，对于人道和人心，包括逝者的心情，究竟是在发动一场正义的揭示，还是在实施一次污浊的蹂躏？俞伟超师对于这些问题，是充满善意和希望的。他的这部文选没有正面与这些问题相遇。或许，这样地提出问题，正是我们学生一代的稚嫩片面。

但正如一部近代考古学史，尤其是近代考古学崛起的过程说明的一样：考古学作为一种近代的人文学科和科学的历史学，千真万确是在一个大时代里应运而生的。那么，它的质变或再生，倘若真具备质变或再生的性质的话，也应该发生于一个大的时代。

还有一个发生地的附带问题。

当我逐渐地感受到中国考古学的分量时，其实已经身离于这个我求知的摇篮之外。我愈来愈感到中国考古学发达的原因，并不仅仅是由于灿烂不可思议的丰富遗存，以及土壤文化层的辨认难度造就的田野技能。如此两者兼备的国度不会有多少，但考古学革命发生地的根本条件尚不在此。

我指的是中国考古学及中国知识人之中的一部分有志之士与中国民众的特殊血肉关系。这种很少例证的关系是一种神秘的启发关系。志士由此入门，继而知道。中国考古队员工作时难以想象的劳累和底层化，成全了从这个领域中培育出这种人的可能性——我没有感到"列强"尤其是美国具备这种条件。湮没的历史真实隐存于现世底层的真实之中，因而古今有一体之道。但接近这种真实很难，现世的真实同样会拒绝接近，守卫心灵。我不大信任所谓民俗学或人类学，比如，我总怀疑背负着极为血腥的屠杀美洲原住民的历史的美国民族学与人类学，究竟有多少深度。它们应当与人类认识真理的规律相悖。受欧美影响而展开的中国民俗学人类学，说透了并没有提出过什么值得重视的认识——也许正是这一偏激感受的注释。

换言之，如果说 19 世纪的客观主义和实证主义忽视了人的存在的话，挣脱 20 世纪末的技术主义和拜金主义则将树立人的原则。人是复杂至极的。我们只能选择正义的真理。在未来的人文科学中，主体即研究者是谁将一天天成为分歧的焦点。分期或许会划得再晚一些：等到湮灭的文化和屈辱的人们不仅装备了全部仪器，而且找到了更清醒的方向，特别是冥冥之中时代已经为他们转变之后，念盼中的新考古学才会脱胎再生。

决定的巨手不知在哪里，但决定的因素一定是时代。出身于最谨严的实证主义和科学主义堡垒——中国考古学，又经历了无数项田野发掘、类型整理和深奥钻研的俞伟超师的热情呼唤，也许要等到下一个时代才会被人们忆起。

作为受业弟子，写这篇文章使我感到心情沉重，师道也是一种深奥的哲理。尽管我无时无刻不在记着考古学对于我的持续影响和意义，但我毕竟离开了它而上了文学的歧路。我担心文学的眼光会导致立论的偏激，曾经面对这试卷久久犹豫。1975 年我作为"工农兵学员"毕业于北京大学时，并没有经过毕业答辩。今天宛如十倍严厉的补考，这真是世事的平衡公正，它使我倍感笔上的压力。

使我鼓足勇气的是，我深感俞伟超师所从事的工作应该获得支持，我指的是——对于进步和真知的求索不该终于孤寂。

人们可以也应当有不同的观点和结论，但更应有正义的支持。20 世纪指日就要结束了，旧有的一切都已崩溃。何止新的方法论，连新的体制和新的价值、哲学、人——都在嘈杂声中涌现。比一切更重要的是判断力和正义。

从入学北大考古专业以来，俞伟超师对我的教诲、启发和扶助长达 20 年。借此一角之纸，谨请允许我附记对师恩的感激。

1993 年 2 月 8 日

（原载俞伟超：《考古学是什么》，中国社会科学出版社，1996 年）

忆俞伟超先生二三事

张素琳*

俞伟超先生离开我们已经二年多了，作为中国考古学界的著名专家和学术带头人，他人虽远离我们而去，但留给他的学生和同事们很多终身受益的教诲和难以忘却的回忆。至今在我的脑海里还时时浮现出俞先生独特的举止言谈和音容笑貌，还常常想起一些与他有关、但平时不被注意的事情。这些事情虽小，却能从不同角度体现俞先生对中国考古事业的奉献精神、诚恳待人的美德及为人师表的大家风范。

1972 年我荣幸的进入北京大学历史系考古专业学习，与俞伟超先生的第一次见面，是在考古专业举办的第一次全体师生见面座谈会上。因为我们班是北京大学在"文革"后期、恢复高考前入学的第一届考古专业的学生，由此终于结束长达 6 年考古专业没有招生的窘况，所以考古专业的教员对我们班格外器重，并且对我们这批学员寄予了很高的期望。我们班有来自全国各地的学员 40 名，是北京大学自设考古专业以来历届学生人数最多的一个班，可谓空前绝后。在那次师生座谈会上，面对久违且人数众多的学生，可以看得出俞先生和其他教员们一样，显得非常高兴和激动。由于时间久远，在那次会上发言的具体人和每个人讲话的具体内容我已记不太清楚了，但我清楚记得教员中俞先生发言的时间最长，而且当时他热情洋溢，神采飞扬、语速很快。他的言谈话语中充满了激情，有时还情不自禁地挥舞起手臂。他从北大考古专业的过去讲到考古专业的现状，然后又为我们描述考古专业今后发展的计划和充满光明的前程。初次见面，俞先生与众不同的学者气质和讲话风格给刚刚踏进大学校门的我们留下了非常深刻的印象，他的发言也在无形之中感染和激励着每一个新生。说实话，由于我上北京大学之前一直在外地相对封闭的环境中生活，尤其是小学和初中都在一个国营工厂的子弟学校就读，高中毕业后很快就到较偏僻的农村插队，所以接触外界事物较少，知识面相对狭窄。正因如此，当我接到北京大学考古专业的录取通知书后，心里既为实现了自己梦寐以求的上大学的愿望而感到万分高兴，同时又夹杂着一份顾虑和担心。主要是过去自己对考古学的认识一片空白，总感觉考古工作很神秘，这门学问非常深

* 作者系中国国家博物馆研究员。

奥，怕自己学不好这门专业，将来会一事无成，虚度大学时光。其实，当时心存各种疑虑和想法的人在我们班同学中不是少数。但在听了俞先生和其他教员的讲话，尤其是俞先生富有哲理、极具感染力的一席发言后，逐渐打消了我们思想上的重重顾虑，一种令人振奋的神圣而又紧迫的责任感和使命感油然而生，使我们树立了学好这门专业的信心，并下决心要为振兴中国的考古事业努力奋斗。可以说，是俞先生最先让我们对中国考古学有了初步的认识，是俞先生和其他老师给了我们学好和掌握专业知识的勇气，是他们用热情的双手把我们领进考古专业的大门，从此我们与中国考古事业结下了不解之缘，开始经历漫长的考古生涯。

我们入校以后，由于当时"文革"还没有彻底结束，学校时不时还要参与到各种所谓的"政治运动"中去，所以学生要抽出相当多的时间参加这些社会活动。这样的学习环境使老师不可能按部就班地进行正常教学，我们也无法做到踏踏实实的安心学习。为了避免各种政治运动对正常教学工作的冲击和干扰，让学生能够真正掌握考古的专业知识和技能，考古专业的老师就设法经常把我们班的学生带到校外的考古工地提前进行田野考古实习，或者干脆住到外地的一些大学里，在相对安静的环境里为我们讲授考古课程。1972～1975 年间，俞先生和其他教员带我们班同学分别赴北京房山琉璃河、河北石家庄、河南安阳、郑州、洛阳、湖北、江西、青海和陕西西安等地进行参观、教学和田野考古实习。这期间俞先生给我留下印象最深的是 1975 年春季我们班在湖北进行考古实习的一些事情。俞先生和其他教员带我们在湖北江陵楚都纪南城实习时，当时俞先生才 40 多岁，工作中他精力充沛，不知疲倦，不怕吃苦。他走起路来风风火火，速度很快，我们这些当年 20 多岁的年轻人都经常赶不上他的步伐。1975 年 6 月，在湖北荆州发掘凤凰山汉墓时，他多次对学生和各地文博单位派来参加考古培训和学习的业务人员进行现场教学，使大家较快地对当地西汉的物质文化和当时的墓葬结构、埋葬特点有了最基本的了解，增加了很深的感性认识。记得那年在凤凰山 168 号汉墓中出土了大批精美且完整的漆器和其他随葬品，尤其令人震惊的是出土了一具带有毛发、皮肤和肌肉软组织、保存基本完好的男尸。这次考古发掘能有如此之多的重大发现，作为秦汉考古学家的俞先生自然非常高兴，并予以高度关注。为了保护好出土文物，特别是那具当时国内唯一的极具科研价值的西汉男性人体标本，俞先生不辞辛苦，奔走呼号，不但主动为当地有关的文物部门出谋献策，而且还积极参与到保护出土文物的各项工作中。后来经紧急求助湖南省博物馆等相关单位、向有关方面的专家请教长沙西汉马王堆一号墓出土女尸的保护方法，另外又与湖北当地医院有关部门密切配合，尽快实施有效的就地保护措施，才使这具西汉男尸得到最大限度的保护。俞先生为保护这批非常重要的出土文物做出了很大的贡献。通过这次发掘实习，我们又一次深感俞先生对中国文物考古事业的热爱和执著，对文物保护工作所具有的高度责任心和敬业精神。这件事我们看在眼里，记在心里，同学们对此留下非常深刻的记忆。

1996 年春季，陕西省考古研究所的石兴邦先生到北京后很快与中国历史博物馆联系，希望馆领导能同意让我抽出一段时间到中国社会科学院考古研究所，与有关人员一起参加《下川》发掘报告资料的后续整理和编写工作。这主要是因为我原来曾作为山西省考古研究所的成员曾参加过下川遗址的田野发掘和室内资料整理工作。当时石先生想把有关人员重新集中到一起，希望通过后续整理最终能够完成发掘报告的编写。不巧的是我这时正在参加由历博考古部编写的《垣曲古城东关》发掘报告，而此项工作也属历博的重点项目之一，正在紧锣密鼓地进行之中，我们的时间很有限。俞先生作为中国历史博物馆的馆长，了解石先生的想法后，他不但大力支持我去考古所继续参加下川的工作，而且对此项工作还非常关心。有一次他在馆里见到我，马上关切地询问有关《下川报告》编写的进展情况，并一再强调下川遗址在中国考古学中具有重要的学术地位和价值。他说，既然石先生向他提出临时借调我的请求，那么历博的工作再忙也要先暂时放下，一定要尽量配合石先生完成好《下川》发掘报告的编写任务。虽然后来由于种种原因这本报告还是未能如期完成和出版，但俞先生尽心尽力支持和配合兄弟单位开展业务工作的积极态度，还是令大家感动不已。

俞先生关心和爱护学生、能同学生打成一片在考古界也是出了名的。在学生面前，他既是令人尊重的师长，也是学生们的朋友。俞先生曾参加过我们班几次同学聚会，每次和学生们在一起时，他谈笑风生，毫无拘束，从来不摆老师的架子。当学生有事向他求助时，只要他认为是正确的、有益的，肯定会尽力帮忙。比如在 1997 年，我们班同学为了庆贺母校北京大学百年华诞，决定于 1998 年出版一本纪念文集，定名为《跋涉集》。编委会除了要求全班每个同学写一篇文章之外，还希望当年教过我们的老师们能拨冗为此书题词。我们班留校的几位同学负责联系仍在北京大学工作的老师，因俞先生当时已在中国历史博物馆任馆长，所以请他题词的任务就交给同在历史博物馆工作的我和王晓田负责。当我们对俞先生谈到这件事情之后，他毫不犹豫地答应下来，并认为我们班要出一本纪念文集是件好事，很有意义，应该大力支持，而且表示要争取尽快写完交给我们。尽管当时他是一馆之长，日常工作已是千头万绪，还要经常出国或到外地开会和参加学术交流活动，尤其他当时已承担起三峡工程库区文物保护规划组组长的重任，因而工作更加劳累和繁忙。但是百忙之中的俞先生并没有因而忘掉答应过我们的事，于当年 11 月欣然提笔为我们写下"千里之行始于足下，万里跋涉贵在坚持"，很巧妙地把我们的书名融入其中。事后他还对我说，这幅字他已写了好几遍，如果我们认为不满意，他还可以重新写。按说这只是发生在我们日常生活中极为普通的一件事，但对我的触动却很深。通过这件事情，我们再次感受到俞先生做事一丝不苟且、精益求精和对待学生的一颗真诚之心。

自 2001 年 5 月俞先生得病住院后，我和考古部的同事曾几次去北京医院和小汤山疗养院看望过他。因我见到俞先生的时候都是正值他病情相对稳定的时期，而且病情还有好转的迹象，所以感觉他精神状态和心情都挺不错，留给我的印象还是那么乐观开朗和信心十足。记得有一次我们给他带去一本由我馆考古部人员执笔、刚出版不久的《垣曲古城东关》发掘报告，这本报告封面上的题字正是由他亲笔所书。俞先生见到这本报告后非常高兴，他满面喜悦、手捧这本书拍照留影的情景永远定格在我们的记忆中。谁知事隔不久，俞先生的病情开始恶化，而且愈来愈重，一贯要强的他再也支撑不下去，于2003年12月5日那天永远的倒下了。俞先生走了，但他为中国文物考古事业而献身并终生为之追求和奋斗的精神，已成为我们学习的楷模。俞先生对中国考古事业和文物保护工作所做的杰出贡献有目共睹，他始终以实际行动教育着学生，潜移默化的影响着我们的一生。可以告慰俞先生在天之灵的是，作为他的学生，我们没有辜负他及北大考古专业所有老师曾经对我们的殷切期望。如今我们班同学毕业后走出北京大学的校门已整整30年，班里绝大多数同学仍坚守在全国各地的文物考古一线上，而且许多同学事业有成，在各自岗位上取得丰硕成果，已成为中国考古界的一批中坚力量。我们今天取得的每一个进步和成绩，是与俞先生和其他老师诲人不倦的教导、始终如一的关爱和支持分不开的。俞先生走了，但他的学生们将永远怀念他。

读《盘龙城》思恩师

于炳文[*]

　　《盘龙城——1963 年—1994 年考古发掘报告》出版已经好几年了，这部书凝结了几代考古学人 30 余年的心血和智慧。书的封面上，"盘龙城"三个字是俞伟超先生亲笔题写的。这部书体现了俞先生对中国考古学事业孜孜不倦的探索精神，也蕴含了先生渊博的考古学理论、知识和素养。读书思人，又把我带回了 30 年前俞先生带领我们发掘盘龙城遗址考古发掘的日日夜夜。

　　该书的主体，第二章"城址"和第三章"城外遗址"所报道的主要收获，都是1974 年和 1976 年，北京大学历史系考古专业（今北京大学考古文博学院）进行考古教学实习时，与湖北省博物馆文物考古队联合发掘取得的。我作为 72 级学生，有幸参加了 1974 年盘龙城遗址的发掘。虽然已历时 30 年了，但是当年吃红米饭，忍受蚊虫叮咬的艰苦，以及发掘出商代二里岗期宫殿基址，出土大玉戈、青铜大钺和青铜锥足大鼎时的喜悦仍历历在目，先生的教诲也句句回响在耳边。

　　那次发掘是在 1974 年 9 月至 12 月，我们班 40 名同学分作两组进行实习，一组在湖北黄陂盘龙城，另一组在江西清江吴城。我们赴盘龙城实习的一组，由俞伟超先生带队，与湖北省博物馆文物考古队进行联合考古发掘，考古队队长是王劲女士。

　　为了更清楚地回忆当时的发掘情景，我找出了尘封已久的笔记。记得我们是 9 月中旬到达武汉的，随即奔赴黄陂盘龙城考古工地。9 月 21 日，在勘踏了盘龙城地形、地貌后，俞先生以授课的形式，给我们讲总体发掘方案、具体发掘步骤、方法和注意事项。先生指出，本次发掘的目的是解决盘龙城遗址的确切年代，找寻城门的位置，探明城址内的建筑布局及周边的遗迹现象。方法是采用象限坐标法布置探方，按探方发掘。具体发掘时一定要心细，不放过一个疑点和考古现象。工作日记、探方记录要详细、准确、规范，绘图要注意平、剖面的对应关系。后来，据俞先生回忆，在盘龙城的发掘，是首次采用象限法设计探方。

　　我们参加实习的同学两三个人负责一个探方。几十个探方铺开，像一张巨大的网。

---

　　* 作者系文物出版社编审。

学生、考古工作人员、民工一起劳作，那场面十分壮观，让静寂了多年的盘龙城一下子热闹起来。

素有火炉之称的武汉，9月的天气还非常炎热。在烈日的灼烤之下，我们先用铁锹铲去表土层，然后用十字镐、小手铲慢慢往下挖。南方的地层都是红土，干时硬如铁板，一下雨就成了稀糯糊。没过两天，不管男生女生，脸上身上都晒脱了皮，手上打起了血泡。但这还不是最苦的，最苦的是蚊虫肆虐。盘龙城濒临长江，周围湖泊纵横，蚊虫特别多，一到傍晚扑面而来。我们虽然穿着厚实的衣裤，脚上套着胶靴，它们却能钻进去咬，夜里又透过蚊帐吸吮血液，第二天同学们胳膊上、腿上、身上肿起一个个大包。另外，这里是血吸虫病重疫区，用水需特别小心，因此有人产生了急躁情绪。俞先生针对这一情况，马上召集我们开会，要求大家力戒焦躁，"胜利往往产生于再坚持一下的努力之中"。其实先生也被蚊虫叮咬得"体无完肤"，白天仍跑东跑西，指导我们发掘，晚上还要汇总发掘资料，研究下一步方案。

随着发掘工作的进行，在有的探方中发现了一个个圆圈。圆圈内土质呈褐色，比周围土层深得多。俞先生看了，高兴地告诉我们："这可能是柱洞，要小心再小心。"不久，在附近又发现了更大的柱洞。清理完柱洞，下面是一块巨大的柱础石。随着发掘的进展，发现这些大柱洞是沿着直线有规律分布的，用探铲打下去，间隔两米左右就有一块柱础石。记得那些天，整个工地都沸腾了，直到天黑，谁也不肯收工。待清理完毕，展现在我们面前的是一座构筑在夯土台基之上，面阔34米，进深6米余，四开间带回廊的商代二里岗期的宫室寝殿遗址。30年过去了，当年俞先生手举小铲，满面庄重地步入"宫殿"的情景仍清晰地印在我的脑海里。那一刻，我看到先生除了严谨、认真之外，还有风趣诙谐的另一面。

北面大规模的发掘工作还没完，先生又把我们几个同学调到城北东南的李家嘴发掘墓葬。因为刚下过雨，铲掉表土层，遗址便清晰地显露出来。张承志、李超荣等三个人挖3号墓，我和赵青等三个人挖2号墓。至今回忆起来，那是最开心的日子。脑际中还萦绕着大玉戈出土时，张承志他们又唱又跳的样子。那件玉戈修复后长达94厘米，当之无愧是商代玉戈之王。而相隔不到10米的我们，仍在一铲铲地挖掘墓坑内坚硬的填土，50厘米，60厘米，80厘米下去了，填土中突然现出了朱红色。越挖朱红色的面积越大，而且显出了花纹。俞先生和王劲队长来了，他们说："可能是雕花棺椁板，往下做可要小心了。"我们按捺住心中的喜悦，用平头铲清去上面的土层，又用细竹签剔出雕花板缝隙内的填土。两天后，一块斜架在椁厢之上，长2米多，宽0.3米左右的椁盖板清理出来了。随即清理出了第二块、第三块，又在两侧清理出两具殉人骨架。再往下挖，锥足大铜鼎出现了，青铜甗出现了，夔纹大铜钺，青铜戈、矛，玉戈出现了！我们也由欣喜变成狂欢。经过20多天的努力，一座没有被盗掘的，商代二里岗期的贵族大墓终于重见天日了。墓中出土了青铜器、玉器90多件，件件是重器，件件是珍品。回想当年清理墓葬时的好奇之心，挖出一件件青铜器的狂喜，是用任何语言都难以形容的，苦和累一下子抛到了九霄云外。今天重读《盘龙城》，看到自己绘制平面图的景象，看到当年自己亲手挖掘出的重器刊布在《报告》中，著录在图录中，仍感到非常熟悉、亲切。

还记得，因埋在地下3000多年，雕花椁板早已腐朽，在酸性土质的侵蚀下，人骨架也已松脆，一碰即碎，我们谁也不敢先动手。又是俞先生下到墓坑，趴在草垫子上做示范，鼓励我们心要细，手要稳，要注意竹签的角度。墓葬清理告一段落，要绘制平、剖面图了。因为我有些绘画基础，先生让我执笔。首先在墓上布网格，再由赵青他们一个点一个点测量，我在坐标纸上一个点一个点的画。当画到两具殉人骨架时，根据数据，我怎么也画不好，跑去找俞先生。先生把我带到墓圹边上，告诉我："你站在这儿，按俯视角仔细观察，压在下面的用虚线表示。"我静下心来，边观察边分析，又参考了人体骨骼解剖图，终于较好地完成了任务。后来这张墓葬平面图和椁板分布图都在《简报》和《报告》中采用了。谁知道这两张图也蕴含着先生的教诲之情呢！

盘龙城址和墓葬的发现，一时引起全国轰动，各地考古工作者纷纷前来参观指导。先生抓住这个机会，请他们作专题学术报告。在盘龙城实习的三个多月中，先后请谭维四、王劲先生讲过湖北考古学概况和楚文化，怎样进行考古调查；请安金槐先生讲过郑州商城；陈丽琼先生讲过长江水文考古；杨鸿勋先生讲过盘龙城宫殿建筑遗址的复原和古代建筑学；席昌喜先生讲过遗址遗物的迁移保护……

时隔二十几年后，在保利博物馆修改《保利藏金》书稿时，和俞先生谈起盘龙城的发掘，我说："就是那次发掘实习，使我较全面地掌握了田野考古学的方法和技术，多年来盘龙城一直让我魂牵梦萦。"先生说："不只是盘龙城，你们这个班在北大，在全国，是历届考古专业招生最多的一个班，空前绝后，也可以说是北大老师们倾注心血最多的一个班。邹衡先生带你们挖掘过房山琉璃河西周遗址，李伯谦老师带你们挖过清江吴城，我带你们挖过盘龙城。后来又挖过青海柳湾、甘肃连城蒋家坪、宝鸡茹家庄弳国墓地、江陵纪南城。"我由衷地佩服先生的记忆力，说："上学期间，我们跑遍了山东、山西、河南、河北、湖南、湖北、陕西等十几个省，大半个中国，这恐怕也是绝无仅有的。"先生说："那是在特殊的时代背景下，一种特殊的教育形式。但感性认识多，理论不够系统。"我说："所以后来我尽力弥补啊。20世纪70年代末、80年代初，您讲'两周用鼎制度'、'历史考古文献学'时，我骑自行车跑20多里去听您授课，风雨无阻，次次不落。"俞先生又说："我读了你们为庆祝北大百年校庆而出版的《跋涉集》，这本书代表了你们的水平。"我说："感谢各位老师给这部书题词。记得您的题词是'千里之行始于足下，万里跋涉贵在坚持'，意义深远呀！"先生点了点头。

是啊！人的一生就是跋涉的一生。盘龙城实习虽然不是我们探求考古学的起始，但是我们跋涉旅途坚实而重要的一步。这一步正是恩师俞伟超先生带我们迈出的。

2004年元月于红楼

（原载《中国历史文物》2004年第2期）

悼念俞先生

张 威[*]

敬爱的俞先生永远离开了我们，几天来，他老人家的音容笑貌不时浮现在我眼前。回想起今年6月29日，俞先生到广州疗病，那时他虽然坐着轮椅，说话声音也有些嘶哑但精神尚好，对战胜病魔还是充满了信心。当时我还是祈祷着俞先生回北京就可以不用轮椅了，谁想到还不到半年的时间，疾病还是夺去了先生的生命，我没能实现俞先生回北京的心愿，成了我永远的遗憾！但令人告慰的是，先生给我们文物考古事业留下了丰厚的遗产，水下考古就是其中非常宝贵的一部分。

大家都知道，俞先生是我国水下考古事业的奠基人，水下考古从无到有，从一片空白到初具规模，走过的每一步，取得的每一点成绩，都是与俞先生的名字分不开的。1986年底，我国政府已决定要开展水下考古工作，但在业务方面谁来具体承担这项工作呢？当时参加筹备会议的业务单位除历史博物馆外还有两家，态度都不是很积极，俞先生主动表态，把这项任务接了下来，在当时水下考古工作完全是空白，一无人才，二无专业知识，三无资金筹备的情况下，俞先生毅然挑起了开创中国水下考古事业的重担，充分反映出他思想上的敏锐和推动学科发展的责任感，我们应该永远感谢他。老人家的远见卓识，抓住了历史的机遇。此后在国家文物局的全力支持下，俞先生为开创水下考古新的学科制定了一系列方针步骤，经过了"走出去，请近来"，派遣人员到国外学习，邀请国外专家到中国讲学，培训了我国第一支水下考古的专业队伍，并以1989年广东"南海Ⅰ号"宋代沉船调查为起点，在祖国的广大海域逐步开展了一系列实际工作，取得了丰富的成果，填补了学科的空白，得到了文物考古界的承认，在国际上也有了一定的影响。也许有人会说俞先生当年有他的有利条件，作为中国历史博物馆馆长，他所有可供利用的行政资源，可以为水下考古的发展做一些一般人做不到的事，但我认为这仅仅是外因条件，问题的实质是俞先生在主观上总是能站在学科发展的前沿，总是能做出一些当时人们看来近乎超前的抉择，水下考古是如此，航空遥感考古事业是如此，班村遗址多学科综合发掘也是如此。

---

* 作者系中国国家博物馆研究员。

在俞先生的领导教诲下，无论是工作还是学习，都会深切体会到俞先生为年轻人发展成长提供了充分的空间。是俞先生引我走上了水下考古之路，使我有机会亲身参与了开创我国水下考古事业的全过程。回想这 16 年来水下考古工作中的重大事项，主要工作先生都会亲自把关，而在具体业务工作中，先生又有意识的锻炼我们放手让我们去实践、去探索。水下考古诸多调查、发掘工作中，俞先生亲自担任过一次"中日联合南海沉船水下考古调查队"的队长，而且事先他几次对我讲，因为是对外合作需要他这样的身份地位的人担任队长，今后如果不是对外合作项目，他都不会亲自担任领队。此后的一系列调查发掘工作，如大规模调查辽宁绥中三道岗元代沉船等，俞先生都未再担任队长，充分显示了先生他老人家宽阔的胸襟。但这并不意味着他对水下考古不够重视，相反，他经常深入到水下考古现场，如辽宁元代沉船长达六年的发掘，每年的海上作业季节，他都到发掘工作现场进行检查指导，而且每次都要出海，尽管他老人家晕船很厉害，尽管他还有血压高症，但他总是不听我们的劝阻，执意要和我们一起到沉船现场工作。因为绥中海岸自然环境恶劣，没有像样的港湾，很多次我们都背着老人家上下船，俞先生这种不怕艰苦不畏艰难的精神深深地鼓舞了我们，将永远鞭策着我们。

最近两年，广东南海 I 号宋代沉船勘察工作又重新启动，引起了他老人家的关注。南海 I 号的发掘是俞先生最为挂念的一件工作。1989 年他亲自主持了中日合作南海 I 号的预备调查，认定了沉船遗址的位置。此后，由于种种原因，这项工作陷入了停顿，俞先生对这条沉船一直不能忘怀，当这项工作重新开始之时，先生已是病魔缠身，再也不能亲临现场，带领我们发掘这条沉船了，但他对工作进展仍然十分关切，每次我去看他总要汇报一下南海 I 号的工作，尤其是在广东治病期间，当他听说广东有关方面在筹划建立一个南海 I 号沉船博物馆时，他非常兴奋，夜不能寐，夜半之时病榻之上，强撑病体，写下一篇短文。

恭录如下：

商船战舰　东西辉映

19 世纪中叶开始，人类已从地下寻找自己的以往历史。

20 世纪 40 年代法国海军在世界大战中发明水肺，人类又能从水下寻找自己的一部分历史，科学的水下考古学也发展起来了。

至今，英国在朴茨茅斯海港建设的玛丽·露丝沉船保存和展出场地，是耗资最巨大的水下考古博物馆，玛丽·露丝号沉船是一艘战舰，16 世纪时在英吉利海峡沉没。

我国于广东省台山县海域打捞出一艘南宋沉船，今在阳江市建设巨大的保存和陈列馆舍。台山南宋沉船的年代比玛丽·露丝号更早。两艘木船，一为商船，一为战舰，一在东亚，一在西欧，正好东西辉映，是水下考古发展起来后所有成果中极为明亮的两颗珍珠！

2003 年 11 月 10 日凌晨喜闻阳江建设水下考古博物馆深为欣慰，特书此数言，以作纪念。

俞伟超

于广东省人民医院保健楼综合内科 601 病房

俞先生写这些话时，距他老人家辞世仅不到一个月的时间，可以说，这是先生对水下考古的最后嘱托。尽管此时他的身体已非常虚弱，呼吸困难，但他老人家的头脑依然十分清醒。对问题的思考依然十分深刻。一篇文字，为我们认识南海 I 号沉船的价值，打开了一个全新的视角，我理解先生是要我们站在中西文化对比与交流的高度上，在世界范围内去观察，去思考南海 I 号的真正价值，相比之下，仅仅以局部或地域的角度去评估南海 I 号的意义和价值，在意境上是多么不同。俞先生把南海 I 号誉为水下考古成果中极为明亮的一颗珍珠，作为这项发掘工作的主持人，我倍感责任重大，为不辜负俞先生的殷切希望，我们水下考古队伍一定团结合作，完成先生的遗愿。

建设一个水下考古科研培训基地，是俞先生在水下考古创业之初就做出的决策，早在 1992 年，他就亲自为此事奔波，先后到珠海等地考察做了大量基础工作，今年，这一基地终于在广东阳江闸坡落成了，明年就准备培训一批新的水下考古专业人员。俞先生的一个心愿终于实现，但遗憾的是，先生在广东期间，提到要到基地住几天，但我一直未邀请先生去，主要考虑当时医疗条件不好，长途乘汽车旅行，先生的身体也不许可。我就对俞先生说："等您身体恢复得好一些再到基地去休养一段时间。"当时俞先生笑了笑，没有说话。先生生前不能亲自到基地看一看，但水下考古基地的存在永远是和先生的名字紧紧联系在一起的。

2003 年 12 月 17 日

（原载《中国文物报》2004 年 1 月 9 日）

俞伟超与航空考古

杨　林[*]

2003 年 12 月 4 日深夜，在全国考古工作汇报会召开前夕，俞伟超先生安详地睡了。可谁能想到，俞先生此去竟没再醒来。他平静地走完自己 70 年的人生旅途，他在饱尝了人世间的酸、甜、苦、辣，经历了九死一生的痛苦和不断追求人生价值、勇于攀登学术高峰的无限幸福中平静地走了；他带着诸多的遗憾和对事业的挚爱以及对美好将来的向往过早地离开了我们；他曾多次流露出对生命的渴望，又曾不止一次地叹息过生命的脆弱和渺小……他用自己才华横溢的一生为中国的考古学增色生辉，他以自己独特的人格魅力培养了一大批文博、考古界精英。

俞伟超先生思维敏捷，对许多学术问题有独到的见解，特别是在对新生事物、新技术、新思潮等方面，俞先生总是以他那博大宽阔的胸怀给予热情的鼓励和支持。上世纪 80 年代末、90 年代初期，中国学术界同样经历了一场暴风雨的洗礼，许多青年考古学者、勇于探索的年轻一代遭到了不公正的待遇，他们对新考古学的思考、对社会发展规律的认识乃至对权威观点的批判竟没有供他们表达的舞台。是俞伟超先生在他力所能及的中国历史博物馆，召开了一次有关新考古学讨论的学术座谈会，大家畅所欲言，充分表达了青年一代对新时期考古学的理解与认识，缓解了当时相当沉闷的学术空气，涌现出一大批新派的考古学者。俞伟超先生不仅从思想理论上支持青年一代考古学者，也为他们施展才干提供了必要的天地。他到中国历史博物馆以后，积极倡导多学科综合研究，在河南三门峡班村进行了多学科环境考古综合研究项目，带动了当时环境考古、动植物 DNA 和人类学 DNA 等方面的研究，解决了农业起源中稻作文明发生、发展等重大学术问题。就在苏秉琦先生提出"考古学区系类型理论"的同时，作为苏秉琦先生最得意门生之一的俞伟超先生，就在许多地区开始实践这些理论，他在《关于楚文化概念问题》、《关于楚文化形成、发展、消亡过程的新认识》以及《楚文化的研究与文化因素的分析》等文章中的观点就是应用这些理论对中国古代文明多元性进行科学阐述的杰作，作为考古学区系类型研究的典范，俞先生的楚文化研究思

＊ 作者系中国国家博物馆研究员。

路在考古学文化区系类型研究方面具有里程碑的意义。这也带动了后来整个长江流域古代文明课题的研究，导致长江流域古代文明研究项目中江汉平原、成都平原大批古代聚落址、古城、古国的空前发现，成为那个时期中国考古学黄金时代的重要内容。

俞伟超先生涉猎广泛，对考古学许多研究领域都有浓厚的兴趣，对待工作一丝不苟、身先士卒，在我从事过的水下考古、航空考古中都有过亲身的经历。1985 年，俞先生从北大调入中国历史博物馆，1987 年开始至 1998 年担任馆长并开始组建中国第一个水下考古中心和遥感与航空摄影考古中心。1997 年，我刚刚离开国家文物局，俞先生为组建遥感与航空摄影考古中心，热情邀请我出任该中心主任并为我开展工作做好了相应的准备，从工作场地、资金、人员等一系列工作，俞先生都亲自过问，使我很快投入到中心的组建筹备工作中，第二年就成功开展了内蒙古东南部地区古代大型遗址的航空摄影考古勘察工作。在野外勘察工作期间，俞伟超先生不顾 60 多岁高龄，和我们一起登上"运五"型军用飞机，冒着零下 20 多度的严寒在空中连续工作了 4 个多小时。由于塞外高寒气候，加上气流很大，"运五"飞机就像一叶小舟在大海中漂泊。在窄小的机舱内，俞先生为了不影响我们工作，坚持站在后舱。由于颠簸十分严重，俞先生呕吐不止，很快用于呕吐的塑料袋成了冰袋，手中的矿泉水也冻成了冰柱，俞先生仍一直坚持站在那儿注视着我们，仿佛是在给我们鼓励、加油。我们每个在现场工作的人员至今记忆犹新。俞伟超先生退休之后，也一直十分关心他曾经关注过的事业，他多次提到水下考古、遥感与航空摄影考古要注意学科建设，要加强理论研究。他不断地告诫我和张威，我们这两个中心建立不易，任重而道远，切不可半途而废。即使在他病重期间，他还经常召集我们几个学生前往病床前汇报相关的工作。2003 年 11 月 4～6 日，第 216 次香山科学会议以"历史文化遗产信息的空间认识"为主题研究了遥感与航空摄影考古所涉及的科学问题，俞伟超先生听完汇报后十分高兴，一再嘱咐要代表他向大会表示祝贺，我也答应会后将有关情况再向他汇报。会后由于忙于公务，一直没能抽出时间去广州，没想到竟成了永远的遗憾！

俞伟超先生在全国考古工作汇报会开幕之前平静地走了，他所关心和为之奋斗的考古事业正处于一个人才辈出、硕果累累的丰收季节，所有这些都让俞伟超先生感到无限的宽慰；他离开了我们，甚至没有留下一句遗言，也没有提出任何的要求，他唯一的满足就是他所牵挂的考古界的同行、朋友、学生都来到了他的身边，为他送行。

文物保护的"第一院士"

——怀念俞伟超先生

孟宪民*

在北大读书求学期间，我与俞伟超老师的过从并不多，但很喜欢听他讲课，他讲课是最富有激情的。我也曾私下和同学们议论说，俞老师是充满革命的浪漫主义的人。与俞伟超先生较多的交往，自 1992 年始，我们共同经历了三峡文物保护、航空考古等等也算是有点"惊天动地"的事，先生给了我更多的教益和激励。谨以此文，永志纪念。

在 2003 年先生离京赴广州就医前，我曾去看望过他。看着他羸弱的样子，不由得向他讲起一个早已萦绕胸怀的想法。我向他讲起中国工程院要文物局推举院士的事。我们推举过几次，都无成效。一再要推荐，说明工程院和院士们对我们这个行业、学科的重视。而屡推不中，值得反思。当时，我向先生说，就三峡工程文物保护规划的水平和成就而言，您就应当是这个院士。

俞伟超先生是三峡文物保护的第一人，已得举世公认。俞先生已荣膺国务院三峡工程建设委员会所颁先进个人称号。当然，他是代表一个群体的，也是在那个群体之中的。俞先生及其群体，包括了文物考古界、博物馆界、工程技术界、自然科学界等等很多人，他们所创造的这一笔宝贵的精神与物质财富，对于中国乃至世界的文物保护和建设工程，正在产生巨大影响，是应当给予详细盘点和科学总结的。俞先生早在上世纪 80 年代就已活跃在三峡考古工地上了，我当时还在文物局流散文物处工作，只有耳闻。1991 年下半年我调到文物处工作，当年有两件事印象十分深刻。一是在西安召开文物科技奖评审会期间，处理记者反映的丰镐遗址盗掘问题。我们听到了当时社科院考古所沣西队负责人卢连成几乎就是裂人心肺的痛诉。另一件，就是与当时文物研究所黄克忠副所长一道参加的三峡工程环境影响评价的论证会。会上文物保护成为引发热烈争论的重要议题。1992 年，文物局正式组织湖北、四川两省调查编制三峡工程文物保护规划，当年 6 月组织了跨部门、跨地区的多学科的专家考察，隔年就提出了规划大纲。1993 年 9 至 10 月全国政协钱伟长副主席组织考察后，对调查规划工作提

* 作者系国家文物局博物馆司巡视员。

出更高更严格的要求，同年文物局启动了更大规模的调查规划工作，全国三十多所大专院校、科研单位开进三峡。上述两次考察，堪称经典。俞先生没有参加这两次考察，但他以中国历史博物馆馆长、三峡考古最权威学者的身份，参加了国务院在三峡工程决定立项后组织的综合考察。当1994年的一天，文物局收到三峡工程某主管部门关于要求由法人单位编制规划的来函后，迅速做出决定：中国历史博物馆、中国文物研究所承担规划编制任务，俞伟超为负责人，并牵头组成由黄克忠副所长为副组长，傅连兴、徐光冀先生参加的专家工作组。从此，俞先生走上三峡工程文物保护这一历史大舞台的最前沿。

至今我的头脑中，仍能浮现出先生在故宫博物院向几位领导借款垫付调查规划经费的情景。俞先生和故宫的古建专家傅连兴先生侃侃而谈，得到故宫领导的有力支持。先生组织了三峡地区的水下考古，进一步取得了古代水文资料。先生还引进了环境科学、遥感科学，组织了民俗学调查课题，组织筹划了三峡地区博物馆的发展建设。先生召开了多少次大大小小的会议啊，与承担地面、地下文物调查规划工作的各单位、专家工作组、综合编写组的同志们反复研究磋商，终于，凝结着科学界心血和智慧的沉甸甸的数十本之巨的规划报告完成了，并且最终获得通过。如果说，在组织跨部门、跨地区的合作上，政府文物行政部门和工程建设部门确实有所作用的话，那么，跨学科合作的组织，确实是以俞伟超先生为主完成的。他所做的一切，与考古学有关，但不仅仅是考古学，他为文物保护科学的建立和实践，迈出了如此关键的一步。他难道不能当选院士吗。

当然先生所关注的更多的是考古学，尽管他很看重三峡文物保护，但对当不当院士无所谓。可是，当我向他谈起另一件似乎无关的事的时候，他若有所思了。那是我参加的一次国家科技奖励办公室组织的关于国际合作奖奖项的评审。在评审秦始皇兵马俑博物馆推荐的合作开展秦俑彩绘保护的外国专家时，评委们发生了争论。有评委认为该专家是从事艺术史研究的专业背景，不属科技奖励范畴。我据理力争，介绍国外很多重要的跨学科项目，是由懂管理的艺术史、建筑史、考古学学者牵头，组织多学科专家进行的，并讲了其中道理。没想到，我的陈述竟然得到来自科技界的大多数评委的理解，该专家获得了最高票通过评审。这是我国文物保护所获最高级别的科技奖励，是由一位外国友好人士获得的。

先生临故去前一周，我奔赴广州看望。他已不能说话，用笔写字交流。我为他写下了"第一院士"等几个字，祈盼他坚持战胜病魔。他果然坚持了，坚持到两年一度的全国考古工作汇报会的召开。

那么多的人为俞先生送行。中国文物保护的院士的丰碑已在人们的心中竖起。

第一推动力
——怀念俞伟超老师（摘录）

李　零*

他是个太难描述的人，每当捉笔我都犹豫再三。一方面，他大气磅礴，热情奔放，登山则情满于山，观海则意溢于海，神思起伏渺无端，对年轻学子是一股巨大的吸引力，包括当年的我；另一方面，他的感情世界，则鲜为人知，也许我根本就不理解他。我跟他的接触非常有限，了解非常有限，并不属于追随左右跟他关系最密切的那个弟子群。

他的身边总是高朋满座。每逢如此，他喜欢自言自语，让大家分享他的激情澎湃、思绪万千，气氛过于热闹。三人以上的聚会，我很少参加。然而，单独相对，我又时感紧张。他从不把我当考古圈里的同仁，聊天的话题，多半是舆情、政治，或玄谈、哲理。我希望他高兴，也会凑着说，然而毕竟不是我所热衷。其实，我并不经常到这位恩师那里走动，宁愿远远望着他，带着敬畏的眼光。即使坐在他的身边，也只是静静地听。就像他听音乐那样。

俞老师的追思会，来的人很多，大家都说他是伟大的考古学家。他参加过、指导过和关注过的考古发现可以拉成一份长表，历年发表的文章也汇成了好几部专书，多半都是指导性的，全国各地，崇拜者极多，特别是充满幻想的年轻人。我不是考古学家，没有资格去评价他的伟大成就，只想把我的印象拉杂写出，以个人眼光写个人怀念。

为此，我把他亲笔题字送给我的书重新读了一遍。

为此，我把我和他来往的二十多年重新回忆了一遍。

一

我是什么时候认识俞老师的？仔细回想，是 1976 年。那阵儿，我刚从山西回来，蹲在家里看书，啃银雀山汉简《孙子兵法》。无业游民，没有老师没有书，怎么办？我的朋友骆小海说，他有个中学同学叫张承志，在中国历史博物馆工作，没准可以帮助我。我跟承志见面，是在天安门广场历博门口的路边。"四五"事件刚结束，气氛非常

---

* 作者系北京大学中文系教授。

紧张，除了便衣，广场上空空荡荡没有人。承志把书递给我，转身就走了。那时，我根本不知道，跟古代有关的学术界是什么样，以为这个圈儿里，是人都能教我。后来，他跟我说，对不起，除了借书，我帮不了你，但我有个老师，叫俞伟超，学问了得，就住你家旁边。他建议我去求他指点。有一天，我记得，是雪后的一天，经他引见，我见到了俞老师。他的住处果然很近，就在中关村北区我家的旁边，是北大插在科学院宿舍区旁边的飞地，房子很小也很破。我真想不到，我要找的伟大人物就近在身旁，而且是住在这样的陋室之中。

我见俞老师，很激动。谈话后，他也很激动。他说，你在农村这么多年，全靠自学，对目录学，比北大学生还熟，不容易呀不容易。当时，他很热情，不但乐于倾听我的各种幼稚想法，还鼓励我，希望我能早点发表文章。我最初的文章，有好几位老师帮忙修改，俞老师的修改最早。俞老师帮我改文章，很认真。我还保留着他帮我改文章的信件。为了出版，他也写过推荐信。当年，他真正吸引我的是什么？恐怕还不是这些修改，而是他的学者风度和热情鼓励。

我注意到他的手，残缺食指的双手，奇怪，但又不好意思问。当他用这样的手点燃香烟，深深吸上一口，然后闭上眼睛，慢条斯理，若有所思地说话，你会感到思想在空中飘荡——他点燃了自己的幻想，也点燃了你的幻想。打比方时，他会把两只手对着摆，残缺的部分对着残缺的部分。加强语气，则用一只手，在脸前比划，笔直竖起的手，食指空缺，反而好像惊叹号，效果非常强烈。他说话，也很有意思，抑扬顿挫，忽大忽小，有落差和力度，突然提高嗓门，你能感到激情在迸发。我在我最早写作但20年后才出版的小书《吴孙子发微》的后记中说，有三位老师指导过我修改文章，我首先提到的是俞老师，感受最深的也是俞老师。第一，他热情，鼓励多于批评；第二，他真诚，对人体贴入微。当初，他最吸引我的东西，在精神上让我深受感染的东西，不是别的，正是他的学者风度和人情味。

其实，那时的他只有40来岁。

二

俞老师对学生好是出了名的。不是对一个人好，而是对所有人好。在你最需要帮助的时候，他会毫不犹豫地帮助你。我不过是受惠于他的千百人之一。我还记得，有一次，他跟我说，你在学校当老师，有两条最重要，第一是对学生好，无论如何要对他们好；第二是跟上最新的发现，无论如何要保持思想的活跃，时下的说法是"与时俱进"。他强调说，这条和上一条分不开，只有和年轻人在一起，才能做到这一点。现在，回想他的一生，我相信，这是他的生活信条。他是身体力行，始终不渝，我做不到。

和学生打成一片，没大没小，无拘无束，这就是俞老师。俞老师是有名的夜猫子，喜欢和学生泡在一起，浓茶烈酒猛抽烟，作竟夜长谈。他有边谈边睡，累了打一阵儿眊睁眼又接上话茬的本事。有些撑不住的学生，见他来了，赶紧溜。我和他长谈，也有过几次，并不多，而且是越来越少。出于敬重，我从来没有像别人那样，和他嘻嘻哈哈；也从来没有像别人那样，和他常来常往。

我住中关村 10 号楼的那一段，跟俞老师接触最多，长谈主要在这一时期。1977年，我在中国社会科学院考古研究所整理金文资料，迷上古文字。第二年，全国恢复高考和研究生招生，俞老师曾动员我报考北京大学。

后来，我习惯了。在俞老师的谈话中，考古学的两条路线斗争，即夏苏之争，经常是重要话题。罗泰给一部西方的百科全书写过这两位前辈，说一土一洋，一地方一中央，各是一个词条。他们之间的矛盾，有很多深刻原因，学术是非，个人恩怨，两者都有。这是留给后人评说的问题，这里不必谈。虽然，我在考古所也有很多心酸的故事，而且真的离开了考古所——不是当时，而是五年以后。我是发过毒誓，哪怕永远离开学术界，也一定要离开考古所，但对这场斗争，我和俞老师的看法还不太一样。

俞老师对他的秉琦师是很有感情的。我在考古所整整呆过七年，但几乎没有和苏先生说过话，苏先生去世前，我去医院看过。他去世那天，我正好在飞往美国的途中。后来，俞老师特意写信到美国，告诉我说，他的老师已经走了，并且谢谢我们去看他。因为他发现了我们在医院的签名。

苏先生 85 岁寿辰，俞老师写下这样的话：

> 历史已逝，考古学使它复活。为消失的生命重返人间而启示当今时代的，将永为师表（《本世纪中国考古学的一个里程碑》，收入苏先生最后的访谈集《中国文明起源新探》）。

这里不是评论前辈的地方。我只想说，俞老师的学术感情和学术立场，和他的经历分不开，现在已是历史研究的对象。

三

中关村时代，俞老师还在北大的那一段，他最得意的是，他有三大发现。有一次，他约我散步，遛到中关村北区东侧的那个糕点店，在店里要了东西，高谈阔论。说着说着，开始激动。他说，马克思有三大发现，我也有三个发现。他的三大发现，全部收入苏秉琦先生题字、童明康先生编辑的那本《先秦两汉考古学论集》（下简称《论集》），可参看。《论集》分两部分，第一部分侧重社会制度史，第二部分侧重区域文化。1985 年，出个人论文集还是一种规格很高的待遇。这本书是他的第一本著作，他在那一时期的代表作。那时，他只有 52 岁，比现在的我年轻。

俞老师约我谈话，我知道，这是看得起我。他对我有些印象，不一定怎么准确，但可以反映他的想法，他对什么最容易激动。

最初，俞老师以为我是"苦孩子"，他听说我是从农村来的，就特别激动。等他知道我的家庭背景——当时我是个黑帮子弟，他解释说，他理解错了。从此，他比较喜欢跟我谈政治，特别是干部子弟圈里的流言，还有民主墙，等等——我可以肯定地说，他是个热心政治的人。然而，那个时期，还有以后，我是越来越不关心政治。

还有一个印象，就是俞老师以为，我是一个有理论素养和理论追求的人。这也不一定准确。其实，我只是比较熟悉他所熟悉的那些史学讨论以及有关理论罢了。其实，比起我的许多同辈，我更相信生活感受。去年，在杨念群召开的史学讨论会上，我还明确讲过，在当前的气氛下，解散门户，淡化理论，才是我的主张。我对理论也是渐行渐远。

然而，俞老师还是把我当知音，希望我倾听和分享他的发现。我也感到非常荣幸。

俞老师的第一个发现是和古史分期有关，代表作是《论集》第一部分的第一篇文章《古史分期问题的考古学观察》。这个发现的出发点是魏晋封建论。魏晋封建论，"文革"前是异端。张政烺先生为此丢过教职，尚钺先生为此挨过批判。他说，平心而论，此说最合马恩原典，最讲世界比较，国内赞成此说者都是学界中坚，现在是应该讲话的时候了。为此，他跟中国人民大学的郑昌淦先生合计过，特意约了马克垚、吴荣曾、李学勤、裘锡圭等等，一起为魏晋封建论翻案。大家先分头写文章，然后编成一个集子，请张政烺先生作序（尚钺先生已经不在）。这个计划，后来未能实现，文章都是单发。但我想提醒读者，这才是他的写作背景。它的出发点是马克思主义历史观，而且是我国历史学界长期讨论的那些想法。西马的东西，他未必看过。

俞老师的第二个发现是和用鼎制度有关，代表作是《论集》第一部分的第五篇文章《周代用鼎制度的研究》。这是他和高明老师共同创作的文章，在学术界影响极大，比起他的另外两个发现，影响要大得多。地方考古工作者，几乎奉为金科玉律。我还保存着他们最初发表的文章，即分三期登在《北京大学学报》上的文章。这篇长文有两点值得注意。第一，他绝不是疑古派。他一贯相信，考古资料可以鼓舞人们对古史的信心。我还记得，他一再用激动的口吻说，傅斯年论五等爵制，看法实在了不起。第二，该文虽然是讨论两周时期的用鼎制度，但写作基础是东周时期的材料，东周时期的材料又主要是楚国的材料，西周的部分反而是续写。例如，他最得意的两周鼎类三分法，就是从楚鼎总结。楚是基础的基础，起着支撑作用的东西。

俞老师的第三个发现也和楚有关，代表作是《论集》第二部分的第十七篇文章《楚文化的渊源与三苗文化的考古学推测》。这一部分，前一半是讨论西戎、羌、胡，后一半是讨论楚，从俞老师后来的讨论看，显然是族团说和区系类型说的一种糅合。1975年和1980年，俞老师参加过楚都纪南城遗址和当阳季家湖遗址的发掘，对楚文化有特殊感情。他最得意的还不是他对楚文化的考古总结，而是用考古眼光，为它找到了源头，即三苗文化。苗者，蛮也。他是把楚定位于蛮。在这一研究的背后，我们不难发现徐旭生和苏秉琦的影响。

对俞老师的三大发现，我有许多保留意见，他的具体考证，甚至最后结论，我并不一定同意，但他的大气磅礴，丰富想象和启发性，却是沾溉后人，让我们取之不尽的财富。1982年，我以研究楚铜器的论文在考古所参加硕士学位答辩，俞老师是答辩委员会的委员。我对楚国用鼎制度的看法和俞老师不太一样，虽然说话时，我比较委婉。俞老师从没把我当作研究楚文化的专家，我想，他并没留心我的意见，或者留心了也不想说，反正他没批评我，幸甚。

四

当年的中关村是指中科院的宿舍，中关园是指北大的宿舍。俞老师从中关村搬到中关园后，房子比原来宽敞多了，但气氛有点奇怪，学生来得特别多，有些人是推门而入，凑一桌打牌，好像俱乐部一样。我去的少了一点。

1985年，具体日子忘了，我接到一个通知，说俞老师要告别北大，到中国历史博物馆工作。告别会在长征食堂举行。俞老师的学生，西装革履，统一着装，神情严肃。俞老师也非常激动，发言时，几度哽咽。

那一天，对我很重要。因为正是同一天，我调进了北京大学。告别会后，我到中文系报到。

俞老师希望我到北大的时候，我没去。我真到了北大的时候，他又走了。人生就是这样阴错阳差，不可思议。

五

北大时期，除去三大发现，俞老师还有一本得意之作，《中国古代公社组织的考察——论先秦两汉的单—僤—弹》（下简称《公社》）。这本书的出版是1988年，即俞老师离开北大之后，但他的写作却是在1983~1985年。如果说，北大时期，他有三大发现，这就是他的第四大发现。四个发现是属于同一时期。

很明显，《公社》是三大发现的续篇。

这里，我想强调一下，历博时期以前，俞老师的基本学术立场是什么？毫无疑问，是马克思主义。在《论集》序言中，他说过，从50年代起，他长期思考的是考古材料中的社会关系，其中就包括农村公社。农村公社，这是典型的马克思主义话语，熟悉中国史学讨论的都知道，序言本身也讲得很清楚。俞老师是北大历史系毕业，我知道，他的教育背景和学术背景是什么。我比他小十多岁，但知识背景还可以衔接。亚细亚生产方式的讨论，五种社会形态的讨论，他认真读过，我也读过。他愿意和我讨论，原因就在这里。

中关园时期，他跟我讲过他的第四个发现。它和三大发现的第一种关系最密切。

俞老师的讨论，和他以前的讨论有三个共同点，一是整体性，涉及广，布局大，对有关材料做一网打尽，思路奔流直下，文脉一气呵成；二是考据性，考古支持、文献支持、古文字支持，例证很多，脚注很多，细节讨论很丰富；三是想象力，或曰理论假设，文章视野开阔，思路开阔，联想丰富，推测大胆。我知道，他特别看不起没有理论追求的人，从不满足于支离破碎的讨论。然而，要说最大共同点，还是马克思主义框架，还是他习惯的那种大视野的讨论，细节考证只是支撑点。

俞老师喜欢总结，喜欢总结带有普遍规律性的问题，这是他那一代人的讲话风格，上可追溯于毛泽东，下可追溯于苏秉琦。

俞老师的讨论包括三部分，一是商周部分（前两章），二是两汉部分（次两章），三是汉以后（最后一章）。三部分的核心是两汉部分，它的基础是孙冠文先生提供的印章材料和《汉侍廷里僤约束石券》。"干烧中段"的中段最重要，头尾反而是续写。商周部分，他把殷墟卜辞和商代彝铭中的四方之"单"看做汉代"单"（或"僤"、"弹"）的前身，私下里，学术界一直有不同意见，包括我自己。他对汉代的单和里是什么关系，单是不是就是农村公社，其判定也颇有异议。

中国的基层社会组织到底是什么？这个问题很重要，俞老师不仅提出了这一问题，还搜集了很多资料，它们构成了进一步讨论的基础。

六

离开北大的俞老师，我知道的很少。偶尔到历博（现在归并到中国国家博物馆内）西门天井内的小楼看他，他好像坐堂的大夫，人总是川流不息，出出进进，很多是办事，当然也有像我一样的来访者。

他很忙，交往多，出差多，出国多，周围的崇拜者多，环境发生根本转变。它比以前更像是一位考古界的弄潮儿，经常处于路线斗争的漩涡。

俞老师说，有很多年轻的考古学家来登门求教。我问俞老师，你和年轻的考古学家都谈什么。他说，他们总是就考古谈考古，层次太低，我告诉他们说，考古是研究人的学问，必须提高到哲学层次，才能看清楚。他说，他现在关心的是理论问题。

关心理论是历博时期他的最大特点。

我们都知道，1983 年 9 月~1984 年 2 月，俞老师曾在哈佛呆过四个月。第二年的 8、9 月间则是张光直到北大考古系讲学。他们的一来一往很重要。现在回想，考古新思潮，基本上就是 1984 年以来，特别是俞老师调到历博以来，才逐渐成为风气。

风从西方来。

研究这一时期的俞老师，我们要看他的《考古学是什么》，书的副标题是"俞伟超考古学理论文选"。这本书共收入 12 篇文章，除第一篇写于 1984 年，第四篇写于 1982 年，稍微早一点，其他都属于这一时期。最晚的文章是写于 1993 年。

《考古学是什么》中的文章，和他以前的文章形成强烈对比。他以前的文章，里面有不可回避的马克思主义味道，北大历史系的味道，讨论范围主要是先秦两汉，有时上延于商周，但更早或更晚，考古以外的东西，他涉及较少。《论集》的全称是《先秦两汉考古学论集》，也说明了这一点。这一时期，俞老师好像换了一个人，我们在《论集》中见到的那种说话方式不见了。过去，他的研究比较具体，话题比较专门，讨论比较细致，考据色彩比较浓厚。现在一切都变了。他的话题是考古学本身，谈话方式是他理解的哲学层次。

在《考古学是什么》一书中，俞老师把他关心的理论问题归纳为"十论"，见书中所收他和张爱冰合写的《考古学新理解论纲》。这"十论"包括：

（1）老三论，即层位论（地层学）、形态论（类型学）和文化论（考古文化学）。

（2）中间四论，即环境论、聚落论、计量论、技术论。

（3）新三论，即全息论、艺术论、价值论。

这本书，共包括 12 篇论文，前一半总结老三论，两篇讲地层，一篇讲类型，三篇就楚文化讲考古文化，可以说是总结传统，祖述苏公；后一半讲中间四论和新三论，前三篇主要讲考古研究中的文化观念和精神领域，后三篇泛论中间四论和新三论，则是俞老师提倡的考古国际化的新风。他把文化研究类的东西叫本体论，把考古技术类的东西叫方法论。俞老师很欣赏美国人类学下的考古学，特别是新考古学。但这个 20 世纪 60 年代兴起的派别，其实已是旧考古学。

历博时期，俞老师都看过什么书，是个值得研究的问题。他自己说过，文物出版社出版的黄其煦翻译的格林·丹尼尔的《考古学一百五十年》是其中之一。此外，还有国内翻译的西方考古学论文（如中国历史博物馆考古部编《当代外国考古学的理论与方法》），以及各种面对面的交谈，与海外学者，与年轻学子。这些都是他的思想源泉。

中国的考古学，本来就不是金石学的延续，甚至也不是罗王之学的嫡脉。它是从西方引进的学问。引进包含适应和改造，80 年代以前是一轮，80 年代以后是一轮。《考古学是什么》以"什么"提问，是个好题目。它对所有不成问题的问题提出问题，特别热衷于考古学史的回顾和展望。回顾，他说考古学的中国化是成于众手，很对。但他强调的是：李济领军，梁思永地层，苏秉琦类型。虽然在《借鉴与求真》一文中，他也肯定，"五十年代以后，夏鼐先生所熟悉的田野考古方法，也产生了很大影响"，但在他看来，那只是训练。要讲理论贡献，还数不着夏鼐。"扬苏抑夏"，是总体评价。这种评价是否准确，有争论。很多前辈指出，即使地层学和类型学，也不是某个人的发明。比如石璋如的找边，就属于地层学，很多史语所的老人都说，他的功劳很大。类型学，贡献者更多。

俞老师讲苏先生，主要是《斗鸡台》、《中州路》和区系类型。有一次，我问他，《中州路》的铜器排队是不是有问题，他断然否认，我不再问。

俞老师的展望，其实是新一轮的引进和新一轮的消化。但道惟求旧，器惟求新，技术的引进容易，理论的引进难。20 世纪 80 年代以来，这一过程，在中国是注定要发生，而且也已经发生，他是推波助澜者。他既提倡新技术的引进，也关心新理论和新方法的引进。比如他在历博主持的计算机辅助考古学研究、环境考古、水下考古和航拍等等，就属于前一方面。这方面的东西，在中国扎根，相对简单。但后者不一样，他对西方考古学理论的介绍，就困难得多。这种介绍，还是以回顾的形式展开，在很多方面，仍然保持着思维的惯性。他主要是把考古文化纳入大文化的讨论，透过物质层面看社会层面和观念层面。比如对他宗教和艺术的关注，就是属于后一方面。

不管俞老师对西方考古思潮的演变理解是否正确，这并不重要，重要的是他赶上了这场最新的变化，而且是一位最早的提倡者和鼓吹者。对于过去那种"见物不见人"，只满足于认土找边、器物排队的工作方法，光是视野扩大本身，已经非常重要。其象征意义大于实际意义。

时运所会，年轻一代的学子，在考古学的追求上，很像是20世纪考古学初入中国时的情景。不管他们和俞老师的想法如何不同，倾向西学，倾向新学，倾向理论，是考古学的时尚，两者是一拍即合。

俞老师摸住了时代的脉搏。他是上一代考古学家中思想最开放的人，因而理所当然地成为新一代开启风气、引领时尚的人。

正像当年他和我谈到的那样，他和学生同在，和新思潮同在。

七

《考古学是什么》一书是结集于1993年，那年是他60岁。他没有为这本书写序，只在书前的照片底下，比照《论语·为政》第四章，写了《六十述志》。孔子的话，五十以前好理解，"六十而耳顺"是什么意思，谁也不知道——当时的他正在周游列国，累累若丧家之犬。俞老师说，他"五十以后畏于教学"，但"渐悟人间平衡之理亦略知天命"，"今已六十，仍不谙耳顺之义"，他所悟到的是"天地平衡，古今一体"。60岁的他，有很多人生感慨，见于他和几位后生知己的对话，即这本书的三篇附录，特别是他和张承志的谈话。

他谈到了自己一天之内的三次自杀，一次触电，一次卧轨，一次上吊，原因是什么，他没说，承志称为"一首壮烈的诗"。他还谈到了自己的三次下泪。一次，是他为"苏公论文集"写编后记，他说他写了20天，"那二十天里，我一边写作，一边在听德沃夏克的B小调104号大提琴协奏曲，这是一种在天堂门前徘徊的情绪"；一次是他离开北大，"后来我在我的论文集上题了八个大字：献给母校北京大学"（即《论集》扉页后和照片前的题字）；一次是他读王蒙的小说《海的梦》。这件事，我听他亲口说起，他说，在火车上，当着很多人的面，他忽然号啕大哭。俞老师说话，喜欢用神秘的口吻，我不便问，回去特意把这篇小说找来看。小说很短，主人公没见过海，见到大海，不过尔尔，颇感失望，夜里睡不着，出来抽烟，看见一对年轻人，在海边依偎，乃有所悟，海还是很美。俞老师为什么如此激动，我不太明白。但我知道，王蒙也爱讲"天地平衡"论。王蒙相信，好人终归会有好报，恶人终归会有恶报（见他近来出版的《我的人生哲学》）。在这本书的三篇附录中，他多次谈到"宇宙守衡"（应作"宇宙守恒"），即人付出什么，就会得到什么，社会的报答总是公平的，不偏不倚，不多不少，回报不一定是现在，经常在死后，不要害怕孤独（203～204、219、243页）。

俞老师对承志感情很深，远远超出一般的师生之谊——因为在最困难的时候，在他最需要帮助的时候，正是承志帮助了他。俞老师很以这位从考古转向民族史和文学创作的学生而自豪。《考古学是什么》的序言是由承志所写，这主要是一种感情的托付。张承志的序叫《时代的召唤与时代的限制》，带有他个人的浓重色彩。他讴歌中国考古学的伟大，讴歌"读尽了相关的每一条史料也走遍了相关的每条河谷"的北大学者，讴歌在俞老师身上看到的"诗的考古学"。他更看重的是"中国考古队员工作时难以想象的劳累和底层化"，认为考古的根是在"中国考古学及中国知识人之中的一部分有志之士与中国民众的特殊血肉关系"。人民，像金子一样闪亮。这是他喜欢说的话。俞老师是把考古当历史学，当研究人的学问，而且是古今一体的历史学，承志很赞同，但他有他的解释，两千年来中国农民的一穷二白，两千年来的二牛抬杠，证实的是毛泽东的方法论。他说：

> 我以为，对于历史学科方法论最彻底的质疑者是毛泽东；而俞伟超师出发于考古学的感悟，又证实了这个现象的存在：在中国，凡从知识人中走出来的佼佼者，都会经历扬弃旧史学的阶段。

相反，对于俞老师津津乐道的西方考古学，特别是美国人类学体系下的美国考古学，承志是不以为然的。他一贯蔑视西方人类学，蔑视居高临下的介入观察。他说：

> 我不大信任所谓民俗学或人类学；比如，我总怀疑背负着极为血腥的屠杀美洲原住民的历史的美国人类学与人类学，究竟有多少深度。

这可能就是他说的"召唤"与"限制"吧。

我在上文说过，这一时期的俞老师和以前的俞老师简直判若两人。有人说他是社会活动家，有人说他是故弄玄虚。有两位著名学者甚至说，他们不约俞老师写文章，因为他的脑子出了问题。

当许多学生私下议论俞老师，笑得前仰后合时，只有承志厉声呵斥，你们还像是当学生的吗？

八

我和俞老师的来往比以前少得多，单独谈话更少。

比较近的谈话，多半都与断代工程有关。我知道，北京的许多前辈，他们对此事很有看法。

有意思的是，很多反断代工程的人，都把矛头指向"走出疑古时代"的说法，认为是恶毒否定顾颉刚先生。但有趣的是，国外学者认为中国学术界喜欢比附古史，这种风气却主要流行于考古学界。我们从徐旭生的集团说到苏秉琦的区系类型说，都可看到用考古重建古史的强烈冲动。俞老师曾解释说，"我知道苏先生那一代人的梦想，那个梦在'五四'之后就有了，就是重建中国古史的传说时代。最近苏先生写了一篇很有分量的文章（指《重建中国古史的远古时代》，《史学史研究》1991 年第 3 期）谈的就是这个问题。很多人年轻时都有梦，后来由于具体、琐碎的工作，把自己的梦丢了，只有那些理想主义者才能把这个梦保持下来，苏先生就是这样。"（《中国考古学的现实与理想》）俞老师的说法和别人有点不同。我对他，至少在这一点上还比较了解。其实，他也认为，古书和古史，很多还是很有根据。这类问题本来是可以讨论的，一旦进入政治，一旦陷于个人恩怨，就是死结，越辩越乱。他的说法是，顾颉刚先生早就走出疑古时代了，×××怎么这么无耻，把顾先生的大旗抢了去，说成他自己的发明。

1999 年，有一件事值得提到，芝加哥大学曾经考虑授名誉博士给俞老师，表彰他对三峡考古的伟大贡献，据说是由巫鸿提议，罗泰也很热心。但是突然发生了美国炸中国驻南斯拉夫大使馆的事件。俞老师跟我说，这种时候，我怎么可以去美国呢，他没去。当时，俞老师和以前一样，关心的事很多，有一次他打电话，问我金雁是什么人，刘东是什么人，文章写得真好。我把此事告诉刘东，说俞老师很欣赏你讲《泰坦尼克》的文章。刘东是个容易激动的人，他马上请俞老师到中国文化书院作演讲，还把俞老师不去美国的壮举大大赞美了一番。俞老师讲什么，我记不太清了。但他对"多元一体"论简直怒不可遏，给我留下深刻印象。后来，我们去吃饭，我拿了瓶茅台，大家一试，都说是假茅台，哄我。换了酒，俞老师心情好，喝得高了。回到小石桥，上楼腿软，迈不动，我们把他搀上了楼。

2000 年 7 月，中国历史博物馆在和敬公主府开会，我又见到俞老师。

晚上，他特意约我谈话。我们一起散步，到附近的森隆吃饭。

后来，他说，小潘跟他讲了，福柯的书了不起，他想找来读一读。后来，回到家，我把刘北城送给我的他写的《福柯思想肖像》找出来，又到孙晓林那里敛了敛，加上《疯癫与文明》、《规训与惩罚》、《知识考古学》，给俞老师送去。

有点奇怪，俞老师为什么要读这类书呢，他真是非常前卫呀。

九

第二年吧，有一天，俞老师病了。

北京医院，人很多，主要是年轻人。纷纷前来的人，越涌越多，说明他在人们心目中影响有多大。我最担心的是，大家一副送别的样子，这种关心，给他的精神压力太大。

后来，俞老师搬到了小汤山，中间，还在保利待过一段。

小汤山，路比较远。从前，我记得，那是个高级疗养院，但现在却很破败。俞老师比以前瘦了，但精神还可以，只是有点喘。他说，他觉得什么都不干，憋闷，干又很累。我们都劝他，不要自己动手写，而是请人录音，写点回忆和随意评论的东西，想说就说，不想说就不说，话题轻松一点。

他最后的一本论文集，《古史的考古学探索》（下简称《探索》）就是在小汤山编成，序言写于 2001 年 12 月 21 日，收入的 44 篇论文，以演讲稿和序跋为多，除少数年代较早，很多是 90 年代后期，甚至是新世纪的文章。

集中的前六篇，都是他认为关乎全人类、全中国的大问题，特别是前两篇，我听他多次讲起，是他的得意之作。俞老师的晚年，对科技考古突然兴趣倍增。DNA、人类起源东非说，对他来说，太刺激。多少年来，他熟悉的《家庭、私有制和国家的起源》，和考古、人类学家关系最密切的名著，一夜之间就轰然倒塌，这是他最兴奋的地方。其实，晚年的他对自己过去相信的理论体系，基本上持否定态度。和承志希望的相反，他所着迷的恰恰是西方特别是美国的考古学和人类学。

其他各篇，涉猎很广，旧石器、新石器、商周、秦汉、魏晋、图腾、人类起源、信仰演变、考古体系、文字起源、制陶术、玉器、铜器、画像石、墓葬壁画、铜镜、兵器，什么都谈，可以反映他兴趣广泛，视野博大。区域文化，过去关注的楚文化，他还在讨论；但四川地区，成为新的关注点。这和他主持三峡库区的考古发掘有关。在这些文章中，他的特点还是不断总结，如《早期中国的四大联盟集团》就是典型。他把他过去的想法，关于区域文化的想法，羌戎说也好，三苗说也好，捆在一起，都装进了这个体系，北狄说和东夷说，则是新的创造。这篇文章，他送过我，也是他的得意之作。我记得，当年，俞老师讲苏先生的贡献，讲"中国学派"的建立，主要有三条，一头一尾，前后两条都是政治口号，学术只有一条，就是区系类型。在这篇文章中，我们不仅可以看到徐旭生族团说的影子，也可以看到苏秉琦区系类型说的影子。他把他过去讲的很多东西都纳入了这个体系。

俞老师的文章，多属写意派的大手笔，遗形取神，气势豪放。古人云，九方皋相马，不辨牝牡骊黄，伯乐荐之，曰"若皋之所观，天机也，得其精而忘其麤，在其内而忘其外。见其所见，不见其所不见。视其所视，而遗其所不视"。年纪大了，这种特点更突出。学术史上的前辈，一直有文学气质、大刀阔斧的一类人，他就是这类人。在引领风气方面，这类人更重要。顾颉刚和谭其骧，郭沫若和于省吾，后者长于工笔，慢工细活，成就也很可观，但绝不如前者影响大。

这次重新阅读，我还看了他早年参与写作的《三门峡漕运遗迹》。我的书架上正好有这么一本，一位朋友送的旧书。

十

俞老师是领我走进学术之门的人，我永远不会忘记。

2002 年，我和罗泰、水城、梅村、育成到小汤山看俞老师。那天，是个下雪天。

照片上的我们，是站在大雪纷飞的院子里。

罗泰带去了他的书稿，他在京都讲学，刚刚写完的书稿，扉页上面写着"献给俞老师"。

我也带去了我在台湾刚刚出版的讨论上博楚简的新书。在序言中，我说：

> 我有一个习惯，就是自己写书自己作序。因为我已经单枪匹马惯了，不想在蝇头上面再撒什么佛光。
>
> 也许只有一个例外吧。二十多年前，好像是一场雪后，当时还在作考古的张承志，他带我去看俞伟超先生，在一所非常简陋也很狭小的房间里。我就是从那时开始，才一步步走进学术之门（当时帮我的人很多，让我涌泉难以相报）。后来，我想，如果有一天我的书能出版，我一定要请俞先生作序，无须任何夸奖，只是一点纪念。但真的到了那一天，我才发现，俞先生太忙，而且他客气地说，他是考古学家，对《孙子》不懂，拖了很久，我还是没有得到他的序言（俞先生现在住在小汤山养病，前不久我还看他，真希望他能恢复健康）。他大概不知道，他给我的鼓励和帮助（特别是他的想象力和感染力）对我有多大分量。所以，从此，我发了一个誓，序言一定要由自己来写，而且绝不给他人作序。写，就要写纯粹的个人感想，而且是搁笔之际一刹那的感想。每句话都掏心窝子，一点顾忌都没有。

我在书的扉页上写了几句话，也是感谢他对我的鼓励和帮助，他给我的第一推动力。

俞老师拿着书，对我说，你的话，真是太让人感动了。

他知道我是什么意思。

俞老师离开北京之前，我们还有两次见面。显然，他已经感到剩下的日子不多了，所以开始找一些人交待后事。

一次是他到城里开会，住在车公庄那边的一家旅馆。他打电话，把我叫去，说有重要的事托付，我和水城一块儿打车去。俞老师说话有点费力，忽大忽小，有时听不清。他交我一份材料，要我替他保存。他跟我说，你是了解我的，我这个人，不敢说一辈子都没有做过错事，但"文化革命"以后，我可以问心无愧地说，我没有做过对不起人的事情，假如我不在了，有一天，什么人出来说长道短，你一定要出来说话，一定要替我证明。

我知道他是什么意思。

还有一次是他上广州前。因为 SARS，小汤山已改为传染病院，他回到小石桥，要我到他那里坐坐。我去看他，要他多多保重。这是最后一面。

后来，我从电视上看到，说美国有一种新药，效果很好，我托刘东打听，找到美国的公司，答复是此药尚未投产，患者如欲服用，必须前往美国，参加试验，他不敢贸然前往，因为他的身体已非常虚弱，一旦感冒，非常危险。

后来，别人又向他推荐另一种药，据说也有一定效果，广州的天气，对他也比较好，他终于去了广州。

俞老师终于离开了我们。

他走后，留给我们的是什么？这是我最后想说的东西。

我们都知道，在俞老师心中，考古是一门带有诗意的学问，博大精深，关系到人类最遥远的过去，也是反思现代人类的源泉。

曹操登临沧海，曾留下歌咏，"日月之行，若出其中；星汉灿烂，若出其里"，形容它最合适。有人说过：

> 人类假如想要看到自己的渺小，无需仰望繁星闪烁的苍穹，只要看一看我们之前就存在过、繁荣过、而且已经灭亡了的古代文化就足够了。（西拉姆）

考古很美，也很苦。从事这种研究，几乎就是牺牲。

很多初入考古之门的人，在第一次发掘后，常感到幻想破灭，满腔热忱被一盆凉水兜头扑灭，一切浪漫的东西都烟消云散。很多严格的前辈都说，这是好事，你们早就应该放弃幻想，摸爬滚打，投入艰苦的训练。但他们常常忘了，消灭幻想，同时也就消灭了考古。

对于投身考古的年轻人，最初究竟是什么吸引他们走进这座巍峨的学术殿堂，后来又是什么鼓舞着他们，让他们沿着这条道路走下去？

在俞老师的身上，有着现成的答案。

最能说明问题的是，我问过许多年轻人，特别是北大考古系的学生，他们说，在老一代的考古学家中，最吸引他们的就是俞老师，就是他的想象力。这种当年同样吸引过我们的想象力，我叫第一推动力。

俞老师的看法并非颠扑不破，他这一辈子，前后矛盾的地方很多，马克思主义的俞老师和西方考古学的俞老师，今日之我与昨日之我战，其实是同一个俞老师。先生之学说，诚有时而可商，然而在他身上却有着一种别人没有或极其少见的东西，优点也罢，缺点也罢，总之是可以鼓舞人心，可以开启心智的东西。

俞老师说过：

"要坚定地走自己的路，不管别人说什么，要保持一点理性主义的色彩。"

"搞考古的，最好什么都懂一点，知识面要宽广，因为古代的东西，并不是你想要它有什么就有什么，而往往什么都包括。考古学研究古代文化，文化也是挺复杂的，知识面太窄了，无法对付。"

"年轻人应该多写点东西，有什么新想法，就把它写出来，在写的过程中锤炼和提高自己。我认为，一个人在四十岁左右应该拿出自己精彩的东西，过了这个年纪，就很难了。有些东西老是不写就会窒息。"（《中国考古学的现实与理想》）

"也许，我的性情比较急，有些问题可能考虑得不那么十分周到；直感的东西有时也说了；别人不大方便说的，有时也说了。"（《考古学是什么》）

"批评不是否定，而是检讨，前辈的做法有他们自己的道理，对后辈可以有所启发，连他们的错误也是有启发的。"（《中国考古学的现实与理想》）

这些话，都是朴素的至理名言，很多人可能不喜欢，但年轻人喜欢，我喜欢。

我们的考古界，什么样的人都有，缺的就是俞老师这样的人。

我相信，年轻人的感觉是对的，考古最需要想象力。

2005 年 5 月 21 日写于北京蓝旗营寓所

俞伟超先生与科技考古

王昌燧[*]

得到俞伟超先生逝世的噩耗，尽管早有思想准备，我仍然无法抑制心中的悲痛。先生生前曾多次关心中国科技大学的科技考古专业，一时间，俞先生学思超前、勇领风骚的大师形象，平易近人、提携后辈的长者风范，一幕幕突兀眼前，使我彻夜难眠。

记得 1991 年，俞伟超先生专程来到合肥中国科技大学，向有关校领导介绍班村遗址的发掘计划，并邀请我作为考古队的顾问之一。这对涉足考古甚浅而又有强烈兴趣的我来说，不啻雪中送炭。班村考古是俞伟超先生的大手笔之一，它对我国考古学发展的影响和意义，至少体现于下列两点：一是打破了思想的桎梏，激发起人们特别是年轻的考古学家反思中国的考古学、探索考古学理论的热情；二是尝试进行了多学科协作的考古发掘和研究，推进了考古学与自然科学的全面结合。这里顺便指出，因当时的条件限制，我未能完成俞先生安排的任务，至今仍感愧疚。

1999 年 4 月，在朱清时校长的倡议和支持下，我校和中国科学院自然科学史研究所、中国社会科学院考古研究所联合创建了科技史与科技考古系。俞伟超先生极为关心，对学科建设、研究方向和人才引进等方面皆提出了许多宝贵的意见，使我们备受鼓舞。之后几年内我和先生频繁接触，数次耳提面命，聆听教诲，虽说只学得一点皮毛，但已觉受益匪浅。

悼念俞伟超先生，首先应学习他的敬业精神。不论在北京大学教书育人，抑或在中国历史博物馆主持工作，无论是负责三峡库区的文物保护规划，还是组织 DNA、遥感、水下考古等前沿研究，俞先生都兢兢业业、力图使之达到极致。张忠培先生曾经在悼念文章中介绍，俞先生在和病魔斗争时，仍认真思考着一些重大的学术问题。这样的境界，将是我毕生的榜样。

悼念俞伟超先生，其次应学习他的全局观念。俞先生长期担任中国历史博物馆馆长，仅馆内公务，已够繁忙了，而他还时时关心着全国各地的文物、考古和博物馆事业。无论哪个单位来请求帮助，他皆有求必应。经他过问或关心而促成的事情，显然

---

* 作者系中国科学技术大学科技史与科技考古系教授。

不是少数，否则，中国历史博物馆的中国通史展，其文物选调恐怕多少会有阻力。当前，改革开放对科研、教学单位的影响之一，即获得项目资助需通过竞争。这一变革有效地提高了科研人员的积极性，其成效有目共睹。然而，有一利必有一弊。过分强调竞争，多少不利于合作与交流。如何处理竞争与合作的关系，完善基金管理体制最为关键，这方面，有关管理机构已经做了大量工作。与此同时，增强科研人员的全局观念，同样至关重要。

悼念俞伟超先生，还应学习他的战略眼光。我曾有幸数次亲聆苏秉琦先生的教诲。他老人家将他的考古学理论总结为三个阶段，前两个阶段依次为考古文化区系理论和文明探源，大家都已熟悉。至于第三个阶段，苏公概括为"从世界看中国，从中国看世界"，然后进一步解释道"从世界考古的高度来研究中国考古"，尽管给我留下深刻印象，但如实说，当时只是似懂非懂。这些年来，俞伟超先生身体力行，不断解读着苏公的理论，使我逐步加深了认识。从班村考古对西方新考古学理论的初步介绍，到《当代国外考古学理论与方法》的出版，皆试图指出中国的考古学亟需与世界考古学接轨。确实，不比较研究各文明古国的演进过程，是无从总结人类文明的发展规律的。

在以科技考古为主题的香山会议上，俞伟超先生一方面充分肯定了开展"夏商周断代工程"的必要性，另一方面又指出："中国万年以来至五千年前这一段历史，国际上却了解不多。事实上，就现有的考古发掘和研究资料来说，我国在这一时期的文明程度已使世人刮目相看。""万年至五千年之阶段，是我国文明源头之所在，是人类从旧石器时代进入新石器时代的重要时期，是农业、陶器、文字、音乐、数学、宗教等文明主要因素的起源阶段，也是人类人口的第一次大发展时期。或许我国这一阶段的历史更值得骄傲。"他建议"开展以农业起源为中心的科技考古研究"，认为在这一研究中，"多学科协作显得格外重要，生物考古、农业考古、环境考古、遥感考古、陶器考古，甚至音乐考古、文字起源探索等都有用武之地"。俞先生的意见，为我们指明了努力的方向。

这些年来，俞先生曾多次表示对我校科技考古专业寄予厚望。我深知自己才疏学浅，至今未参加过考古发掘，纯粹一个考古学的门外汉，确难有所作为。然而，有相关政府部门的鼓励和支持，有柯俊、刘东生、陈述彭、席泽宗、李学勤、张忠培、严文明等老一辈先生的关心和指导，有全国文物考古同行的聪明才智和年轻才俊的满腔热情，我们责无旁贷，将义无反顾地沿着先生建议的方向，埋头钻研、勇于创新，和国内同行精诚合作，共同为弘扬中华文明、创建科技考古学理论而奋斗。

（原载《中国文物报》2004 年 3 月 26 日）

悼念俞伟超先生

袁　靖[*]

　　2003 年 12 月上旬我刚刚从外地出差回来，就得到俞伟超先生去世的噩耗，闻之心情久久不能平静，夜不能寐，与俞伟超先生相处的历历往事，在脑海里一幕一幕地展现出来。

　　记得第一次亲眼看到俞伟超先生是 1982 年秋季到北京以后，那时我在中国社会科学院研究生院考古系跟随石兴邦先生读新石器时代考古的硕士研究生。我在西北大学最要好的同窗徐天进考上北京大学考古系邹衡先生的研究生，有一次我去他那里，正好赶上他们要去听俞先生给本科生讲授类型学。征得同意，我就混在北大考古系的研究生堆里跟着听课。俞先生在课堂上时而侃侃而谈，时而奋笔疾书，真是把类型学阐述的十分透彻。类型学和地层学是考古学的基础，这个道理我们从上大学就开始领会，久而久之，似乎已经成了习惯意识。但是直到那次听俞先生讲课，才觉得以前的认识还有欠缺之处，现在才开始比较全面地认识类型学，真正进入了一个新的境界。一堂课下来，对我而言，大有醍醐灌顶之感。对俞先生发自内心的深深敬佩之感油然而生。除了专业内容以外，还有一件事让我至今仍然记忆犹新。那是到了课间休息时，俞先生走到我们中间来聊天，当时抽烟并不受限制，除了讲课时不能吸烟以外，下了课，在哪里都可以点烟。当时我和先生几乎同时拿出烟来，互相让烟，一起抽，一起聊。一支烟一下子就拉近了我和先生之间的距离。俞伟超、张忠培、严文明那几位当时正活跃在北京大学和吉林大学的考古讲坛上的学者，在我们这些"文革"后入学的大学生心目中具有重要的地位。能够和俞先生在一起吞云吐雾，那番情景，着实让我后来兴奋了相当长的时间，至今不能忘怀。

　　再次能够和俞先生长谈，已经到了 20 世纪 90 年代初我在日本留学的时候了。日本有一个中国考古学会，在东京和京都都有分会。每逢中国考古学界的先生们到东京来，日本学者们往往会邀请这些先生到日本中国考古学会东京分会每月的例会上做报告。我在日本读了 4 年书，有幸几次给俞先生做过翻译。虽然难免会有因为自己的日文拙

---

　　*　作者系中国社会科学院考古研究所研究员。

劣，不能把先生的精彩论断充分表现出来而汗颜，但是坐在先生旁边，目睹先生说到激动处不断用手指敲击桌子时的情景，每每感到震撼。先生真是一位性情中人也。翻译之余，我也常常和先生谈论各种事情，海阔天空，畅所欲言。能见师长，能闻乡音，能抒胸臆，对于独在异乡为异客的海外游子而言，真是其乐也融融。特别让我感动的是1993年我在日本千叶大学的博士学位已经拿到，正在准备回国之际，恰逢俞先生访日。俞先生热情邀我回国后到中国历史博物馆工作，并许诺将尽他的馆长之力，帮助我解决一切手续和待遇问题，给我创造充分施展自己才华的环境。我是以自费留学的形式到日本读书的，尽管我原来所在的中国社会科学院考古研究所还给我保留着公职，但我不知道回去以后所里会让我承担什么工作，我学到的知识有没有用武之地，心里是忐忑不安的。现在身为中国历史博物馆馆长的俞先生亲口对我说欢迎我去他们那里，真是让我受宠若惊。后来虽然因为种种原因，我最后还是留在中国社会科学院考古研究所，没有去历史博物馆，但是俞先生的殷殷相邀之情，是我终生难忘的。当年我是真正怀着报国有门之感，重新踏上祖国的土地的。

回国后不久，俞先生就邀我参加由中国历史博物馆主持的河南渑池班村遗址的动物考古工作。班村遗址的工作是国内首次由考古学牵头开展的多学科合作的考古发掘和研究。在开始阶段，有俞先生的指导和信立祥先生的直接领导，工作开展得有声有色。1994年下半年我在工地上呆了相当长的时间，整理发掘出土的动物骨骼。当时动物考古学研究在国内刚刚兴盛起来，真正从事动物考古学研究的学者屈指可数。在田野考古工作中如何处理动物骨骼的方法尚未普及，清洗遗址中出土的动物骨骼，在动物骨骼上写编号等涉及动物考古学研究的基础工作都由我们自己动手。记得有一天我在清洗一个单位出土的动物骨骼时，发现这些骨骼几乎全部是猪骨，且有不少破碎的骨骼可以拼对起来，顿时兴致大发。我拿着这些骨骼整整对了几天，最后一共拼对出7头年龄不等，但是骨骼基本完整的猪。再去对照当时的发掘记录，发现这些猪骨全部出自庙底沟文化二期的一个灰坑。在这个灰坑边上，还有一个同时期的祭祀坑，里面出土了凌乱的人骨，在人头骨上还发现有拔齿的现象。这是当时所知的地理位置在最西面的中国新石器时代人头骨上的拔齿现象。我和工地上的考古工作者讨论，大家都认为这个出土7头猪的灰坑，可能也是祭祀的产物。我当时兴致勃勃地把这些猪骨架分别一头一头地陈列在标本架上，就回北京了。后来俞先生陪着中国科学院的刘东生院士到班村工地检查工作，俞先生回到北京后给我打电话，告诉我他们在班村的标本库房里看到了我拼对后陈列在那里的7头猪的全部骨骼。他兴奋地对我说："袁靖，我们一直通过拼对陶片来复原陶器，这个工作已经干了几十年了。但是通过拼对动物骨骼来复原完整的动物，这对我们来说还是第一次。毫无疑问，一堆没有搞清楚的乱七八糟的动物骨骼和7头完整的猪骨架，对于考古学家而言是完全不同的两个概念。"听到俞先生的夸奖和肯定，真是让我备受鼓舞，也更加坚定了自己要努力去做好中国动物考古学研究的决心。因为动物考古学研究在不少遗址都是首次开展工作的，每做一处遗址出土的动物骨骼的整理和研究工作，总是会有新的认识，可以说，一直到 21 世纪的今天为止，我做的工作几乎还没有出现过重复研究的现象，每每面对整理动物骨骼时的新发现，总免不了又是一阵欣喜。而欣喜过后联想到的，往往总是那次听到俞先生电话夸奖和肯定时的心情。可以说，我的动物考古学研究是在俞先生的肯定下，一步一步走过来的。

2001 年俞先生刚刚患病，住在北京医院里等待确诊时，我去看他。为了转移先生的注意力，我和他大谈我在陕西临潼秦始皇兵马俑博物馆研究马的收获，从那些陶马的形态上确认秦始皇兵马俑里拉车的马是阉割过的，战马是没有阉割的，这很可能与马的用途及阉割与否直接关系到马的勇猛与否有关。先生似乎听得津津有味。几天以后，我陪先生在日本的挚友量博满教授的学生西江清高去医院看他。先生在国内的友人和学生众多，这次知道先生病后，探望的人络绎不绝。但是作为外国友人登门，西江还是第一位。那天是夜里去的，房间里的灯光比较暗。西江既想知道俞先生的病情起因，回国后可以向先生在日本的好友们讲述，又担心过多的谈论病情，影响先生的心情。再加上还想要好好地慰问先生，帮助先生调节情绪。这么多内容都要用中文表达，也难为已经好几年没有来过中国的西江了。说着说着，我感到房间里的气氛开始凝重起来。我无招可施。还是先生自己解围，他对西江说道"等明年你和量博满先生再到中国来，我陪你们转，你们想去哪里我就陪你们去哪里。"说得豪气冲天，大家哈哈大笑，击掌为誓。但是我明显地看到先生收回手时，顺手就在眼睛上抹了一把。我心里暗暗吃惊，以先生这样的绝顶聪明之人，可能已经对自己的病情有所预感了。和西江一起离开后，一路上他反复说，真是满肚子的话不知如何表达。西江和俞先生过从甚密，知道俞先生喜欢音乐，俞先生到日本访问时，他还专门陪俞先生在东京听过音乐会。看到俞先生的此情此景，西江真是感慨万千。

我最后一次与先生见面，是 2003 年过春节时到小汤山疗养院去给先生拜年，在那里和他谈的仍然是动物考古学研究。依据各个考古遗址出土的动物骨骼研究结果，黄河中下游地区牛和羊作为家畜起源的时间可能在距今 4500～4000 年左右，相比之下，黄河上游地区似乎有线索可以帮助我们思考羊是从现在中国版图以外的地方传播过来的。先生虽然在病中，还是很认真地和我展开讨论，帮助我全面把握古代人类与马、牛、羊的关系。先生的指点，对我教益颇多。后来一起出去吃饭，先生吃的极少，且滴酒不沾。想想前些年，到俞先生那里去，逢到饭时，先生总是要请客，大家围坐一桌，必喝酒，必抽烟，必大侃特侃。尤其是在下班以后的饭桌上，先生俨然是我们的中心，谈话的中心，喝酒的中心。我几次见过先生聊得尽兴，喝得过量，要由人搀扶回家的场景。此一时彼一时，看到先生现在的模样，实在让人心酸。

我曾经告诉俞先生，我正在写一本书，名字叫《与人同行》。依据对众多考古遗址出土的动物骨骼的研究结果，讲述人狩猎、饲养动物、利用动物祭祀、驾驭动物打仗和耕作等等故事，复原一段动物和人交往的历史。俞先生听后马上哈哈大笑，并且开玩笑说那你就是动物了。因为有一部电影叫《与狼共舞》，是人拍的。而《与人同行》就该由动物来写了。可惜我这些年来因为野外工作太多，完稿的时间一推再推，书稿至今尚摊在案头。连几次三番来催稿的编辑都觉得乏味了。不过我已经下定决心，无论如何也要把这本书写出来，将来出版后，一定要拿到俞先生的灵前去祭拜。

俞伟超先生虽然走了，但是，他多年来对动物考古学研究给予的指导和帮助，已经永远留在动物考古学发展的过程之中，俞先生的谆谆教诲，将永远激励我们把这门学科不断推向前进。

作为师长的俞伟超先生

王建新[*]

我第一次见到俞先生是在 1983 年，那时候我在北京大学考古专业进修，俞先生是我的指导老师。听先生的课，在我的一生中都是难忘的记忆。当他把考古学的知识用哲学的思维讲授给我们的时候，当他把对考古学的理解连同对文物考古事业的深沉挚爱传授给我们的时候，我被深深地打动了。20 年来，这样的思维、这样的精神，时时刻刻都在引导着我、激励着我，伴随着我的成长。

俞先生是中国考古学界的一位理论家和思想家，他的思想异常活跃，眼光极其敏锐。他从来不满足自己已有的学术成就，而是把学科的建设和发展放在首位，不断地探索和创新。

在"极左"思潮长期的影响下，近代以来形成的一些考古学的基本理论和方法曾被当作资产阶级的东西受到批判。"文革"刚结束，俞伟超先生和一批国内著名的考古学家共同推动了考古学理论与方法的讨论，他先后撰写了《关于"考古地层学"的问题》、《关于"考古类型学"的问题》等文，先是在大学的课堂上和考古专业人员的培训班中进行讲授，然后在书刊上正式发表。对于一大批经历过"文革"的年轻一代考古工作者来说，这是一次非常必要的补课。我是"高考"重新恢复后 1978 年入学的学生，上学期间，也许是因为"极左"思潮的余波，考古学理论和方法的教学内容很少。1983 年，我在北大的课堂上第一次聆听了俞先生系统地讲授考古类型学，至今记忆犹新。

改革开放以后，我国考古学界开始与被隔断了近 30 年的国外考古学界进行接触和交流。大家发现，国外考古学界的理论在许多方面与我们大相径庭。特别是 20 世纪 60 年代兴起的新考古学派，引起了欧美考古学理论的重大变化。俞先生敏锐地认识到，为了扩大我们与国外考古学界的交往并促进我国考古学科的理论建设，全面地了解外国考古学的理论和流派是十分必要的。他组织了一批年轻人，编译出版了《当代外国考古学的理论与方法》一书，在我国第一次对外国考古学主要的理论流派进行了较为

---

* 作者系西北大学文博学院教授。

全面地介绍。

为了在实践中推动中国考古学学科的建设，先生策划和组织了河南渑池班村遗址的多学科综合发掘与研究工作，让地质学、地理学、土壤学、植物学、动物学、体质人类学和物理学、化学等学科的学者与考古工作者共同进行参与式的合作研究，在发掘现场一起探讨如何将不同学科的方法、手段和技术运用于考古发掘与研究。班村遗址发掘的前期准备工作从1991年开始，1992年正式发掘。当时学校让我主持经营一个校办企业，所以没能从开始阶段就参加班村的发掘。俞先生知道我的情况后，多次托人捎话并给我写信，最后利用开会的机会当面说服我，使我下决心辞掉了校办企业的工作，参加班村的发掘，回归考古的队伍。班村的田野考古工作一直进行到1999年。在俞先生的主持下，参加这项工作的国内十余家单位的学者共同对考古学研究的理念、目标和具体的研究方法、手段等诸多问题都进行了大胆的探索和有益的尝试。在工作过程中，又有许多单位的学者纷纷前往班村工作的现场参观、交流。作为一次全新的尝试，班村的工作既有经验也有教训，但班村考古的理念和工作方式，已经对中国考古学科的发展产生了影响。

俞先生是中国考古学界的一位杰出的教育家，无论是在北京大学任教还是在中国历史博物馆工作，无论走到哪里，都受到年轻一代考古工作者的尊敬和爱戴。大家尊敬他、爱戴他，不仅仅因为他是一位著名的考古学家，更重要的是他有教无类、诲人不倦的大师风范令人折服，大家都把他视为良师和益友。在他的心里从来没有门第观念，对不同大学毕业的年轻人，他都一视同仁地给予热情地关心和帮助。我是从西北大学考古专业毕业的，但先生对我的教诲使我受益终身。自从认识先生后，只要去北京，都要去先生那里，坦诉自己的研究状况和一些想法，他也总是会坦诚地说出自己的看法，并给我一些中肯的意见。参加班村的考古工作之后，跟先生的接触更多了，从班村工作的意义，到工作中应注意的具体问题，先生耳提面命，不知和我谈了多次。虽然我也努力想在工作中贯彻先生的意图，但总是与先生的要求相差甚远，因此而感到深深的内疚。

在先生生命的最后几个小时，他的头脑仍然十分清晰，有许多话想说，但他已经说不出话，写的字也几乎无法辨认。当一位曾经给无数年轻人以深情教诲的一代宗师因为语言的障碍再也无法表达的时候，我看到先生陷入深深的痛苦之中，我也痛感自己的愚钝和语言的苍白。

2003年12月4日晚22时30分左右，先生平静而安详地睡着了。从那以后，他的眼睛再也没能睁开。12月5日0时48分，一颗满怀激情的心脏停止了跳动，一个充满智慧的大脑停止了思考，敬爱的俞伟超先生离开了我们。望着他那饱受疾病痛苦的折磨而消瘦的身躯，我实在无法接受这个残酷的事实。任何语言都已无法表达对先生的思念，我只能下定决心，要像先生那样，把自己的一生献给挚爱的文物考古事业。

天庭布道倾才智　文坛论剑少斯人

张居中*

2003 年 12 月的广州之行，除参加中山大学人类学系举办的"河流与文明"学术研讨会外，主要目的之一就是去医院探望俞先生。虽然先生病后，我曾多次到医院探望，但先生移驻广州之后，我却一直无暇南下。没想到刚下飞机到中大，就传来了先生去世的噩耗！也算与先生有缘，能够赶上给先生送别，但想到再也不能聆听到先生的教诲了，不禁黯然神伤。

虽然我涉足文物考古工作以来，一直被先生传奇般的经历所感动，被先生渊博的学识和睿智的思想所倾倒，但近距离接触先生还是 1991 年在河南三门峡班村遗址多学科合作发掘与研究论证会期间。黄河岸边的金秋十月，聆听先生关于多学科综合考古发掘与研究的战略性设想，却有如沐春风之感。自此以后，我不仅参加了班村的工作，而且自觉或不自觉的沿着这条道路走了下来，所以也可以说是先生的学术思想指引了我近十几年来的学术道路。

班村的发掘，虽然先生未能像盘龙城等发掘项目那样长期在工地亲自指挥，但总体框架都是在先生的指导下建立的，多学科发掘，综合研究，环境考古，聚落考古，集中地面调查，筛选、水洗，计算机资料管理等方法的运用等等，尽管就某一方面来讲，班村发掘不一定是国内最早的，但把这些思想、理论、方法贯穿在一个遗址的发掘与研究中，班村确有其开拓性，我们不能不佩服俞先生学术思想的开放性、战略性和前瞻性。参加过班村发掘的考古工作者，无不怀念那个黄河岸边偏僻的小山村，大家都没有任何功利色彩，一心一意地探讨一些考古发掘与研究中亟待解决的问题，具有浓厚的学术氛围。班村发掘的意义，自有世人评论，但对每个参加者来说，确曾得到了许多有益的启迪。例如我的《舞阳贾湖》发掘报告的编写思想和体例，就是在参加班村发掘期间逐步形成的。

乐于奖掖后学，帮助青年，有教无类，无门户之见，是先生给我们留下的又一深刻印象。几十年来他一直是专家，几十年来他在社会上的名望日渐升高，但在他身上

* 作者系中国科学技术大学科技史与科技考古系教授。

看不到架子，待人处事没有论资排辈的习气，平等待人，坦诚率真。不问出身，不论门第，只要向他求教，他都诲人不倦，热情相助。与先生畅谈，请教理论方法，纵论古今中外，总可得到思想的升华与精神的享受。

先生是一个具有诗人气质的考古学家，无论读他的著作，还是听他的谈话，无不为他渊博的学识和高屋建瓴的理论，才华横溢又充满激情的思想所吸引。先生驾鹤仙逝，给所有曾受益于他的人留下了无穷的思念！

才子归天，从此天庭布道倾才智；大师仙逝，而今文坛论剑少斯人！

谨以此联献给尊敬的俞先生，以寄托我们不尽的哀思！

（原载《中国文物报》2004 年 2 月 27 日）

怀念俞伟超先生

车广锦 *

2003 年 12 月 5 日，考古学大师俞伟超先生与世长辞了。

俞伟超先生生病治疗，是中国考古学界关切的话题。俞伟超先生去世至今，是中国考古学界沉痛的日子。

我不是俞先生的入室弟子，但论得益受惠，师生之谊，如同入室。俞先生去世，我独立寒冬凄楚无语。

我于 1986 年参加国家文物局在山东兖州举办的第三期考古领队培训班，俞先生前来主持对学员的考核，这是我第一次见到先生。我于先生到达的当天晚上拜见了先生，并请求先生给我讲治学之道。当时先生所讲的每一句话，对我都有触动。特别是当先生讲到"每一个科学家，必须首先是思想家，考古学家同样如此"时，我的心灵受到了强烈的震撼。在我刚从事考古工作的几年中，每天都为选择研究方向而思考，为探索研究道路而躁动，为寻找精神源泉而迷茫，整个身心处于激奋、焦躁和痛苦之中。先生这次约半个小时的指导性谈话，对我来说恰如久旱的禾苗逢甘露，使我懂得了一个研究者要有思想、要靠思想做学问。这天晚上我认定：俞先生是我的导师。此后的几天中，先生的数次教诲，使我内力倍增。

培训班结束后的三个月中，我撰写了《良渚文化玉琮纹饰探析》一文。该文发表后，其基本观点得到了张光直先生的引用，后为学术界所认同。该文的发表，对促进良渚文化的深入研究应当说是有着积极的意义。我对玉琮纹饰的认识，完全是因受到俞先生学术思想的影响才得以形成的。我曾请先生对文稿进行过指导，先生所讲的关于玉琮纹饰所蕴涵的更深一层的含义，我直至 1989 年撰写《中国传统文化论》一文时才真正理解。先生的思想和境界，对我的学术研究道路一直具有影响力。

我在和先生交往的 18 年中，每一次见面均受先生垂爱而彻夜长谈。每一次交谈，我总要向先生汇报所思考的有关社会、历史、文化、学术、人生等方面的心得和问题，倾诉衷肠，每次都得到先生的深层印证和高超点化，从而使我能够不断觉悟和明朗。

---

* 作者系南京博物馆考古研究所研究员。

十多年的交往，数十次的长谈，无数次的感动，我和先生在许多方面达到了心灵的交融。我虽然没有正式听先生讲过一节课，但是先生将他的精神和智慧注入了我的心田；先生虽然没有为我改过一个字，但是先生将他一流科学家的思想和境界注入了我的灵魂。没有先生的思想指导，便没有我对科学的理解；没有先生的精神滋养，便没有我对文化的感悟。

俞先生的关爱和热忱，惠泽于文物考古界的后学一代。先生将他对科学的忠诚，对社会的热情，对时代的责任，转化为对年轻一代的激情。先生长者风度，儒雅厚德，视考古界所有年轻人为自己的学生，许多人已将先生的至诚和热望内化为精神；先生引领年轻人求道于科学的深层领域，一批人进入自己的心中取得属于自己的真经。先生通过考古学理论的探索与实践，通过创建中国航空考古和水下考古的专业队伍，通过三峡文物保护的浩大工程，团结和锻炼了文物考古界的陆海空大军。先生的大家风范和诗人气质，吸引了我们这一代人；先生的博大胸襟和超凡智慧，感动了我们这一代人。正因为有俞先生直面时代的坦荡，我们这一代人才会更加充满豪情；正因为有俞先生演绎科学的真谛，我们这一代人才会更加锐意创新。

俞先生为中国的文物考古事业贡献了毕生的心志。先生始终站在学科前沿，关注当代科学的每一个进步，不断开拓考古学的新境界；先生对理论和学术舍命求真，思辨和真知的明珠熠熠生辉；先生对祖先文化遗产无比虔诚，对每一次考古新发现都激动兴奋，对文物保护工作勇当重任。先生对事业、对社会无私、无畏、无尘，对科学、对学人无华、无巧、无术。俞伟超先生是考古学大师，是考古学界的一面旗帜。先生求索终身，超越终身，即使在生命垂危、言语艰难的时刻，仍然与来访者追溯人类的孩提时代，遨游科学的深邃苍穹，继续实现着伟大的超越。俞伟超先生的人生，体现了科学的伟大精神。俞伟超先生不仅属于文物考古界，同时属于我们这个社会，属于我们这个时代。

我们怀念俞伟超先生，是因为先生以智慧创造了一批智慧，以激情创造了一派激情，以人格创造了一群人格，以精神创造了一代精神。

我怀念恩师俞伟超先生，是因为我需要像先生一样去理解，需要像先生一样去净化，需要像先生一样去升华，需要像先生一样去超越。

（原载《中国文物报》2004 年 6 月 4 日，标题应作者要求有所更改）

俞伟超先生与西北地区史前考古学研究

水　涛*

俞伟超先生学识渊博，一生中曾对众多学术研究领域有所涉猎，在许多方面都取得了很高的成就，是当代考古学家中的大师级人物。在此，通过对俞先生在中国西北地区史前考古方面所做工作和学术活动的一些追忆，表达对先生的永远怀念和敬仰之情。

20 世纪 70 年代末期，随着科学春天的到来，高考制度恢复后的首批学生走进了大学校门。在安排这些新一代大学生进行田野考古实习活动时，先生首次来到了甘青地区，后来，他又多次来到西北，从此，西北地区史前考古学研究成为俞先生学术生命中的重要组成部分。

1979 年的第一次青海之行，俞先生在青海考古学会和青海省历史学会联合举办的学术报告会上，做了以《古代"西戎"和"羌"、"胡"文化归属问题的探讨》为题的学术报告（此文曾刊于《青海考古学会会刊》第 1 期，后略作修改，以《古代"西戎"和"羌"、"胡"考古学文化归属问题的探讨》为题，收入《先秦两汉考古学论集》[1]）。在这次演讲中，俞先生对古代文献中的戎、羌、胡之别进行了系统的梳理，结合甘青地区已经发现的寺洼文化、卡约文化和"安国式"遗存等方面的材料，论定他们都是羌人文化，但已经形成几个明显的分支。对于辛店文化和唐汪文化，俞先生认为，按其分布地望来说，显然应当还是羌人的遗存。但是，考虑到西北地区广泛存在的屈肢葬、铲形袋足鬲、洞室墓等方面的因素，也可以把辛店文化看作是西戎文化之一，他们与秦文化的起源关系密切。正是基于这样的认识，俞先生后来安排自己的研究生专门对辛店文化和甘肃东部发现的铲足鬲遗存进行了深入的研究，终于在早期秦文化研究方面取得了重大突破。

1981 年，俞先生再次来到青海，以《关于"卡约文化"的新认识》为题，在青海省考古学会和青海省历史学会联合举办的学术报告会上发表演讲（此文曾刊于《青海省考古学会会刊》第 3 期，后经修改，以《关于"卡约文化"和"辛店文化"的新认

* 作者系南京大学历史学系教授。

识》为题，发表于《中亚学刊》创刊号上，最后，以《关于"卡约文化"和"唐汪文化"的新认识》为题，收入《先秦两汉考古学论集》[2]）。在这次讲演中，俞先生就卡约文化的类型和分期问题，卡约文化与寺洼文化的关系以及各自的来源问题，卡约文化和唐汪文化的关系问题，卡约、寺洼、唐汪的族属及其对中原文化的影响问题，甘青高原由锄耕农业向畜牧经济转化的问题等，进行了精辟的分析和论证。

这两次讲演，不仅对于青海省的考古学研究工作意义深远，影响巨大，而且，对于整个甘青地区所在的中国西北地区考古学研究也有巨大的指导和推动作用。时至今日，我们仍然能够感受到俞先生的远见卓识，仍在从这些文章中获得学术灵感，找寻研究问题的方向和突破口。

俞先生不仅具有广阔的学术视野和抓住问题核心的理论概括能力，他也身体力行地实践自己所认准的目标。1982～1983年，他指派研究生赵化成（现为北京大学考古文博学院教授）与甘肃省文物工作队联合进行甘肃东部早期秦文化的调查和试掘，试图在寺洼文化、周文化和早期秦文化等问题的研究上有所突破，结果，在甘肃甘谷毛家坪遗址区分出A、B两种不同的遗存，研究者认为，毛家坪A组遗存前段的发现为我们研究东周秦文化的形成提供了重要线索，其B组遗存应是一种新发现的，与西戎有关的文化遗存，他们与秦文化的相处一地，应是东周时期民族融合的一个例证[3]。毛家坪和董家坪等地早期秦文化遗存的发现再次证明，西周一代，秦人的活动中心大体是在现在的天水地区。20世纪90年代以来，在甘肃礼县大堡子山一带发现了大批的秦国早期贵族墓葬，其中，有一些可能是秦公大墓[4]。这些新发现，无疑是对俞先生及其弟子关于早期秦文化研究所做努力的最好的肯定。

1984年，俞先生指派研究生南玉泉（现为中国政法大学教授）与甘肃省文物工作队合作，发掘了甘肃临夏莲花台、永靖马路塬等遗址，证实了辛店文化的甲组遗存（姬家川类型）早于乙组遗存（张家嘴类型），并对唐汪式陶器的归属提出了新的认识[5]。虽然，南玉泉的研究得出了不同于以往的结论，但是，俞先生非常支持年轻学者的探索精神，并且根据自己学生的研究成果，修正了自己已经发表的文章中的部分观点。这充分显示了俞先生作为一代名师所具有的博大胸怀和勇气。正是这种情怀，使他在年轻学者中拥有了众多的朋友和知己。

俞伟超先生首先注意到了甘青地区史前的经济形态曾经发生了变化这一学术问题。他关于甘青高原地区由新石器时代的锄耕农业向青铜时代的畜牧业经济转变的论述，从古代社会的普遍发现着眼并指出，这种转变在甘青高原地区而言是一种巨大的进步，人们的活动空间更加广阔，征服了更大片的崇山峻岭。这些认识显然是有启发性的，它使我们意识到，中国西北地区从新石器时代晚期到青铜时代早期所发生的文化的一系列转变，其动因可能不仅仅在文化的表层现象上，而是有着深刻的经济生活方面的原因。1987年，笔者在考察甘青地区的这种经济形态转变问题时，注意到了可能与当时的环境变化有关[6]，在其后的研究中，笔者对于这一地区的环境变迁研究作了大量的资料收集和分析工作，完成了以《甘青地区青铜时代的文化结构和经济形态研究》为题的博士学位论文（该文收入《中国西北地区青铜时代考古论集》[7]），完整的论述了甘青地区新石器时代农业经济的解体和畜牧业经济的出现，是距今 4000 年前后的寒冷期气候作用的结果。当笔者就自己的研究心得向俞先生请教时，俞先生显得非常高兴，直截了当地说，这个问题的答案给你悟出来了。在那一时刻，我再次感受到了俞先生始终如一的坦荡胸怀。然而，俞先生的眼光显然并没有停留在一个局部问题上，他想得更多的是全局的问题。由于距今 4000 年的环境变化在西北地区造成了非常巨大的经济形态的转变，那么，这仅仅是一个局部地区的变化吗？俞先生认真考察了中国历史上的洪水传说，在写给纪念城子崖发掘 60 周年学术会议的一封信中，表达了他对良渚文明和龙山文化的消失与洪水的关系问题的新认识[8]。如今，更多的学者从更多的层面论证了中国东部地区在距今 4000 年前后可能遭遇的大洪水问题及其影响作用，其中，许多观点和结论支持俞先生的推测，我想，这些成就也是可以告慰先生于九泉之下的。

俞先生不仅对西北地区的史前考古研究有重大影响和贡献，对于这一地区历史时期的考古工作也有很多指导性的见解，他对青海上孙家寨汉墓性质的推定，对于新疆尼雅墓地所出棉织物上的佛教人物图像意义的考证[9]，都是非常精辟的论述。对于青海都兰吐蕃贵族墓地考古发掘工作的持之以恒的关注和支持，也显示了其非凡的学术预见性。

20 世纪 90 年代以来，俞先生逐渐将学术研究的目光转向长江流域，特别是自担任三峡工程文物保护规划工作的总负责人以后，更是常年奔波在三峡地区的崇山峻岭之间，很少有机会再到中国西北地区做考察和发掘工作。但是，作为一个国家文物局的高级学术决策专家，俞先生始终对西北地区的学术发展表现出极大的关注，特别是在甘肃礼县大堡子山墓地被盗掘破坏以后，他显得格外痛心疾首，大声疾呼，要求有关部门引起重视给予保护和抢救发掘。现在，大堡子山的盗墓风潮已经得到初步的遏制，多家单位联合进行的对早期秦文化的重新探索工作也已经立项，后来者们正在按照俞先生曾经设想的那样，努力完成着一个个预期的学术研究课题。这是我们今天对俞先生最好的纪念和缅怀。

注释：

[1] 俞伟超：《先秦两汉考古学论集》，文物出版社，1985 年。

[2] 俞伟超：《先秦两汉考古学论集》，文物出版社，1985 年。

[3] 赵化成：《甘肃东部秦和羌戎文化的考古学探索》，《考古类型学的理论与实践》，145～176 页，文物出版社，1989 年。

[4] 王辉：《甘肃省文物考古工作五十年》，《新中国考古五十年》，438～454 页，文物出版社，1999 年。

[5] 南玉泉：《辛店文化序列及其与卡约、寺洼文化的关系》，《考古类型学的理论与实践》，73～109

页,文物出版社,1989 年。

［6］水涛:《史前考古学研究中的环境因素分析》,见《走向二十一世纪——考古学的学习、思考与探索》,《文物天地》1988 年 3 期。

［7］水涛:《中国西北地区青铜时代考古论集》,科学出版社,2001 年。

［8］俞伟超:《龙山文化的消失与大洪水的关系》,《纪念城子崖发掘 60 周年国际学术讨论会文集》,齐鲁书社,1993 年。

［9］俞伟超:《东汉佛教图像考》,《先秦两汉考古学论集》,文物出版社,1985 年。

痛苦的欢乐

——纪念俞伟超先生

汤惠生*

幽咽而遥远的单簧管引领我进入阅读俞伟超先生《古史的考古学探索》一书的最佳状态。格什温的《蓝色狂想曲》是俞先生生前最喜爱的音乐之一，我想他这部著作中的许多文章一定是在《蓝色狂想曲》音乐的伴随下写成的。《古史的考古学探索》中可以听到格什温：痛苦的欢乐与沉静的激情。

俞先生是位学者，但更是一位思想家。学者思考的都是可以解决的问题，而思想家总是在思考那些无法解决的问题。实际上它们之间是一种因果关系，学者的最终使命在于殚精竭虑地试图回答那些没完没了的学术问题，而那些属于圣贤大哲的思想家们的使命则在于制造或提出一个个使人殚精竭虑的问题。

考古在俞先生眼里不再是一种职业或一门学科，而是一种生活方式，正如格林·丹尼尔一再申言："如果考古学不能给人带来快乐，那它就一钱不值。"不过这种快乐常常是以伤感、迷茫，甚至痛苦的形式出现在俞先生面前。作为思想家，俞先生"常有恍惚之感，甚至苦闷"，如行吟问天的屈子一样：考古学是什么？一个经历了100多年发展到21世纪的学科，居然还要被质询以19世纪的疑问，俞先生思考的显然不只是技术路线，而是考古学的全部，即"人类历史进程的真相"。考古学能否探明人类历史的真相？考古学如何去探明人类进程的真相？这首先是个考古学理论和方法论的问题。

我国考古类型学的奠基人苏秉琦先生用蒙德柳斯带有进化论思想的类型学断代法对宝鸡斗鸡台的西周陶鬲进行研究后，这种用类型学对器物进行相对年代确认的断代方法顿时身价百倍，一跃成为中国考古学研究中最主要的方法论；20世纪50年代末到60年代苏先生分别对洛阳中州路的东周墓地和仰韶文化进行类型学研究之后，类型学又因其揭示了器物发展过程中所谓的逻辑关系而进一步上升到考古学理论的地位；到80年代初苏先生提出区系类型说后，类型学便在中国考古学研究中被奉为圭臬。司马迁在《报任安书》中说他写《史记》的目的就是要"究天人之际，通古今之变，成一家之言"，苏先生简洁地把司马迁的三句话转换为"区、系、类型"，成功地运用于考

---

* 作者系南京师范大学社会发展学院文博系教授。

古学，使其成为中国现代考古学研究的目的与任务。俞伟超先生克绍乃师其裘，用形式更为通俗、内涵更为广泛、眼光更为远大的两句话加以概括："古今一体，中西合璧"（俞先生曾提到曹兵武先生将他的"古今一体"加上"中西合璧"，这样不仅凑成一幅对仗工稳的联句，同时也形成一个完整和系统的考古学思想。不过如果将这两句理解为一副对联的话，应该再加上一个横批："万法同源"，使之更趋完美）。实际上时空关系就是考古学的全部。不过有一点我们必须强调，这里的全部仅仅是指 19～20 世纪考古学的全部，因为任何一门学科及其理论都是在不断地去故而就新的方式中发展起来的。回顾一下中国考古类型学的初创、发展、成熟与完善，整个过程似乎都是在一个人和一个学科的影响下发展起来的。这个人就是达尔文，这个学科则是生物学，尤其是生物分类学。证明这一点，只需轻松地援引达尔文的一段话："我们的分类将成为——尽可能地使之成为——生物的谱系，那时将真的显示出所谓'创造的计划'了。当分类有了确定目的之时，它的规则将会更加简单。我们没有得到任何谱系或族徽；我们必须依据各种长久遗传下来的性状去发现和追踪自然谱系中的许多分歧的系统与支线。残迹器官（即遗型）将会确实无误地表明长久亡失的构造的性质。称作异常的、又可以富于幻想地称做活化石的物种和物种群，将帮助我们构成一张古代生物类型的图画。"（达尔文：《物种的起源》，科学出版社，1996 年，435 页）

如果我们把达尔文这段话中的"生物"或"物种"两字改成"器物"的话，便也可完整地移录过来作为我们当代考古类型学的指导思想与方法论，而且这是目前为止最为完整的表述，它表达了当代考古类型学的全部内涵。

所以俞先生的思考定然不会到此为止。那么作为当代中国考古学理论和方法论的类型学能否揭示"人类历史进程的真相"呢？显然俞伟超先生认为不能，否则就不会提问了。俞先生是在写完《考古学是什么》中的"类型学"和"地层学"两章后，才产生对考古学作为一个学科发展方向的疑问。考古类型学解决的只是一个时空问题，我们不应该也不可能赋予其太多的使命。20 世纪 80 年代在有关中国文明起源的争论时，张光直先生以一个西方考古学家的眼光对中国考古学家们关于文明的定义及其争论感到很不理解，他说为什么要讨论中国文明来自何处这类问题，而不是讨论文明前的社会产生文明的内部动力问题。张先生的疑惑毫无遮掩地暴露出类型学的缺陷：以类型学（包括地层学）为理论和方法论的中国考古学家只能讨论关于文明起源于何时何地这种时空性的问题，而其他诸如人类行为、观念意识，包括文明产生的内部动力等"人类历史进程的真相"，则是考古类型学所无法胜任的，也正是中国考古学家所无法讨论的。

20 世纪 80 年代末，俞伟超先生开始思考类型学以外的考古问题。众所周知，俞先生喜欢与青年学子待在一起。他不嗜酒，但一杯酒从头至尾慢慢喝着，长时间耐心地倾听着年轻人的高谈阔论，与其说他在听，不如说他在思考；在他谈话时，辄以断指击案，可见其思考之痛。俞先生于 90 年代初发表的《图腾制与人类历史的起点》一文就是基于对人类及其文明产生的内部动力的思考而写就的。从此以后，俞先生似乎全力投入到如何通过考古学来揭示人类历史进程真相的思考。他后来的文章如《中国新考古学论纲》、《考古学体系与人类历史进程关系的新思考》以及《人类进步过程中物质、精神、社会三方面的关联性》，可以说是俞先生对中国考古学及其发展的新认识。

　　久矣夫，俞先生一直在探究人类社会进步的根本动力。2003 年 4 月底，我与许永杰、卜工等人去小汤山医院探望俞先生，在大家谈论他病情的时候，他突然对我说："这些日子我在病床上才想明白，人类社会进步的根本动力就是个人的聪明才智。"答案何其朴素！一旦说出来，居然不敢相信，诚所谓大音稀声，大象无形。我知道，这应该是他的天鹅之鸣——尽管尚未鸣出。"我很高兴我想到了，可惜我写不了了！"我听了有些伤感，倒不是伤感他的"可惜"，而是伤感他的"高兴"。因为他的"可惜"很可能是因其"高兴"——殚精竭虑的思考——所致。好在尽管可惜，但毕竟是高兴的。

　　考古更多是一种生活态度，是一种生活方式。"思考本身就是痛苦的欢乐"，这是俞先生常说的一句话。但愿俞先生的在天之灵依然欢乐，长乐未央！

作为范例的班村

张爱冰*

　　近读曹兵武"班村发掘之缘起"(《中国文物报》2004年2月27日)、裴安平"怀念俞伟超,发扬班村精神"(《文物》2004年第12期)等有关班村发掘的纪念和评述文章,获益匪浅。班村遗址位于河南省渑池县,现已被小浪底水库淹没。遗址以仰韶文化庙底沟类型的遗存为主,同时还有更早的裴李岗阶段以及稍晚的庙底沟二期遗存。1991～1996年,中国历史博物馆联合中国科学院地质研究所、北京师范大学、中国科技大学等单位,在俞伟超先生的亲自带领下,对班村遗址进行多学科综合发掘与研究,探索包括考古学、人类学、地质学、地理学、生物学、物理学等多学科现场共同收集、提取、整理、分析资料的途径与经验,这种做法在当时的中国考古学界尚属一种开拓性的尝试。作为班村发掘前期规划与早期工作的实际参加者,我想就班村发掘的理论背景、发掘方案所体现的观念体系以及所谓的班村范例与班村精神谈一点个人的看法,以纪念俞伟超这位当代中国最富激情的考古学家,并期待学术界对班村发掘做出更全面和更深刻的评价。

　　1. 北京座谈会的理论背景

　　1990年底,俞伟超先生在北京主持了一个小型座谈会。正是在这次座谈会上,他最后下定了决心,找一个遗址,将他多年的思考付诸一次尝试性的实践。

　　曹、裴二文均认为,俞先生是在1990年12月12日为《当代国外考古学理论与方法》撰写序言后不久,"一个更具挑战性的计划在先生脑海中形成和成熟"。的确就在这一天,俞先生亲笔拟定了一个邀请函,邀请京外的裴安平和我来北京参加"考古发掘多学科合作"座谈会。

　　在此前一个月的11月12日,俞先生在给我的信中说,"你写的那篇访谈录,促使我进一步考虑一些问题,并考虑做一些事。近一个月来,我把自己最近的一些想法,跟一部分人做了交流。我希望做一些具体工作,用实际工作来推进我国考古学的发展。如果可能,在十二月下旬或一月初,我想约你和湖南考古所的一人,加上北京的数人,

---

* 作者系安徽大学历史系教授。

在京碰一次。"这说明，座谈会一事，在他是酝酿已久。而《考古学是什么——俞伟超先生访谈录》在南京的《东南文化》（1990 年第 3 期）上的发表以及在学术界的反响（这个访谈录很快在《新华文摘》1990 年第 9 期上得到转载），应是促使他召开这个座谈会的原因之一。

如果不算我在南大求学期间聆听俞先生关于楚文化和江陵楚墓分期的讲座，1988年 12 月在安徽省文物考古研究所三十年纪念暨安徽地区考古学文化讨论会上，我是第一次亲聆先生的教诲。历博的张正涛兄告诉我，因为我的那篇参加会议的极其粗浅的论文，俞先生有兴趣在会后进一步听听我的一些想法，当时我的感觉只能形容为受宠若惊了。

俞先生在这次会上作了《含山凌家滩玉器和考古学中研究精神领域的问题》的讲话。在这次讲话中，俞先生对新考古学提出了不同的看法，这在当时是很新颖和大胆的。他认为，研究自然环境对人类历史进程的影响，是新考古学中的一个重要内容，而这是需要大量自然科学的研究作为基础的。人和自然环境的关系这样一个过去无能力探讨的问题，已经成为考古学研究中的热点。俞先生还认为，新考古学中探讨人类的文化进程和文化动力的法则，以及先设想一些模式，再通过少量野外工作来验证的看来是很荒唐的工作方法中，包含有合理的内核。新考古学所提出的一系列新方法、新理论和新概念，将极大地改变考古学原有的研究对象、内容和方法，这是现代科学技术发展后的一个必然产物。当时中国考古学界对新考古学的主流看法应是以夏鼐先生为代表的、基本上是持否定的态度。夏鼐先生的言辞算得上是激烈："像 60 年代美国的新考古学派，似乎便犯了这毛病，他们以为考古学的主要目标便是探求'文化动力学的规律'。他们叫嚣了 20 多年了，新考古学变老了，但是他们仍然没有拿出一条大家公认的新规律来。""他们撰造一些别人不容易懂得的术语来阐述他们的'范例'和理论，提出一些模式和规律。"（《什么是考古学》）

1990 年元旦前后，经与南京《东南文化》的贺云翱商定，在历博的馆长办公室及俞先生的小石桥寓所，我完成了对俞先生的访谈。俞先生进一步认为，其实，古人留下的东西很少，有些只能靠理论上的一些推测。新考古学与传统考古学的根本差别正在于此。新考古学出现的条件，是业余考古工作者超过了专业工作者。在新阶段，注意力从资料的堆积转到广阔的样品空间。他再次强调了环境考古学。要注重文化生态学的研究，研究环境对人类的影响。历博正计划与中科院地理研究所合作，研究 2 ~ 3万年至 2 ~ 3 千年前，自然环境对中国社会的影响，如农业的产生。

2. 班村发掘方案所蕴涵的观念体系

曹、裴二文中提到的 1991 年 4 月由周昆叔先生带队的遗址选点和 7 月的发掘规划初稿起草期间，我正在忙于为兖州研讨班准备一篇会议论文。

大约在 1991 年 3 月初，我收到了以国家文物局考古领队培训班的名义发出的在兖州唐庄考古队举办的"考古学理论与实践研讨班"的会议通知。研讨班的宗旨踌躇满志，要"从理论的高度评价中国考古学的成就与不足；基于现实条件，探讨中国考古学的发展方向及实现的途径。参会论文的初稿为"中国考古学十年论纲：1980 – 1990"，俞先生有铅笔修改稿；在 8 月底参加兖州研讨班前，俞先生就论文的修改大约来有五六封长信。参加会议时临时改为"考古学文化与方法论纲"。会议结束后，又有数稿的改易，其中一稿，则完全由先生在稿纸上亲笔写出。1992 年底论文在《中国社会科学》发表时由俞先生最后定名为"考古学新理解论纲"。

在这些通信中，俞先生一度对全息理论表现出极大的兴趣。俞先生在 1991 年 4 月 7 日的信中写到，人作为生物，具有全息关系。人类社会的系统结构，存在着内外反馈关系和互为映射的同构关系。所以，人和人类社会可以用全息思维来观察，来分析。全息考古学的概念应包含着两方面内容：（1）发掘出的局部现象，可以反映出此遗存所属文化全貌的主要或基本内容。已有的研究，即大都如此。（2）把考古学文化作为人类已逝社会的整体来思考，就要尽可能获得全部信息。20 世纪 60 年代以后，考古学已把研究人的技术、社会和意识形态作为研究对象，并开始把解释文化形成的原因和寻找文化进步法则作为宗旨，从而和理解当今社会开始发生直接联系，要求多学科的综合和高科技的运用。这个趋向的前景，将是进入全息考古学的时代。

在同年 7 月 12 日的信中他又进一步对上述看法作出了补充和调整，即，某一段落的信息，也隐含着全过程的信息。具体说，对青铜文化，甚至是青铜文化中某一段落的研究，可以了解人类文化的整体。这种想法，出于以下考虑：（1）人和人类群体，出于自然的、社会的属性，本有相互联结、沟通之处。所以，了解到片断的必然性，就可以认识到整过程的必然性。由此而得到的重要认识又是：正因如此，理解了古代，就可认识当代和预见未来。（2）正因不同历史阶段的人和人类群体有相互联结、沟通之处，所以今人对过去的历史，即使是远隔数十万、数百万年的人和人群，也可理解，并且，还往往可以凭直觉加以理解。从"全息论"来说，基本思想应该是"局部隐含全体"、"片断隐含全过程（包含未来）"。

1991 年 10 月初，俞先生安排了对班村的试掘。10 月中旬，他又在三门峡主持了班村发掘规划论证会。俞先生在会上说，1921 年安特生在仰韶村的发掘也是 10 月开始的，现在刚好整整 70 年。这是一个象征，科学方法是国际的。建国以后的 40 年，基本上是 40 年代的方法。国际上 60 年代以后，有一个大的变化。所谓"新考古学"，这个"新"字并不科学，需不断的探索而已。

裴安平在对发掘规划草案所作的说明中明确指出这次发掘的目的不是解决区系类型问题。这个方案强烈地显示出某种观念体系的支撑：强调任何古代聚落遗址并非仅仅是一个"环节"，而是一个"整体"，它包含了人类社会生活各方面的信息及其与环境发生的关系；考古学要调动一切科学手段与方法，全面攫取历史信息，重建古代人类的社会行为；探索多学科综合发掘与研究的恰当方式；全面解析遗址所表达的聚落形态、社会经济、社会组织结果、意识形态和人地关系方面的内容。

所有这一切，正反映了俞先生自 1988 年以来对人地关系以及全息考古学的关注与思考。应该说，这个草案，鲜明地打上了俞氏的烙印。

3. 班村范例与班村精神

1992 年秋，班村发掘正式开始。俞先生希望由此建立一个全新的田野考古发掘与研究范例。在发掘方案的指导思想中有这样的话，"探索组织、协调多学科进行考古学的综合发掘与研究的恰当方式，为国内同行提供经验教训"。今天，人们谈论所谓的班村范例，我认为至少应该包含以下几点：

（1）观念优先。班村发掘从一开始就是俞先生的理想与激情的产物。他动用了他的资源，在河南渑池和 1991 年 10 月这两个极富象征和暗示的地点和时间，开始了他的浪漫之旅。这的确有点雄心勃勃。陈星灿甚至带来了安特生 1921 年绘制的仰韶遗址的地形图和剖面图。

（2）多学科的前期介入。班村发掘项目的顾问组包括了国内、国际考古学、人类学、地质学、地理学、生物学、物理学等多方面的专家。考古队由田野考古工作者、自然科学工作者两部分人员构成，其中自然科学方面包括了地学、生物、环境、计算机等方面的专家。今天我们知道，周昆叔在遗址挑选、李容全在遗址小环境、袁靖在动物骨骼、王昌燧在彩陶分析等方面都做出了相当不错的成绩，而计算机信息处理方面还曾得到英国伦敦大学考古学研究所霍立治先生的帮助。

（3）注重过程与方法。俞先生在论证会上就说，这是一个极其单纯的遗址。这个遗址从一开始就知道是一个普通的仰韶文化聚落遗址。发掘结果证明这个遗址的确是以仰韶文化庙底沟类型的遗存为主，同时还有更早的裴李岗阶段以及稍晚的庙底沟二期遗存。发掘队基本没有期望发掘会对传统的区系类型理论有什么重大贡献。班村发掘的主要目标是探索新思维下的古代遗址信息的提取、整理和分析。

（4）国际化。当时国内还没有条件进行国际合作发掘，但班村发掘项目还是得到了美中学术交流委员会的支持。在 10 月的论证会上，华盛顿大学 P. J. Watson 教授作了关于农业起源、栽培作物的判别标准、浮选法的讲座；俄勒冈大学 C. M. Aikens 教授作了关于区域环境考古学的最新进展以及他的一个研究案例的讲座。这两个讲座的内容，我曾分别予以整理，发表在 1992 年的《东南文化》上。班村发掘期间，在美中学术交流委员会的协助下，于 1992 年 6 月在临淄举办了中美陶器研究研讨班。俞先生曾说，"我相信，临淄的十天培训班，将聚集一批有思想的年轻人。十天的聚会，其影响将远远超过兖州会议。"

所谓班村精神，按照裴安平的总结，有三点，锐意进取、科学求实和无私开放。我认为还要加上两点，那就是自由的学术和永无止境的探索！

班村，注定要在中国考古学史上留下自己的位置。

2005 年 3 月 10 日

学者·学问·人生

——俞伟超先生访谈录

徐良高[*]

　　俞伟超先生是一个充满激情，对新事物、新思想极为敏感，并不停思考的人，也是我很敬重的一位师长。先生平易随和，至今犹常常忆起与先生在历史博物馆旁小酒馆内把盏举杯，海阔天空的情景，先生的音容笑貌犹历历在目。先生的研究兴趣从新石器时代至汉唐，其学术成就学界有目共睹，非我所能妄评。尤为难得的是他对考古学理论及社会、人生有精深的思考，对学科的发展有洞见之明。他对考古事业的热爱溢于言表。我本人从俞师的著述中获益匪浅。同时，我在自己的学术研究中，深感有许多我们必须面对而又尚不得其解的问题和困惑。这些问题在当今功利主义盛行的时代，不敢说是众多青年学子的困惑，至少可以说是部分如我辈偏执于学术者所深为关心的。本人有幸与俞先生多次长谈，得到先生赐教。在这些交谈中，我往往有得"棒喝"而获"顿悟"之感。现整理成以下几个方面，以飨同道者。

　　徐良高（以下简称"徐"）：中国考古学与人类学、历史学的关系问题，也即中国考古学应属于人类学，还是历史学？近年来，这一话题成为中国考古学界所关注的问题。我看到一些国外学者的文章，主张中国考古学摆脱传统的历史框架，而采用人类学的概念和模式。我们认为，从人类学角度看，这些学科全是研究人自身的学问，应合流趋一。从中国历史，尤其是夏商周三代史看，当时的历史记载有些是模糊的，但大多数是可信的。它提供了基本的朝代、方国、族属等历史框架，这些基本的历史框架没有问题。另一方面，我们现在研究的许多问题，如文化、文明、国家、阶层社会、区域文化等概念其实是来自于人类学的。这样就存在中国特定历史框架与人类学命题、模式的整合问题，这正是中国考古学发展至今，在理论解释上需要解决的问题。这与中国特有的史学特点有关。比如，美国在殖民地以前，只有无文字记载的印第安文化，后人研究它，可采用纯人类学的方法。在中国三代史研究中，不同于无文字记载的石器时代，它存在着如何处理考古学文化与历史记载中的特定"族"的对应问题，这是在三代历史研究中必须讨论的理论问题。因此，考古学、历史学和人类学的关系问题

　　* 作者系中国社会科学院考古研究所研究员。

及发展方向成为我们关注的问题。先生在这方面有什么看法？如何才能做到三者的整合呢？

俞伟超（以下简称"俞"）：我极力呼吁将历史学、人类学、考古学综合为一个学科。1985 年，我就正式提出了，但当时还很含糊。考古学经过发生、发展，最终是要衰亡的。但以什么途径，多长时间不好说。21 世纪，三个学科要合一，当然还可各有研究重点。三者本来就是互相贯通的，客观上也在互相接近，如果不人为地分开，对学术研究有利。

从科学发展史来看，19 世纪中期，考古学才独立，以前属于古物学。独立即是从历史学中分出。以前文史哲不好分，考古学也不分。欧洲一直视考古学为历史学的一部分。人类学是后来独立的，原应属于地理类，比如古代民族学方面的记录。中国古代史地也是很难分的。20 世纪，人类学就是研究"人"，后来，四五十年代，法国论坛史学才提出成立一个分支"历史人类学"。再后来，历史学提出作为人类学来研究。60 年代，考古学提出作为人类学的考古学。五六十年代，欧美均提出历史学、考古学作为人类学的一部分。由此趋势可见，21 世纪，三学科合一一定会实现。现在我们可以谈三个学科的合一问题了。

考古学利用技术的丰富与变化只是条件与手段，核心变化是社会思潮的变化。前者是具体的，仅丰富了我们的知识，后者是整体性变化。

我呼吁把三个学科自然而然地结合起来，研究一些重大问题。

徐：中国考古学与现实社会的关系。先生曾精辟地论述过考古学对进化论产生的贡献，但中国考古学与近现代中国社会的关系仍是大家关注的。我们觉得任何学科的产生背景、关注对象、研究方法和应用于解释的理论均与时代密切相关。比如，马克思、恩格斯时代，由机器发明导致的工业革命给社会带来了剧变，故他们提出了生产工具的变化带来社会的变革，生产力决定生产关系的历史发展规律的解释理论。当代社会，环境问题及其对人类社会的影响日益突出，故生态理论成为许多学说解释问题的视点。纵观中国近现代学术史，中国考古学与现实社会演变的关系更为密切。比如，中国考古学提出的诸多课题与近代社会的"救亡"运动、中华民族文化的自我反省、重新认识及重新确认自己在世界民族文化中的地位均有密切关系。又比如，苏秉琦先生提出的"重建古史的远古时代"理论正是中国考古学对"五四"运动以来古史研究中"信古——疑古——释古——重建"的学术发展道路的自然反映。如果考古学仅局限于考古学，而不放在大学问范围内，不放在特定社会环境背景中，对社会问题提出自己的关注，就不是真正有价值的科学，也与历史学历久常新的道理相背离。不知我的这种理解是否恰当？中国近几十年的学术研究由于受到"一元理论"的指导，与"五四"运动以来的学术传统有一定程度的断裂，尤其是我们青年一代，对老一辈学者所关注的学术问题往往不甚理解。先生对中国考古学在当代社会中的定位如何看？考古学成就在当代社会，尤其是思想文化重建中的作用如何？如何理解"重建中国史前史"提出的背景及其意义？

俞：你说的很精彩。现实的刺激促使人去反省历史上的动因，重视过去被忽视的许多东西。

苏先生是从"五四"运动过来的，当时他是学生，他的感触是很深的。现在批疑古派是不公道的，它确实极大地推动了当时的学术，改变了人的传统思想。只有先推翻，然后才有重建，不破不立。资产阶级思想传入中国后的第一大贡献就是疑古思潮，这是时代的进步，有大功劳。现在看《尚书》等古籍记载有很大可信性，看法观点改变了，具有了科学性，少了传统史学中的迷信色彩，是一种建设。我们五六十年代上大学时，老师中疑古思潮还是占主流地位的。

"疑古"一词是从英国搬来的，疑古的同时，就有了重建思潮。"五四"运动以后，在知识界中的先进分子就有了很大的重建欲望。在此基础上，考古学出现。先是土法上马，如对燕下都的工作，但结果不理想。后来引入西方考古学，取得了成功。重建古史走了70年，历史大轮廓出现了。区系类型的提出是个大贡献，当然也有不太准确的地方。在区系类型的基础上，苏公提出重建。我的理解，苏公的重建是将历史学、人类学和考古学三者合一，而不仅仅是建立起区系类型，补充几个考古学文化，确定几个年代。我在一篇纪念苏公的文章中曾说："至90年代初，（苏公）又提出'重建中国史前史'的奋斗目标。这是本世纪（指20世纪）二三十年代以来有多少学者希望实现的理想，又有多少学者为之努力和作出过尝试，并在史学、考古学和人类学方面，都奠定了一定的基础，但显然尚未真正实现。我理解他再一次地提出这个目标，是要告诉大家史前史不等于史前考古学，而应当是把考古学、历史学、人类学合为一体的研究成果。这正是在下一个世纪（指21世纪）大家要为之实现而奋斗的。"现在，我们离真正的重建工作尚远，如仰韶文化的东西两部分，谁的水平更高？西周以前，河南豫西水平似高于关中，半坡是保存得好，而不是高。半坡以后至商代，关中一直很落后，很长时期，文化不明，显示一种不平衡性。

在今天考古基础上，重建将是更高一个层次。考虑问题应将历史学、人类学、考古学三个学科的概念都应用。现在考古学研究多注重于低层次的物质间交流，而对深层次的思想观念的认识不够。如果其他学科加入，能有很大的启示作用。

徐：科学研究中的"实证方法"，即所谓纯逻辑的科学方法与"体悟"方法的关系。这里所谓的"体悟"，应是置身于古人的社会环境，去理解古人所面对的问题及他们的思想、感情、思维方式。许多学者，如钱穆等均推崇此研究法，即对历史观念的理解。先生曾提出感性、理性、知性三阶段说，其中知性阶段似已超出纯逻辑阶段。另外，您在考古学的艺术性中也讲到"灵性"、"体悟"、"所有考古工作归根到底的目的，都是在探索人，能够理解一个时代的人，也就能够理解另一个时代的人"。我们的理解是人与人之间之所以能互相沟通，正在于我们有相同的感情、思维方式。现代一些社会科学家也认为社会科学与自然科学有不同的治学方法，在社会科学中完全依靠自然科学的纯逻辑实证的方法是行不通的。人文科学要考虑到人的感情、欲望、历史文化传统的影响作用。爱因斯坦在回答为何物理学取得巨大进步而人类的好多问题都一筹莫展时说：物理世界很简单，而人却太复杂。确实如此。就考古学来说，其研究的对象是客观的物——具体可见的遗迹、遗物，而研究的目标则是人和由人组成的社会。既有自然科学特色，又有社会科学特色。由此，仅用纯逻辑的研究方法，总觉得是不够的。然而，关于这一点，对于我们这一代只受过典型科学方法训练的人来说，往往不太理解，考虑的更少。请先生谈谈自己的感受和看法。

俞：西方史学理论是非常深刻的，考古学理论在里面显得比较单薄了。近来看《现代西方史学理论评析》一书，才知道，原来西方从 20 年代就开始批实证主义。我国史学研究中，主张实证主义是对的。但学术研究中，有些是无法看得见的。在考古学文化中，将实证主义作为至高无上的准则，得到的结果就很浅薄。实证主义是基础，但目的是什么？文化的核心是一个时代的主要思潮，决定了一个时代的各种关系和文化现象。有些文化有基础，有源流，但有些文化则是几种文化综合的产物，如汉朝文化和唐朝文化。儒家思想就影响到了其他诸多方面。

考古学到今天应探讨表面现象内部的一些东西，即人的思想和观念。如此，则一些基本的考证是不能解决的。为什么形成不同的文化面貌，思想和意识形态是很重要的，精神领域的探讨是最精彩的，考古学应该探讨它，从思想史的渊源去探讨。这一点，简单的考证很难办到，也不是区系类型所能解决的。思想上应超越实证主义阶段，这应是考古学的方向，以后解释性、论证性研究会越来越多。

多注意人的精神领域研究，其意义重大。由精神观念，再看社会组织结构等要明白的多。观念变了，许多事情也就变了。

我认为，史学部分是艺术，科学是研究事实的过程和客观规律，而艺术则研究的是人的主观意识，史学部分是艺术。爱因斯坦曾说，科学家若无艺术构思，正如没有构思就不能建房子。陈寅恪为什么对唐代政治制度有精辟的见解？因为他是世家出身，知道上层社会权力的奥妙，所以他对唐代政治就有了深刻领会。当然，他书读的多也是一个原因，但没有领悟准不行。

徐：新考古学在中国的介绍和传播与先生的襄助有密切关系。有些新考古学的命题与中国考古学的内在逻辑发展方向，即由时空框架的建立到研究人及人类社会是一致的。新考古学的出现应是学科自身发展的必然阶段，即由资料的时代属性的确认到解释和对规律的探讨。当然，它也有一些矫枉过正的方法观点。我们认为，新考古学所追求的文化动力学研究与中国考古学对"历史规律"的探讨是一致的。另外，您也曾谈到宾福德的资料三分法同您在这方面的想法不谋而合。是否可以说，许多问题，中国学者也注意到，并研究过，只是没有突出地提出而已。当然，就某些方面看，新考古学强调的关注人和人的社会组织，而不仅仅局限于"物"的研究是有其积极意义的。另一方面，正如前一时期在北大举行的由香港、台湾和大陆部分学者参加的学术活动中所强调的，在学习借鉴西方社会理论时要注重本土化研究。请您谈谈如何看待新考古学与中国考古学的关系，中国考古学如何吸收融合国外的理论方法，并使之成为中国考古学的有机部分，即所谓本土化呢？

俞：不同学科虽然走的道路不同，但也有相同重合的地方，殊途同归吧。中国考古学从20世纪开始，一直是欧美系统，道路一直曲曲折折，停停干干。解放后，学苏联，与西方隔绝，但彼此要研究文化法则的目标是一致的。苏联一直走的是马、恩学派之路，要研究探索纯粹的、抽象的历史发展规律。50年代以来，我们学苏联，将目标定得很高、很深，但具体的研究、方法及中间理论不够，而西方是从具体工作开始向高目标前进。别人是具体的，我们则太抽象，基础不够。虽然彼此目标相同，但结果我们比别人差了。我们现在吸收了西方成果，在21世纪一定能形成自己的考古学理论。对他人的理论决不要迷信，人家理论即使对，但不联系自己的实际，一点没用，一定要本土化。另外，他人的一些具体理论也不一定对，可能有重大错误。冷静思考，说一点自己的话，21世纪，我们完全能与西方理论体系平等对话，而决不是学生。一定要平等对话！

我们在生搬硬套马列理论和现代西方理论上已经吃了亏，现在绝不能再照猫画虎！平等对话首先要有自己总结的理论，自己的研究。

徐：随着世界政治多元化，文化多元化也为世界所认识。有人说今天世界的冲突不是政治、经济的冲突，而是文化的冲突，世界的大同首先是文化的大同。由此推论，世界历史单一发展模式论或单一动力推动历史的决定论已过时了。您对中国考古学在世界考古学中的地位乃至学术文化界中的地位，中国考古学在丰富发展世界文明发展模式中的作用如何看待？

俞：中国能概括到西方没有的新理论，对世界历史规律认识将有很大启发。例如，我认为中国奴隶制特点与西方不同，中国是罪犯奴隶制。政府官家奴隶是大量的，具有东方专制主义特点。

徐：在当今以功利衡量一切的社会氛围中，年轻人普遍存在一种"浮躁"心态，而学术研究恰要能静下心来，坐得冷板凳。这种矛盾时时冲击着青年学人。这是否有一个多元价值观、人生观、世界观的问题呢？如果每一个人都能按照自己的价值观、人生观来踏踏实实地干自己想干的事，追求自己的人生目标，而不是人云亦云，随波逐流，是否对社会和个人的进步、完善、发展更有利呢？由此，我又想到中国社会常常出现盛行某种价值观、人生观至上的现象（不管是由强权推崇，还是由利益诱导的），这也似是一个社会不成熟的表现。先生对此有何看法？

俞：经济收入、经济水平的高低不是文明高低的唯一标准，如中东产油国经济水平很高，但其文化水平未必就是世界最先进的。今天环境问题成为全球关注的问题，因为吃穿住等人类的基本生存需求已解决了。在此情况下，人类要考虑人如何生活得更好些。人生活是为了快乐，不是为了钱。吃饭问题，到一定阶段，吃得相对好些差些已没有多大关系，今天西方人吃饭在总收入中所占比例极小。此时，有些人不必将经济放在绝对的地位，而是让心情更舒畅些，这对人类发展有好处。人要明白活着是为什么。人如果过于紧张，只是为了挣钱，活着有什么意思。因此，评论文化传统是复杂的，不能只用一个标准，如经济的，而不是人的。

我们现在最缺乏的是人道主义、博爱、大同精神。

全世界绝大部分国家发展经济都没有我们这么急躁，这是"文革"的另一种残留的伤痕。人际关系紧张，人的价值观缺乏多元性，有思想、独立思考的人少。一个国家不应只有一个标准的人生观、价值观，今天的主流可能就是明天的非主流。各人价值观不同，做学问也许是追求学问者的追求、最大乐趣。他从中得到的乐趣比好吃好喝更多。

"奉献"精神有道理，但我不赞成。提有理想更好。前者意味着牺牲，大部分人会想不通。而每个人为达到自己的理想，什么都愿意干，因而也会对社会、他人有贡献。

徐：儒家讲"格、致、诚、正、修、齐、治、平，"即由"修身"而"治平"。学术的融通与对人生的通达领悟及对世界的认识是可以相通的。我想这大概也可视为治学意义之一吧。研究人的学问似首先应是对作为人之一员的自我的认识。我们从许多大学问家身上都能感受到这种对人生、社会的通达彻悟气质。先生也曾说"如果对做人的道理没有追求的话，深奥的学问一定探索不到"。请先生从个人体会中谈谈治学历程与自我修养和人生体悟之间的关系。

俞：人总是从不成熟到成熟。年青时，投入事业时是满腔热情，只觉得有用，究竟有什么用？当时认为很简单，即研究历史规律以知道未来。太空泛了！80年代中期以后，我有了很大变化，我认为考古学的根本目的，同所有人文科学一样：探索如何做人，改变人的世界观、人的思想。进化论最根本的价值就是改变了人类的传统世界观和思维模式。

我现在看透了很多事，名誉、头衔并不重要，重要的是踏踏实实地干成几件事。

附记：

本篇访谈内容成于俞伟超先生病症发现以前，光阴荏苒，虽然我们的社会和中国考古学都有了巨大变化，但俞先生的许多观点在今天对我们仍有启迪。通过本篇访谈，也可一窥先生的思路历程。斯人已逝，谨以此文以致哀思。

先生风范　山高水长

——深切怀念俞伟超先生

杨立新*

俞伟超先生离开我们已经一年多了，他的逝去使我们考古学界失去了一位令人尊敬的师长。岁月如梭，光阴如箭，时间的流失更增添了我们对先生的思念。点点往事，诸般情景，历历在目，记忆犹新，先生的音容笑貌永远映印在我的脑海之中。

一　良师教诲　一生难忘

我与俞先生认识，是1978年在北京大学历史系考古专业上"战国秦汉考古"课时。当时他经常穿着一件对襟开的"的确良"蓝衫，睿智而儒雅的学者风度，给我们全班同学留下了深刻的印象。俞先生讲课非常认真，课堂上他深入浅出，广征博引，分析精辟，把比较枯燥的"战国秦汉考古"课讲的十分透彻，常常引人入胜，深受同学们的欢迎。俞先生和蔼可亲，平时十分关心同学们的学习和生活。他经常利用晚上时间到学生宿舍看望同学，问寒问暖，与同学们聊天、拉家常、谈论学术问题，对同学们提出的课堂问题，都不厌其烦的一一解答。有时忘了时间，一直聊到深夜。俞先生的亲近感和亲合力，使同学们毫无拘束感，畅所欲言，气氛融洽，师生之间建立了深厚的情谊。

根据当时教学安排，在"战国秦汉考古"课程的后期，要求每个同学依据该段考古课程所学内容，结合考古资料写一篇学年论文，进行写作训练。我结合南方楚文化考古材料，确定了《湖南长沙、常德地区部分楚墓分期》的选题。材料搜集好后，写出初稿交俞先生审阅。俞先生看的十分仔细，对初稿逐字逐句帮助审阅修改，甚至连标点符号、病句、错别字、漏字等都一一作了纠正。同时就初稿的内容、观点等，在几十页的文稿中提出二三十处批改评语，内容涉及如何掌握墓葬的分类和器物的分型分式标准、论文写作规范要求、材料引用方法等。评语的字里行间，折射出先生治学严谨的科学态度和对学生的严格要求。这份初稿，我一直保留至今。通过写作论文的训练，我初步理解并掌握了考古类型学的基本方法，为以后的学习和研究打下了良好

---

* 作者系安徽省文物考古研究所研究员。

的基础，受益匪浅。

1979 年下半年，我们班开展毕业实习。由于我对楚文化研究产生兴趣，加上自己以前曾在湖北当过兵，因此我报名去湖北组，俞先生为指导老师。我们的任务是围绕楚文化探索开展实习，与我们一起实习的还有武汉大学考古专业 76 级学生。我们湖北组计有 7 名同学，到达湖北当阳后，分成两组。一组在当阳玉泉寺整理赵家湖墓地材料。我和董中根等编为一组，在湖北省博物馆杨权喜先生、宜昌地区文化馆高应勤先生等带领下，与武大的王然、刘华才、冯少龙、张潮等同学一道组成考古队开赴季家湖。当时楚文化研究正处在起始阶段，找寻早期楚城是一个重点课题。季家湖曾出土过"秦王卑命钟"和大型青铜建筑构件等重要文物，推测可能是一座古城。此次发掘的目的是找出证据，确定遗址的性质和时代。当时俞先生负责湖北、青海两组同学的实习，他大部分时间都在湖北季家湖。俞先生在工地期间，不辞辛苦，领着大家跑遍遗址，指导同学们选定发掘点、布探方，分析遗迹和地层，与同学们同甘共苦。他那对工作、对研究执着的敬业精神和崇高的师德，值得我们敬佩。经过努力，在城内新发现了龙山时期的遗存，有人称之为"季家湖类型"或"季石类型"；在遗址南部发现了东周时期的城垣和城壕遗存，出土大批新石器时代晚期和东周时期的文化遗物，初步确定了该城址的性质和年代，取得重要收获。湖北实习，给我们留下了一段美好而难忘的回忆。

二　关心安徽　殷切鼓励

1980 年，我大学毕业后回到安徽。在这 20 多年里，俞先生十分关心安徽的文物考古研究工作，曾多次见面。

1985 年，"楚文化研究会第三次年会"在合肥召开。俞先生结合当时楚文化研究的成果及现状，就如何深入问题，作了《楚文化的研究与文化因素的分析》为题的大会专题报告。他指出，在楚文化研究中，要依据苏秉琦先生"区系类型"的理论，运用"文化因素分析法"，确定文化谱系。同时要注意两个问题，即"注重定性定量分析，来确定同一文化中各种文化因素的主次位置；确立各遗迹、遗物所代表的文化因素的属性，要在同时期的不同文化中作比较，并尽量扩大比较的空间范围"（载《楚文化研究论集》第一集，荆楚书社，1987 年）。俞先生的报告精辟透彻，得到与会者的赞同。会议期间，俞先生还和代表们一起考察了由安徽省文物考古研究所主持发掘的寿县柏家台战国晚期大型建筑基址，观看了基址及楚墓出土的文物标本。他认为，柏家台基址出土的菱形空心砖和卷云纹圆瓦当、夔纹圆瓦当等可能是受秦文化影响的产物；另外长丰扬公战国晚期楚墓出土的矮足鼎，是在三晋或秦文化的影响下发生的。俞先生的独到见解，对探索江淮间战国晚期楚文化的面貌，颇有启迪意义。

1988 年 12 月，俞先生专程来皖参加"安徽省文物考古研究所建所 30 周年"纪念活动。在纪念会上，他发表了热情洋溢的祝辞。他肯定了建所以来安徽考古工作取得的成就，指出安徽在古代东西、南北文化交汇中的重要地位，希望注意考古学新概念、新方法、新理论的学习和运用，把安徽地区的古文化搞清楚。话语之间，对安徽考古工作寄予了极大的期望和鼓励。

1987～2000年，含山凌家滩新石器时代遗址经过四次发掘，相继出土一大批精美的玉器，引起文物考古学界的广泛关注。俞先生对凌家滩出土玉器情有独钟，1988～1999年曾数次来皖观摩。他看玉器时，小心翼翼，仔细观察，认真揣摩思考，分析研究玉器的质地、分类、工艺、用途等。对一些造型特殊、工艺精湛、寓意深刻的玉器，如玉龟、玉璜、玉人、玉龙等，不时发出一些感叹，发表感想。先生的治学精神和精辟见解，使我们茅塞顿开，深有感悟。事后应我们极力请求，先生专门写了两篇文章，一篇为《含山凌家滩玉器和考古学中研究精神领域的问题》（《文物研究》第五辑，黄山书社，1989年），另一篇为《凌家滩璜形玉器是结盟、联姻的产物》（《凌家滩玉器》，文物出版社，2000年）。这两篇文章分别从玉龟、玉璜的造型入手，分析其功能用途，进而探讨当时的氏族社会组织结构、精神领域的情况，是古史研究与考古学结合的范例，值得我们学习。

2001年10月，因故延期近十年的"楚文化研究会第七次年会"终于在安徽合肥圆满召开。当时身为理事长的俞先生因重病在身未能与会，但他仍念念不忘楚文化研究事业和共同工作过的同仁们，在病榻上向大会发来了激情洋溢的贺信。他对研究会成立20年来取得的成果表示欣慰。同时指出，新世纪已经来临，考古学的转型速度，也许会使我们吃惊。因此他诚恳地希望楚文化研究会继续开放门户，吸引更多的志同道合者，广纳贤士，加强多学科合作，共同研究，争取在楚文化研究中做出新贡献。俞先生的贺信，在与会者中产生共鸣，使大家深受鼓舞。

三　情系考古　执著探索

俞先生一生情系考古，执著追求，孜孜不倦。他教书育人，鞠躬尽瘁，桃李满天下。他治学严谨，学识渊博，成果丰硕，令人尊敬。他秉承了老一辈考古学家的优秀品质和作风，关心中国考古学的发展，并为之做出不懈的努力，令人敬佩。

从20世纪70年代以来，俞先生一直心系荆楚，致力推进楚文化研究。在七八十年代，先后亲自指导了江陵纪南城、当阳季家湖、沙市周梁玉桥等考古发掘，积极探索早期楚城和楚文化的特点和渊源。俞先生丰富的学识和成果，确立了他在楚文化研究中领军人地位。80年代以来，他在《文物》、《楚文化研究论集》等书刊上，先后发表了《楚文化与三苗文化的考古学推测》等一系列文章。他高屋建瓴，从宏观把握楚文化研究的进展，及时总结新成果，指出研究中需要注意的问题，极力倡导尝试新的理论方法，不断推进楚文化研究深入开展。在他和湘鄂豫皖四省同志的共同努力下，楚文化研究会办的轰轰烈烈，有声有色，成果不断，经久不衰，是学术界的一大幸事。

俞先生学术思想活跃，观点新潮，勇于接受新思想、新事物，这是大家久闻的。

20 世纪 80 年代，中国进入了改革开放的新时期，中国考古学也像其他领域一样，步入了一个新的快速发展时期，考古学科的理论方法变革与创新是面临的重要问题。苏秉琦先生指出："为适应变革时代需要而发生的学科变革，必将以学科理论变革为标志。我们必须真正重视理论探索，而这种探索如果想得到成功，又必须从实际出发，在具体的实践中不断地概括新理论、新概念。从我国当前的考古实践出发来进行理论概括和探索，哪怕暂时还是较低层次的概括和探索，也都是极有意义的、不容忽视的。"（苏秉琦主编：《考古学文化论集》中编者的话，文物出版社，1987 年）苏先生的话，俞先生不仅积极拥护，而且努力实践。他在总结夏鼐、苏秉琦等老一辈考古学家和半个多世纪中国众多考古学家的理论与实践基础上，系统地阐述了"考古地层学"和"考古类型学"的理论方法，并在北大、山东兖州国家文物局田野考古领队培训班讲授，后广为流传，使考古学研究的两把尺子——地层学、类型学理论方法臻以完善。

　　俞先生十分注重考古学理论与方法的借鉴。80 年代末 90 年代初，中国历史博物馆考古部开始编译《当代国外考古学理论与方法》一书，他大力支持并亲自作序，给予鼓励、推荐。此书 1991 年出版，成为系统介绍当代国外考古学理论方法的一本好书，颇受欢迎。1992 年他与张爱冰同志合作，在《中国社会科学》上发表了《考古学新理解论纲》一文，在国内外同行中引起关注。他经常从考古学史的角度谈论世界考古学的变革与发展，介绍 20 世纪 60 年代以来国外新的考古学理论方法，几乎逢会必讲，不厌其烦。他认为"我们应该很好地总结自己的经验，及时了解和汲取国际上的经验，多做交流，把考古学的方法论推向前进，更好地指引今后的实践。"（《关于"考古类型学"的问题》，《考古类型学的理论与实践》，文物出版社，1989 年）他认为这种借鉴的目的是，"应该进一步发挥传统考古学作用，并且准备条件，使新考古学的研究手段、研究内容、研究方法及早在我国出现，从总体上把我国的考古学研究提到一个更高的层次"（《含山凌家滩玉器和考古学中研究精神领域的问题》，《文物研究》第五辑，黄山书社，1989 年）。他是这样说的，也是这样做的。1991 年，俞先生在河南渑池班村举办培训班，借鉴国外新的考古学理论与方法，开展考古发掘多学科综合研究的尝试。同时在国家文物局的支持下，在历史博物馆筹建了水下考古和航空遥感考古中心，力图在考古研究手段上逐渐拉近与国外考古的距离。今天，借鉴国外考古学新的理论与实践成果，利用现代科技手段开展多学科综合研究，已逐步成为学术界的共识，这也足以慰藉俞先生的在天之灵。

　　俞先生虽已飘然而去，但他的学术思想和对考古事业执著追求的精神却永驻人间，将激励着我们继续完成先生未竟的事业，为繁荣中国考古学而努力探索。

缅怀我们的老师俞伟超先生

蒋迎春[*]

说起来挺惭愧的，我对外一直宣称是俞伟超先生的学生，但实则先生并没有教过我一堂课——1985 年秋我考入北大之时，先生已调入中国历史博物馆；教授我们秦汉考古的是先生的学生——高崇文和赵化成两位先生，算来我们已是徒孙辈了。然而，我和其他年轻的同好 10 多年间从先生身上学到的，何止课堂之内，而是太多太多……

一

入北大不久，经由多位学长的口耳相授，先生的大名便如雷贯耳。然而，对先生的学识和品德等，我实则几乎一无所知，更多的不过是人云亦云而已。

第一次面见先生并得识先生，大约是在 1988 年底或 1989 年初，缘于电影《敦煌》在北大大讲堂的首映。这部为纪念中日邦交正常化十周年而由中日两国联合摄制的影片，改编自日本作家井上靖的历史小说，整部影片耗资 45 亿日元，约合人民币 2 亿多，全部在国内实地拍摄，还曾动用我两支西北野战部队和 800 多匹战马，拍摄完成当年即获得了"1988 年日本电影学会奖"。如此大制作，在当时国内尚无先例，其场面、声势一类甚至不输于当今某些大片，中外媒体纷纷以史诗式巨片称誉《敦煌》，故而它在国内的首映式，引起了广泛关注。校内外我的几位同乡好友很早便盼咐我买票，相约当日一同凑凑热闹。当晚先生也从城内赶回学校欣赏影片，想来是先生的学生们特意邀请所致。

记得已经响过一遍铃了，先生才在几位学生的引领下匆匆走进大讲堂。只见先生戴方框眼镜，头发稀疏但精心梳理，外披风衣，款款落座，颇为儒雅，与我想象中的先生相当契合。很凑巧，先生的座位正与我相邻。经引见，我得以向先生表达了景仰之情，但因电影马上就开演了，也没来得及过多寒喧。

影片开映大约半个多小时，当我正在为影片的情节所吸引、展现的恢宏场面所震

---

* 作者系北京保利博物馆馆长。

撼之时，却听到邻座传来轻微的鼾声——原来先生已低着头斜倚在座中睡着了！这么大的学者在如此场合竟然如此这般，这一幕对于涉世不深的我而言实在印象深刻。

过了几年与先生较为熟识后，我忍不住向先生复述了这一幕。先生听罢，只是嘿嘿两声，不以为忤，也不作解释。

又过了些日子，我明白这正是先生可爱之处，伟大之处——他的率真，他的包容，使他成为跨学科、跨学校许许多多人尊敬的师长和乐于交往的朋友，在新中国文物考古界能够出其右者几乎没有。

二

告别 1989 年夏那段动荡岁月之后，我告别北大分配到中国文物报社任编辑兼记者。那段时间会议频繁，除了业务会议，更多的则是国家文物局组织局系统各单位党员集中学习、自查和评议。先生和我一同在外地及京郊开会的机会很多，会下聊天的机会同样很多。

这是真正的聊天。一帮年轻人或多或少，散乱地坐在先生周围，听先生聊时事，聊学术，聊其他有趣的人和事，大家也不时狂侃一通，和先生辩论，和先生开玩笑，有的还不时从先生的烟盒中"顺"颗好烟抽，气氛平等、轻松、愉快，但我从中颇受教益。正是这种环境，使我在先生面前自始就没有什么拘束感。由于所知甚少，最初参与这种聊天我经常一头雾水，看到我惶惑的表情，先生不时顿住话头，向我细说究竟。

再后来，我靠着东问西打听得来的一些"知识"，也偶尔与先生"交流"些学术问题。现在想来，真是应了那句话——"无知者无畏"。先生每每总是耐心地听，听完后对于不同意之处当即明确指出自己的看法及原因；对于我一些勉强能自圆其说的奇思怪想，先生甚至还给予过很大的鼓励；对于我的一些大"漏"，先生则从不讥讽，而是给我列出一些书目，让我全面掌握材料后再重新思考一番。我从先生身上学到了知识，也学到了一些做学问的方法。

得知我想利用考古学方法搞一点儿中国古代漆器方面的研究后，先生一直鼓励我，支持我。1999 年，科学出版社邀请先生主编一部全面论述 20 世纪中国考古学研究成果的大型丛书。随后先生便找到我，要我负责撰写漆器部分。无论是学识，还是资历，我都愧当此任，便当即婉拒了先生，并向先生推荐了一位师长。但先生极力坚持，还几次向我深谈了他关于中国古代漆器研究的一些想法。由于我刚刚换了工作，新单位业务忙，琐事多，一直很难静下心来落笔，致使交稿日期拖了又拖。2000 年春，先生当面交给我一封他亲笔撰写的催稿信，信中语句委婉但其意殷殷。我接过信，内心很不是滋味，至今仍深感有愧于先生的信任、帮助和栽培。

先生常对我们说，他愿意和年轻人聊天，是因为可以从年轻人身上学到新知识、新想法。按我的理解，这是先生不以居高临下之态奖掖后进的托辞而已，因为先生一直在追求新，追求创新，甚至有些赶时髦。先生真心地爱年轻人，无私地帮年轻人，希望年轻人能够迅速成长。除了我自己的亲身经历，这类事这些年我听到很多，看到的也不少。可惜，如我等生性愚钝不能成器，实在有负先生大恩。

先生真心和年轻人交朋友，从不倚老卖老，然而先生对苏公秉琦先生和夫人等他的长辈，乃至刘观民先生、吴荣曾先生等同门学长却恭敬有加，情深意重。作为晚辈，我们从侧面观瞧，无不感到这反差的背后是一种多么伟大的人格，一种多么崇高的品德！

三

人们用"但开风气不为师"（龚自珍《己亥杂诗》）一句赞誉胡适、郭沫若等先贤。其实，以此句品评先生亦十分妥帖。

先生一生研究领域甚广，创见颇多。任中国历史博物馆馆长后，先生又亲自开创并主持了中国水下考古、环境考古、航空考古等新学科。除却这些，先生晚年还有一项业绩值得大书特书，那就是推动中国首家企业博物馆保利艺术博物馆的建设，以此开创中国博物馆事业发展新局面；数以百计流失海外国宝的回归，更是先生亲手铸就的不朽丰碑。

那是在 1998 年，国有大型重点骨干企业中国保利集团计划兴办一家与其业务无任何关联的艺术博物馆，希望以此为国家文物保护事业做点贡献。由于没有经验，更没有专门人才，保利集团决定必须走专家路线，请国内一流专家指导建馆。这时先生刚刚从中国历史博物馆馆长的位置上退下来，成为指导保利艺术博物馆建设的最佳人选。当了解到保利集团要兴建艺术博物馆的意图后，先生以其博物馆学家的敏锐，认定这是中国博物馆事业中涌现的新生事物，它将有别于现有的国家建立和维持的博物馆，也不同于北京、深圳等地某些由个人创办的博物馆，将保利艺术博物馆办好，再带动一些大型企业创办不同类型的博物馆，将极大带动中国博物馆事业的发展。先生为此极为振奋，并欣然担任了保利艺术博物馆名誉馆长一职。

一般说来，名誉馆长、顾问一类头衔大多是挂名而已。保利集团领导诚心实意礼聘专家指导保利艺术博物馆的建设，先生也将保利艺术博物馆的建设放在战略的高度，全身心投入。他与保利集团领导几经讨论研究，确定了保利艺术博物馆的办馆宗旨、收藏重点、收藏方针，还利用自己的影响，逐一登门或致电，邀请国内近 50 位知名学者担任保利艺术博物馆的学术顾问，请大家给予业务指导和帮助，希望大家共襄盛举，使保利艺术博物馆这颗幼苗在一开始就得以健康成长，并早日开花结果。

抢救保护流失海外祖国珍贵文物，是先生长期以来一直身体力行的目标。在中国历史博物馆馆长任上，先生就曾促成圆明园银铺首等珍贵文物的回归，但受诸多限制，这方面收获并不大。在保利集团领导的鼎力支持下，先生与其他专家一道，四处奔波，上下搜求，三年多时间就先后从海外抢救保护了数以百计的中国古代青铜器和石刻佛教造像，使保利艺术博物馆先后建成开放了两个有一定规模和较高水平的专题陈列馆。西周神面卣、戎生编钟等一批国宝重器的回归，都曾让先生欣喜若狂——"开瓶酒！开瓶酒！"回想当年先生与马承源、李学勤、陈佩芬等专家及保利同仁举杯庆贺的场面，仿佛这一切就发生在昨天。

在大力开展文物征集工作的同时，先生也一直关心保利艺术博物馆的陈列和研究等工作的开展。1999年间，先生有大半年时间吃住在保利大厦，从展馆的改造到陈列大纲的制订，从展品的摆放到展牌的设计制作，他无不关心，甚至亲自上阵具体实施。藏品图集《保利藏金》的编撰，先生可谓费尽了心血。这本书动员了社科院、北大、历博、故宫、上博等单位的30余位专家学者参与撰写文物的考订和说明文字，先生居中安排，并逐一审定，甚至还亲赴深圳印厂，以确保不出纰漏。《保利藏金》出版后，其全新的资料、高质量的研究、新颖的体例等，在业内引起较大反响。后来，先生又参与主持编撰了保利艺术博物馆藏品图集《保利藏珍》和《保利藏金（续）》。这三册藏品图集在2003年初荣获了第十三届中国图书奖。当时先生已在病中，闻听此讯，颇为欣慰。

经过一年多的紧张筹备，保利艺术博物馆于1999年10月内部开放。它一亮相，便好评如潮，得到了中共中央政治局常委、国务院副总理李岚清等中央领导同志及海内外同行的高度肯定与赞扬。

俗话说，万事开头难。保利集团从零开始兴办保利艺术博物馆，使之短时间内建成并达到较高水平，这有赖于各有关方面的大力支持和热情帮助，有赖于保利集团领导的正确决策和坚强决心，也有赖于专家委员会诸位专家的具体指导与亲身实践，这其中先生居功至伟！如今，保利艺术博物馆已在海内外具有相当影响，在中国企业博物馆界具有指标性的意义，更重要的是它带动了更多的企业和个人投身文物保护，直接促成了如今日益蓬勃壮大的国宝回流热潮。我想，先生能够在天堂中看到这一切，一定会欣慰地笑。

早在10年前，我就曾听人讲过：俞伟超就是爱赶新潮，爱出风头，乱嚷嚷，水下考古他懂什么，他能下水吗？我想，这种有益于国家和人民、有益于事业的新潮，难道不应该赶？！主帅的职责就是运筹千里之外，难道一定要主帅在前线亲自杀敌立功？！更何况，在保利艺术博物馆最初建设过程中，我亲眼目睹了先生一直身处前线，事无巨细，事必躬亲，亲身感受到一位学者对事业的追求、对创造的激情。对于能够在先生身边工作并参与其中，我深感荣幸！

后记：

转眼间，俞伟超先生驾鹤西去已整整三年，但我、我周围的朋友们依然难以接受这一事实，先生的音容笑貌仍然不时浮现在我们的脑海里，不时感染着我们。

俞伟超先生是一个富有争议的人，本身也是一个充满矛盾和对立的人，他犹如高山，犹如大海，非我等所能深入了解，所能读懂。三年来，我和几位同学不时会想起先生，谈起先生，但落实到文字上却很难，在此只能简略记述几个侧面，以寄托我们不尽的哀思。

2006 年 12 月 5 日于北京保利艺术博物馆

班村发掘之缘起

——怀念俞伟超先生的一段往事

曹兵武[*]

按：在不少怀念俞伟超先生的文章中都谈到班村多学科综合发掘与研究，并指出其对中国考古学发展的重要意义。

班村遗址位于河南省渑池县黄河河谷中的黄河南岸二级阶地上，现在遗址已经被小浪底水库淹没。遗址以仰韶文化庙底沟类型的遗存为主，同时还有更早的裴李岗阶段以及稍晚的庙底沟二期遗存以及秦汉时代的遗存。1991~1996年，中国历史博物馆（现中国国家博物馆）联合中国科学院地质研究所（现地质与地球物理研究所）、中国科技大学等单位进行多学科综合发掘与研究，探索在新理论的指导下，采用考古、古环境、古动物、古植物、体质人类学、文化人类学及物理、化学等多学科现场共同收集资料、提取样品、整理资料、分析资料并获得关于人类文化与行为的具体认识的途径与经验。这种做法在当时中国考古学界属于一种全新的探索，发掘单位聘请相关学科的著名专家担任指导，甚至聘请国外著名考古学家担任顾问。这样的合作增进了相关学科的了解和渗透，丰富了考古发现的信息含量，开拓了考古学研究过去涉及不多和未曾涉及的领域，并在当时的中国考古学界产生了积极的影响。此后，多学科合作发掘与研究很快形成一种热潮，先后出版《舞阳贾湖》等一批包含丰富的自然与人类遗存、综合多学科发掘与研究成果的考古报告，为开展更深入的学术课题的研究奠定了基础。

班村考古是俞伟超先生考古生涯中的一个重大策划，也是中国考古学史上一个重要的里程碑。俞伟超先生去世时，《中国文物报》特组织一组和班村考古有关的文章作为纪念，本文即其中一篇。

1990年夏天的一天，我和陈星灿、宋新潮到俞伟超先生家里为即将出版的《当代国外考古学理论与方法》（中国历史博物馆编，三秦出版社，1991年）求序，俞伟超先生第一次明确地表示，对20世纪60年代以来西方考古学理论的翻译介绍虽然还不够

---

* 作者系中国文物报社副总编辑，研究馆员。

多，但已经有一些了，同行中存在的争鸣与讨论也已经不少，应该进行一些实践，看看它们到底能够在多大程度上适用于中国的考古学，推进中国考古学的认识与发展。

那一年的冬天，历博考古部的佟伟华副主任因为撰写《垣曲商城 1985 - 1995 年度勘察报告》（1996 年已以《垣曲商城（一）》为题由科学出版社出版）和下一步工作安排问题邀请俞伟超先生到位于晋南黄河河谷地带的垣曲商城考察，俞先生特地带上了我们考古部的几位年轻人——沈勇、袁虹、张广如、李滨和我，一方面实地规划垣曲商城的资料整理及进一步发掘与研究工作，同时考察垣曲境内的史前文化遗址，为开展一次多学科合作的探索性发掘寻找合适的地点。考察完备返回北京途中，受当时的山西省考古研究所王克林所长邀请，俞先生在太原做了一个以"考古学思潮的变化"为题的学术演讲。这是我第一次听俞先生讲课，他讲得出奇地生动，以国际考古学为主线，将考古学各个阶段理论方法的变化及其原因讲得十分透彻，同时清楚地概括了当时中国考古学在世界考古发展诸阶段的位置。记得他讲到新考古学出现和其主要内容时，称在当时这是一群年轻人的试验，并当场大声地问我，写作《作为人类学的考古学》这篇新考古学的代表作时，宾福德是否是 30 来岁。我说正是 30 出头。演讲完后，俞先生私底下又问我，是否可以将演讲的内容作为《当代国外考古学理论与方法》的序言，我简直有些喜出望外，连连说太好了。这时我才知道俞先生演讲时并没有讲稿，但是他很快以演讲的内容为基础写出了《考古学思潮的变化》，正是后来我们几个人编辑出版的《当代国外考古学理论与方法》的序言。

1991 年初，河南三门峡传来惊人的考古新发现，虢国墓地首次发现了我国大型完整西周贵族墓葬，墓主有可能是国君一类的人物，出土了大量精美遗物，特邀请部分专家前来观摩和座谈。行前俞先生十分匆忙地告诉我让我和他一起去，以便在河南的黄河河谷一带也看看有没有合适的遗址可供发掘。三门峡的会议结束后，我们多留了一天，在渑池县文管所老所长曹静波先生（按：曹老师后来参加了班村工作并为庞杂而头绪繁多的工地管理、后勤联络等日夜操劳，颇多贡献，老人家不幸于 1997 年退休后遇车祸身亡）带领下驱车翻过渑池县的韶山，匆匆忙忙地看了几个黄河岸边的新石器时代遗址，并在班村西头的砖瓦场取土坑旁看到大量农民拣拾在一起的精美的仰韶文化庙底沟时期的彩陶片。这是我们第一次到班村，并对这个遗址留下了很深的印象。

回到北京，我们才知道俞先生对在晋豫交界的黄河谷地选择遗址进行多学科发掘与研究尝试的决心已定，因为当时小浪底水库已经决定上马，山西与河南两省正在协商实施大规模的考古发掘抢救工作，中国历史博物馆长期经营的垣曲古城及其附近地区正在水库的淹没区内。在这里发掘既可以将原来的古城考古工作站作为依托，这里的新石器时代遗址囿于地形限制，面积一般较小，全面的发掘易于进行，同时因为反正遗址是要被淹没的，做些探索性的工作更可以放开手脚，少些顾虑。因此，俞先生立即召集有关人士开始商讨预计中的发掘与研究工作计划，并在历博召开了小型的征求意见座谈会。我记得有一次他专门邀请湖南的裴安平和安徽的张爱冰到北京商量发掘事宜，我们四个人在东交民巷裴与张所住的旅馆里讨论直到深夜。当时裴安平的孩子只有4、5岁，因为没有人帮助照料，只好带着一起来。而我们大人只顾聊天，忘记了孩子的存在，他一个人在屋里玩，拿起大人们抽烟的打火机把旅馆里沙发的盖布给点着了，大家虚惊一场。

最终确定班村是经过了十分慎重的考虑的。1991年初夏，俞先生又委托周昆叔先生带领裴安平、张广如和我专门对预计中的小浪底水库淹没区从环境考古学的角度进行了一次比较全面的调查，我们几乎跑遍了库区中所有有线索的史前遗址。最后经过全面比较，认定班村和班村往东大约5公里左右的杨家（调查时发现很多仰韶文化庙底沟阶段的遗存）可能为最佳的选择（需要补充的是，我们之所以对仰韶文化庙底沟阶段情有独钟，不仅因为1991年正值安特生发掘仰韶村、开创中国田野考古的70周年纪念，大家决心以新的理论和方法掀开对仰韶文化研究与认识的新篇章，也因为俞先生坚信庙底沟与半坡是两支并行发展的文化类型，并可能对华夏文明的形成作出了更为重要的奠基性贡献）。调查回来我们向俞伟超先生报告了这个意见，之后即紧锣密鼓地起草、制定多学科合作发掘研究的计划并向国家文物局申请发掘报告。当时库区的考古工作并没有正式开始，因此也不可能获得抢救性发掘的经费，但是计划取得了国家文物局的大力支持，1991年秋即对班村进行了初步试掘，并邀请国内外专家召开现场研讨会，论证和最后确定多学科合作与研究的方案。其间中外专家还一起考察了杨家遗址，并最后将发掘地点定在了班村。

大规模的班村发掘是1992年秋季开始的，一直进行到1996年，一共发掘了5000多平方米，先后参加发掘的除了历博考古部的信立祥、张广如和我以外，还有来自国内数个大学、几个省考古研究所的青年才俊及若干自然科学人员。中山大学和西北大学的学生也先后到工地实习。当时法律还不允许开展中外合作发掘，但是英国和美国都有年轻的考古学家以实习的方式参加发掘并在工地上与我们进行交流。有时候各学科的参与者在工地上汇集起来，能够达到好几十人。在美中学术交流委员会的建议下，班村项目除了聘请严文明、周昆叔、祁国琴、王昌燧、乔晓勤等先生分别作为考古学、环境考古、动物考古、科技考古和人类学方面的学术顾问之外，还专门聘请美国华盛顿大学的沃森（当年曾经是新考古学的代表人物之一）、俄勒冈大学的艾金斯教授作为我们在考古学理论与方法方面的学术顾问。这些中外学术顾问都曾经数次光临发掘现场，对发掘与研究提出了很多指导性的建议。沃森和艾金斯教授还现场指导我们在发掘中进行筛选、浮选，对遗迹、遗物、地层等进行定性分析取样，和我们一起在班村附近的黄河阶地上尝试拉网式的集中地表调查，以为班村遗址的性质判断和遗址周围的土地利用等功能分析提供手段。

班村发掘期间，在美中学术交流委员会和国家文物局等的支持下，还在山东临淄举办了"中美陶器研究研讨班"（1992年），由美国著名考古学家郎艾克和瑞丝教授主持数十位中国年轻的考古学家共同探讨陶器的分类、统计、制作工艺、流通与使用方式、文化含义等。原计划还要举办聚落考古等研讨班，后因人事变动等原因而未果。在俞伟超先生的主持下，班村工地始终充满浓厚的学习和探索风气，大家经常就发掘与研究的具体问题进行讨论，新来的人一般要抽空举行讲座，信立祥先生曾经开玩笑说：班村要雁过拔毛，每个到这里来的人都得做出一点贡献。记得一次日本考古学家茂木雅博先生到工地参观交流，遇上阴雨连绵的下雨天气，一连举行了几场讲座，加上王建新和袁靖等先生的翻译解说，使我第一次对日本考古了解了些皮毛。

我从事考古工作时间不长，但俞伟超先生是我所遇到的最富有激情与理想的当代中国考古学家。在历博工作特别是班村的发掘与研究中，我亲身感受到俞先生火一般的学术热情和探索精神。他曾经鼓励我们这些初出茅庐的年轻人翻译、介绍国外最近的考古进展，进行理论探索，又亲自筹划在河南渑池班村开展多学科合作考古学发掘与研究——俞先生对我短暂的考古生涯产生了莫大的影响。俞先生身为中国历史博物馆的馆长，行政事务十分繁忙，但是在这段时间里，先生出版了他的考古学理论文选《考古学是什么》（中国社会科学出版社，1996年），而2002年他收集自己1987～2001年间主要研究文章的文集《中国古史的考古学探索》由文物出版社出版后，我们又可以系统地看到他在这段繁忙的时间里思考和研究的问题有多么广、多么深。

1998年先生从馆长位置上退休，我们以为他从此可以有时间和条件做更多自己喜欢的事情，为考古学的发展做出更大的贡献时，先生却不幸被癌症缠身，在病榻之上与病魔进行着艰苦的抗争。今年年中，我有幸完成了一本关于考古学理论与方法的小册子（后以《考古学：追寻人类遗失的过去》为名，由学苑出版社于2004年6月出版），在2003年7月先生赴广州治病之前，我曾经向先生表示希望将这本我学习和思考考古学的小册子题献给先生，以之祝愿先生能够早日康复，重新回到自己喜欢的考古中来。可是，小书尚未来得及出版，即突闻噩耗，先生已在广州的医院病逝，无法亲眼看到这本小书和我的一番心意。世事如此，不胜哀哉。但是我仍然坚持要将这本小书献给先生，希望在这样的默念之中学术的薪火能够更加旺盛地得以传承，考古学科及其知识能够在人类的不断进步中更加广大。

（2003年12月15日初稿，曾发表于《中国文物报》，因版面原因有删节，此为全文稿）

菩萨蛮·怀念

刘文锁[*]

平林漠漠烟如织，
寒山一带伤心碧。
暝色入高楼，
有人楼上愁。
玉阶空伫立，
宿鸟归飞急。
何处是归程？
长亭更短亭。

这首被称作"词祖"的《菩萨蛮》，相传是李白做的，是怀念远人的绝唱。

读这首词的时候，思绪被带到了远方的意境之中，犹如置身在了离别的情景里：放眼望去，远处地平线上的森林，是盛唐时代的景观；林木间的气息，与天空里的云雾，交织出一片片的烟霭。这是冬季的心境，山脉看上去是寒冷的色调，此情此景，因为一个人的远去，那色调多么得令人伤感！

暮色苍茫之中独自登上高楼，高楼是古代文学里抒发悲怀离绪的场所。满目的萧索中静立的玉阶，连那些鸟雀也急着归巢。可是那人的归程在哪里呢？

那个人已经远去了。

我觉得，这首词特别的适合于纪念他。对我们这些还比较年轻的人来说，他，这个长者，没有死亡，他只是太疲惫了，像一位远人，离开我们去休息了。

在这之前，我曾读宋玉的《招魂》，不过楚文化的这位创造者，他的《招魂》写得太缠绵，还有一股子的无所皈依感——"魂兮归来"。我深感这些诗句不适合于他，因为他的灵魂始终是有寄托的。

在人生的最后时光，生命绽放出了最后的光华。一个七十岁的渐中老人，把求生的渴望和对死亡的理解一齐坦率地展现在后生的面前。在那些光阴里，我们曾经共同

---

* 作者系中山大学人类学系副教授。

探讨生命与人类文化的奥秘，包括生与死的问题。我觉得，我们所达成的共识之中，就包含了对于生死究竟属于科学抑或哲学、信仰领域的问题；我感到，对于生死这个人世间最为深奥的哲学与信仰，他是用身体力行告诉了我们其中的智慧的。

生命的高贵价值自然赋予那些洞悉了生命之奥秘者以高贵的姿态去对待人生的最后光阴。

对这个令人尊敬的长者的离去，我并不感到太多的悲伤，因为我觉得他的形体虽然离开我们了，但是他的精神留了下来。普天下的人类，千百年来面对的问题都是一样的：生命是一段现世的旅程，我们尊重肉体，但更应慰藉灵魂。

我愿用这样的词句表达对他的敬意。他对于人生的态度，对于人世间一切学术的终极知识——真善美的执着追求，面对与生俱来的苦难、困厄、孤独绝望的处境，他曾经用自我毁灭抗争过四次的体验，……这些都不再属于他个人的隐私，而是中国知识分子所贡献给人类的文化财富。最终，他从人生的悲苦中坚持下来了。这是多么顽强的精神啊！超出了人生职业的范畴，越过了世俗文人的精神境界，以人为起点，以人为归宿，"亦余心之所善兮，虽九死其犹未悔"。"精神必得经受痛苦才能释放思想"。

这一次，他拖着渐中的病体来到了南国。他是抱着满怀的希望来的，他本来相信这一次能够得到上天的眷顾，像人们所祈求的那样，生命最终会绽放奇迹。

我们也是这样相信的。我们的安慰和祝愿也是真诚的。因为我们坚信他的生命力的顽强和善良与睿智的禀赋，还相信现代高科技的医术，将会再一次将他从病魔的手中拯救出来。但到了 11 月，形势变得急转直下了。

"左丘失明，孙膑刖足。

恪翁兼之，文化悲剧。

忙碌小超，力薄心善。

忽然声谱，上天何眼。"

不屈的先生，你难道放弃希望了么？

这首《记古史二儒》，写于 2003 年 11 月 9 日深夜，距离逝世有 26 天。他离去的时间是 2003 年 12 月 5 日凌晨。

唉，生命为什么都在深夜里凋零！

我们可以作证，他到最后的时刻都一直是在努力的。他从内心里努力，也期求医生的努力。但是，最终他还是被放弃了——被生命放弃了。

他离去之时，遗容上显得很安详，闪现出一种高贵的气质。他的手臂上满布针孔的创伤，证明他曾经争取生存的努力。

他从此变成了一个远人，远离了他热爱的以及热爱他的人。

何时是归程？劳累的先生你什么时候可以归来呢？

他是一个天赋激情的人，一个具备诗人气质的学者，一个永葆青春的长者。

"催人苍老的并不是岁月，一个人只要时时具有天赋我辈的伟大激情他就能永葆青春。"

老诗人不会死亡，他们只是凋零而已。

2005 年 4 月 8 日于广州

我所认识的俞伟超先生

王　竹[*]

我大学读的是外经贸专业，后长期从事国际商务工作，因此严格上讲，我并非文物圈中人。只因先祖父王书庭老人携家父培根先生将家中旧藏的重要文物悉数无偿捐献原中国历史博物馆，同时我本人秉承家学亦粗通文物之学，由此和俞馆长伟超先生有了接触。

对于伟超先生的离去，文博界追忆文章很多，目之所及，感人至深！相比之下，我对俞先生的学政活动所知有限，因此撰写悼念文章本是力所不及的，但我和俞先生的几次交往却是不能忘怀的。

作为中国文博界的重要领导和知名学者，俞先生对于曾为祖国文博事业做出重要贡献的家庭始终抱持着一份感念之情。记得有一次，他对我和家父培根先生讲，你们的家庭对国家文博事业有特殊贡献，化私为公，这种无私奉献的精神是永不磨灭的。他又表示，对于向国家捐献了重要文物的家庭，我们要以多种形式进行弘扬，择其精品汇集成册，开辟专展，举办纪念活动。随着"馆藏捐献文物集萃"的刊行和国家博物馆新馆的筹建，俞先生的夙愿正在由他的后继者们逐步践行。

俞先生在职时，政务繁忙，我不便多扰，倒是他退职后，我有幸数次面聆教诲。记得一次我去历博找他，请教关于器形、纹饰等传统鉴定方法在孤品研究中的作用等问题，当日他要在历博贵宾厅接受央视采访，下午还要外出公干。他带着我从办公室到贵宾厅，利用穿行的间隙点拨我，曲曲折折很长的一段路，采访后又折回继续讲解。我每次找他都是这样，马不停蹄，从不浪费时间，那真是老骥伏枥，但他对我从不爽约。那时他的身体已不如前，上下往返间已有些力不从心，我从旁扶助，要他当心身体。他却说，走这点儿路不算什么，干考古的哪有不走路的，我过两天还要到四川去，三峡任务紧，我不放心呀！你们坐办公室的也应该多走动走动，对身体有好处。

在我的记忆里，俞先生是一位相当随意的人。他从不正襟危坐，没有官架子，且无话不谈，敢于直评，语锋颇健，与他在一起如沐春风。这可能是我家与历博的特殊

* 作者系中国收藏家协会理事。

渊源使然，他以家人待我，我则视他为可亲可敬的师长。有一年深秋，我去看他，俞先生对我语重心长地讲，你在企业界工作，与文博界又有着很深的渊源，有一定的代表性，应该多发挥两方面的长处。他又说，虽然你搞的是经济，但以你在文物方面的家学和天赋，不仅要当文物研究的"票友"，还要成为"名票"才对。

中国历史博物馆九十周年华诞时，高朋云集，宾客满堂。我看到俞先生身着明黄色西装，很是显眼。他看上去消瘦了许多，端坐在专为他备好的椅子上，可见他抱病出席的状况。仪式后，他扶恙玄览纪念特藏，与之寒暄者络绎于途，我很难近前问安，索性作壁上观。俞先生走过来，竟是看见了我，相互握手间，他缓缓地说，读到你近来的大作，有深度，我很欣慰。我正欲问他的身体，有人急找他去，见面就此打断，这转瞬间成为我和他的永诀。

在本篇的结尾，送上我撰写的挽联一幅，作为对他的怀念：

横批"学者无涯"

上联"学自北大　水陆考古　伟超同志先行"

下联"主政历博　发扬国粹　俞故馆长后已"

中国收藏家协会理事

王竹　谨识　癸未岁尾笔

时光流转四十载几
度欢乐几度愁莫
道世风多变易三
代王氏逸风杜
怀念
中国历史博物馆之
出赠王竹先生以志
一九九五年七月三日
俞伟超谨书

一位具有史学精神的考古学家

——追忆俞伟超先生

梁 云*

俞先生离开我们有两个多月了。

记得2003年3月，我偕李后笑君去小汤山医院探望俞先生。到时才知道他换了病房，电话联系之后，绕过一个人工湖，才找着新址。由于路上堵车，我们迟到了近半个小时。然而俞先生一直在等候，当时我感觉先生较住家时清减了许多，但眼中的光彩依旧。由于我和后笑已经不是第一次拜访先生了，所以并无太多的客套和寒暄，随着谈话内容的深入，先生的情绪也逐渐高涨，甚至像以前一样激动起来。我还记得先生半靠在病床上，常会要求在背后垫高些，这样说话可以更顺畅一些。病房的玻璃窗大而明亮，屋子里暖气很足，正午的阳光打在身上，暖洋洋的；窗外则是料峭的春寒。当时的情景宛如昨日。

这样的谈话以前也有多次，现在回忆起来真不知道从何说起。

给人留下最深印象的是，某一话题，先生总能从事情的历史原委开始，来龙去脉，一目了然，再无难晓隔阂之处。考古学的定位是当时学界讨论的热点，我们自然也很感兴趣。对于这种大而无边的问题，先生并不急于评论各家的是非得失，而转到当年高校院系调整，以及考古专业从历史系分离出来的事实。众所周知，国内高校的考古系皆脱胎于原来的考古专业，除了中大和厦大外，考古专业多设在历史系。高校是培养人的地方，不管成长起来的考古学家们际遇如何、旨趣如何，青年时代的大学生活对日后的学术终将形成不可磨灭的影响，这种影响又会随着一次次毕业歌的唱起、一届届毕业生走出校门而影响着整个学科的基调。血浓于水，这个道理不言自明，然而最容易被人忽略。当今天"考古学就是考古学"或"考古学就是人类学"之类口号高唱入云时，回顾这段历史显然有清热祛毒之效。

俞先生是我所见过的为数极少的一位具有近现代史学精神的考古学家。其生也有涯，其学也无涯，从《古史分期》到《用鼎制度》，从《长江流域青铜文化》到《古代公社组织》，从《汉文化》到《图腾制》，史学的精神贯穿始终，始于对古代社会面

* 作者系中国国家博物馆副研究员。

貌的考察，终于对人类历史命运的关注。《古史分期》是先生非常看重的一篇文章，代表了他对先秦两汉社会形态的总体认识。六七十年代在学界占主流的是郭老的战国封建说，魏晋封建说多少受到批判，或者说处于边缘的位置。在边缘的位置先生也不放弃思考，并形诸文字。稿子在箱底压了 10 年，至 1979 年坚冰解冻后才投出。他说文章发表后，李泽厚先生读了很激动，当夜和他长谈。至于这篇文章的影响，可以参阅张岂之先生近年撰写的关于古史分期问题的综述性回顾。20 年后，再谈起这篇文字，先生说具体要不要再用"奴隶"或"封建"这样的话语标签可以考虑，但大体的阶段划分是没有错的，而且对人类的历史发展总要进行某种阶段性的划分。

记得张光直先生曾问：中国考古学为什么没有对史学界热烈讨论 20 多年的古史分期问题作出回应？回应是有的，仅俞先生一人而已。

然而先生并不孤独。中国考古学诞生伊始就有浓厚的史学倾向，殷墟而不是西阴村对这门学科产生了决定性影响自有其必然的历史逻辑。问题的提出者和回答者有相同的思路，张光直先生亦云："考古学与历史学不是整合的问题，而是根本要合并"。在学科分界日益森严、壁垒高筑的今天，谈起这些，我曾玩笑式地问，这篇文章现在算历史学还是考古学的？先生微笑不语。

"国家罪犯奴隶制"是先生说自己在史学方面取得的"两个成绩"之一，用以总括秦汉社会性质。秦汉时期专制主义中央集权急剧膨胀，支配下的刑徒队伍空前扩大，如果秦代人口按千余万计算，刑徒就达到二、三百万，占总数的五、六分之一左右；再加上其他各种类型的官、私奴婢，这种规模不是任何一种封建制或家内奴隶制所能容纳的。此乃先生立论的基础。这个看法可能不被小农经济基础说的学者接受，但以此为入口，揭示出的古代专制主义的严酷本质，却具有深远的意义。他说这一点仅两人深有同感，一位日本友人读了之后回信说"太惨了"；另一位是已故的林剑鸣先生，认为秦俑军阵的氛围阴沉而冷酷，"万马齐喑"，殊无地主阶级登上历史舞台的朝气。事实上，在专制集权下，朕即国家，皇帝一人为主，万人为奴。史学界曾有中国从来就不存在奴隶制阶段的说法，就此我开玩笑："反过来说亦可，中国古代只存在过一种制度，奴隶制。"先生哈哈一笑。

先生心脏的跳动与史学的脉搏相呼应，生命不息，思考不止。《古史分期》是个母体，从中孕育出了《用鼎制度》、《汉文化》、《公社组织》等系列。循此足迹，当可领会学术发展的内在理路。与高明先生合著的《用鼎制度》一文，从作为上层建筑的礼制出发剖析周秦之间社会等级之变迁、各阶层之沉浮，拿西方的时髦术语，说是"Social Archaeology"（社会考古学）的经典之作亦不为过。此文曾得夏鼐先生的激赏。德国哲学家雅斯贝斯（Karl Jaspers）认为东、西方大约同时经历了"哲学的突破"，即人类开始反思自身的存在，在西方是古希腊时代，在东方是春秋战国时代。东周时代产生出真正的思想家和文化巨人，堪称中国文化的"枢纽"，其开拓的思想领域，两千年间也没有被超越。就社会政治而言，由封国走向帝国。对于这样一个时代，考古学如果没有交代，那是有重大缺陷的。先生有自己的关于先秦两汉社会的认识体系，简言之，西周处于家内奴隶制阶段，秦汉处在以刑徒大军为基础的劳动奴隶制阶段，二者之间，他抓住了象征国家社稷的鼎制，纲举而目张。就具体内容而言，鼎类"三分法"一经提出，就引起极大反响，虽然后来有一些异议，但迄今尚无替代者，也是事实。鼎制的演变，则花开两朵，各表一枝：山东六国的鼎制被逐次逐级地渐进破坏，如百足之虫，死而不僵；秦国一直比较顽固地坚持西周旧制，至商鞅变法尽废周礼，将鼎制连根拔起，如一座旧楼轰然坍塌，平地而起一座新厦。这是何等深邃的洞察力啊！反过来说，如果没有对社会发展史的整体把握，又怎么会有这样的眼光呢？

在攻拔六国的过程中，秦军打到哪里，就把周礼扫荡到哪里。在中国的历史长河中，秦可谓贵族政治的"终结者"。对于秦文化的独特性，俞先生有很深的感触，在《秦汉考古学文化的历史特征》、《秦汉青铜器概论》等篇章中多次论及，并说："就商鞅变法废周礼这一点而言，只有搞考古的人才能提得出来，纯搞文献的人是想不到的。"

商鞅一介布衣，西入关中，反复了四次才说服秦孝公推行变法，在变法的过程中杀人无数，"渭水尽赤"，彻底性为六国远远不及。一个空想家在西土掀起一场革命，塑造的政治理念垂两千年之久。其间波澜壮阔、细微曲折之处，永远值得史家玩味。先生却从中体会到思想意识的改变，在一定条件下可以改变历史前进的方向，并进一步思考物质与精神的关系这一争论了两千多年的哲学命题。我记得他在谈到这段历史时用力地指了一下头；我明白他的意思，根子在于观念的变化。意识形态的大转变决定历史进程的例子，商鞅变法不是唯一，古今中外都有。如果说历史进程是客观的，又怎么会以人的意志为转移呢？俞先生通过自身具体的学术研究及感悟，开始质疑传统的物质决定论，并最终扬弃之。由考古学而史学，由史学而哲学，是可以自由出入的。

自大学本科起，我们就知道考古学研究的对象是考古学文化。新石器时代的文化命名方式虽然和三代有很大的不同，如前者以典型遗址所在地的小地点名称来命名，后者以创造及使用遗存的古代部族的名称来命名，但史前至三代的学术探索主要是围绕考古学文化而展开的，却没有太大疑问。这一点自有其内在的合理性，因为考古学文化总与一定的人群共同体相关联，而史前至三代学术的核心命题就是"种族与文化"，王朝的更迭也是以一个种族征服另一个种族的形式来完成的。随着秦汉大一统王朝的建立，情况发生了很大变化，"种族与文化"主要适用于中原王朝和四裔间的关系，王朝更迭也主要以下层造上层的反的方式来完成。因此，秦汉考古的研究似乎可以不必再提考古学文化了；然而，如果缺少统领全局的"问题"，学术探索有迷失方向之虞。于是，先生提出了考古学中的汉文化问题。我清楚地记得当时他右手在床沿一拍，说："还得提！"

"汉文化"概念的提出，意义恐怕不仅仅在考古学。对于我们这个民族因以得名的朝代及其文化，怎能没有一个通盘的理解呢？

汉代幅员辽阔，文化内部的区域性差别远远超过了先秦时期的任何一支考古学文化。要对这样一支几乎包罗万象的考古学文化的特征做出归纳，并梳理其源流、划分其发展阶段，没有史学的眼光是办不到的。

秦帝国是靠武力建立起来的，远远没有实现思想和文化的统一，东方六国世袭贵族的旧势力虽然受到很大摧残，但还程度不等地存在；原六国地区的礼制观念及习俗也是被强力短暂地压了下去。这个历史前提决定了汉初文化的面貌一定是多元的。秦覆灭后，六国的遗风一下子复苏起来，各地汉初的墓葬中又恢复了战国晚期那种鼎、盒、壶、钫的礼器组合；当然，在河南三门峡、山西侯马乔村等地还有那种保持着日用器随葬传统的秦人墓，只是屈肢葬已大为舒展，年代进入了西汉。刘邦军功集团的成员原来主要是秦代亭长、狱史之类的下层官吏，他们熟悉秦帝国的法律习惯，对原六国的上层建筑反而不甚了解；再加上楚汉争霸中项羽失败，以及秦火造成周代典章制度的阙失，都决定了汉初的开国制度主要承袭秦制。然而，汉开国集团的成员大多是楚人，楚地的黄老哲学和美术观念自然成为当时的主流。多种历史力量交互作用之后的结果是俞先生所说的多元结构。简言之，在汉初具有自身面貌特点的汉文化尚未形成。

先秦两汉社会转型，先生前、后各切一刀。前一刀切在商鞅变法，后一刀切在汉武帝文化一统。六国世袭贵族在秦代已趋式微；西汉早期的封国与郡县并行，但经过中央王朝不遗余力的打击，也已如秋蝉；新兴官僚多以军功起家；这些都使建立在宗法血缘基础上的周礼难以为继。中央集权的强化，以及一国之内文化交流的便捷，为西汉中期面貌统一的汉文化的形成创造了空前有利的条件。至此，原来具有自身独立特点的东周列国文化传统才告消失，统统融合到汉文化之中，如江河百川，终归大海。在墓葬材料中，表现为鼎、盒、壶、钫等徒具礼器外形的器类，与釜、盆、罐等日用器，仓、灶、井等明器共出。礼器原本是六国旧制，在它上面有红、白粉彩相间的流云纹为楚地因素，日用器随葬及仓、灶原本是秦文化传统，这时它们融为一炉。这种组合最先出现在西汉早期的关中地区，西汉中期风靡全国。

谈起汉文化，先生娓娓道来，像讲故事一样自在轻松。他曾对我说，写一篇文章，自己先要感觉一下顺不顺，如果自己都觉得不顺，那一定有问题。

汉文化虽然是融合了列国文化的传统而形成的，但也出现了一些前所未有的新特点。这些特点又是新的经济制度和意识形态的反映。马克思主义史学本来就很关注土地所有制，早在《古史分期》中，俞先生就注意到汉代以后土地的私有化现象，如烧沟墓地的布局、东汉墓中的"买地券"及《杨量买山刻石》等。而先秦时期，他认为处在土地公有（氏族公有或国家公有）阶段，周代金文中虽有零星的土地交易，但迄今尚未发现具有法律效应的记录。这一点，后来得到越来越多学者的认同，如袁林先生的《周代土地制度》一书便做了细密的论证。西汉早中期的土地私有化已被董仲舒警觉，西汉晚期以后更是愈演愈烈，催生出了河北甄氏及临潼杨氏那样的大土地所有者。土地所有权父、子代代相传，为了防止土地的流失，就要强化家族关系，终于发展出能抗御数百年政治风云的世家大族，这在《新唐书·宰相世系表》中可以查到。土地集中化的同时，大土地所有者与农民的依附关系也在加强，庄园经济渐渐成型。西汉中央集权在武帝时达到顶峰，以后开始走下坡路。《汉书》所记宁成、张汤、王温舒等酷吏以铲除地方豪右为己任，反而说明豪强势力不可低估。经西汉末年绿林、赤眉大起义的洗礼，强宗豪右在东汉终于发展成左右时局的力量，以及两晋门阀的前身。这，便是汉代新的政治经济结构。董仲舒独尊儒术的初衷可能是应了武帝强化中央集权、一统思想文化的需要，但儒家本身对亲族关系和等级的重视，让它和以大家族为特点的豪门越走越近，并成为后者安身护命的理论学说。东汉以后兴起的经学世家、风行的门生故吏，与豪强大族互为表里。陈寅恪先生所说的以家学和礼法为标榜的山东望族，自有其历史渊源。政治、经济、意识形态应该、也本来就是连锁在一起的。

这样的政治、经济、观念结构，在考古材料中必有鲜明的反映，俞先生概括有四：一是家族茔地的兴起，二是多代合葬一墓的新葬俗，三是模拟庄园的模型明器的发达，四是主要表现"三纲五常"等儒家伦理道德观的画像石墓的流行。家族茔地和多代合葬一墓习俗乃土地私有化及家族关系强化的产物；庄园明器的发达说明强宗豪右的生活已为全社会所瞩目；耗资巨大的画像石墓更非一般家庭所能承担，它发生在西汉中期，盛行于西汉晚期至东汉，也绝非偶然。这些文化特点被举例式地加以说明，貌似散漫，其实彼此之间有着深刻的内在联系。而注重事物之间的普遍联系，正是近现代史学精神之一。记得在先生之后，也有学者在研究汉墓形制的时候，注意到从单室墓到多室墓的变化，但往往流于就形制而论形制，不能像先生那样透过表象抓住背后的本质，说到底是缺乏相关的史学素养。其实，汉文化的新特点不仅仅上述四例，在分析汉代诸侯王与列侯墓葬形制的时候，先生指出如西汉末年唐河县新店冯孺久墓之类的二千石官吏墓，已可僭用诸侯王、列侯的"便房"之制。东汉的诸侯王及列侯墓形制度，源于作为"帝乡"的南阳地区强宗豪右的墓形传统，实行前、中、后三室之制，它又是东汉两千石官秩地方豪右墓形的普遍通制，二者的混同，反映了大土地所有者的崛起。在论述秦汉青铜器的时候，先生指出由于武帝以后实行盐铁官营，中央的权力还比较稳固，少府属下的考工和尚方的作坊，以及朝廷控制的各地郡县的工官作坊，铜器铸造量是非常巨大的。东汉以后地方豪强坐大，加上朝廷放弃了盐铁官营，引起官工的迅速衰退，除了一些弩机铜廓及朱提、堂狼（郡国工官）所造铜盆外，再也难以见到官工产品，与之对应的是私工的大发展。但随着庄园自然经济的膨胀，私营产品最后也退出了历史的舞台。一旦把握住历史发展的脉络，考古资料是可以触类旁通、一通百通的。

先生曾说起他在台湾史语所讲汉文化的情景，那个兴奋的样子，我现在还记得。

至此，先生建立起战国秦汉考古学的完整体系。这个体系气度恢弘，蔚然大观，有史学的灵魂在里头。

然而，俞先生并没有就此止步，在他生命最后的岁月里，还在向历史的更深处掘进。早在1974年，先生作为一名讲师，率领北大考古专业的同学赴湖北黄陂盘龙城实习，发掘出商代二里岗阶段的城址和宫殿。盘龙城商代城址的规模不算太小，周围也有不少同时期的遗址。盘龙城遗址文化面貌和郑州有很强的一致性，是商人的一支南下的结果。这个遗址群主要的使用时期是在二里岗上层阶段，至殷墟阶段就废弃了。为什么会废弃呢？虽然先生后来把主要精力投入到战国秦汉考古的教学和研究中，但这个问题却一直埋在心里。20世纪80年代以后，随着长江流域青铜时代考古资料的逐步积累，以及早商文化的分期和分区工作的进展，大家也都认识到商文化在二里岗阶段有一个大扩张：向北挺进到太行山以北的壶流河流域，向西进入关中西部的周原，南方则以盘龙城为据点，东南推进到巢湖以东，向东进入鲁中，势力达到了顶点。到殷墟阶段，分布范围却突然向内大大地收缩了，首先放弃了晋南地区，以东下冯和垣曲商城的废弃为标志。盘龙城的废弃代表商文化基本退出长江流域。关中地区略迟一些，但在殷墟二期之后也已撤出。即便在豫西，殷墟时期的遗址点也不是很多，只是向东有所推进。这么看起来，盘龙城商代城址的废弃，不是一个孤立的现象。然而，对这个变化，还没有人做出解释。

与上述现象相呼应，郑州商城和偃师商城也在二里岗阶段的末期废弃。对于这两座具有都邑性质的城市的始建年代及建造原因，考古界展开了近乎白热化的也是令人筋疲力尽的讨论。对于它们废弃的原因，却好像无人论及。这两座城市沿用时间大致相同，即从成汤到大戊一百多年的时间。晚商时期的都城在殷墟，据《竹书纪年》，沿用了273年，没有迁都。但在早商和晚商之间，也就是从仲丁到盘庚这段时间，文献记载发生了五次迁都，即仲丁迁隞、河亶甲迁相、祖乙迁邢、南庚迁奄、盘庚迁殷。除殷墟外，每座都城居住的时间都很短。近年发现的郑州小双桥遗址和洹北花园庄商城被越来越多的人认为分别是隞和相，它们使用的时间也都很短。"殷都五迁"的原因，考古界少有专门论述，张光直先生提出过一个假说，说是为了寻找铜矿。在史学界，自20世纪80年代以来，却展开过一场不大不小的讨论，其中的详情可以参阅朱凤瀚先生撰写的《先秦史研究概要》。

黎虎和王冠英先生认为原因在于《史记·殷本纪》所说"自仲丁以来，废嫡而更立诸弟子，弟子或争相代立，比九世乱，于是诸侯莫朝"。也就是说，商王室内部连续九王发生王位纷争，引起国内政局长期动荡和外敌入侵。这个说法有很大的合理性，因为仲丁到阳甲正好是九个王，与"五迁"的时间段几乎完全吻合。更重要的是，在商王世系表里，仲丁到阳甲的王位继承关系有着与仲丁以前、阳甲以后截然不同之处：有以兄之子身份继位的，如仲丁、祖乙、祖丁；有以堂兄弟身份继位的，如南庚；有以堂兄弟之子身份继位的，如阳甲。期间，继统法发生紊乱当无疑义，此前、此后则基本稳定正常,与商代都城发展史若合符契。但是,外敌入侵的说法还没有太多的证据。

这个问题近乎最终的解决,是俞先生青铜武器技术的垄断及扩散学说的提出。新干大洋洲和广汉三星堆铜器群的发现,使大家认识到长江流域土著青铜文明取得的成就不亚于殷墟。但这是在殷墟阶段及其以后,在此之前夏至早商阶段,在夏、商之外的土著文化中虽然也发现有小件的铜器,但没有礼器和武器,而青铜武器在族际战争中是决定胜负的关键。二里头文化和二里岗文化对武器铸造技术的垄断,使夏能臣服九州,商能所向无敌。在早商和晚商之际,武器铸造技术扩散出去了,被周边的土著文化所掌握,使它们的青铜文明突飞猛进,从而使青铜文明格局中的力量对比发生了重大变化。扩散的原因,或与商在二里岗上层时期的大扩张有关。长江流域如前所述,朱开沟和石楼—绥德类型自身的青铜武器也是在殷墟阶段大量出现的,燕山地区的平谷刘家河墓葬的铜器多少反映了同样的变化。周边土著青铜文化的崛起,使商王朝边陲重镇陷落、势力范围大幅度收缩、中心都邑频繁而远距离地迁徙,直到盘庚时才喘了口气,到武丁时才站稳脚跟,但再也难以恢复以前的盛况。先生的这个学说,既有总揽全局的胸怀,又能把握文明盛、衰相互转化的关键点,不正体现了近现代史学的一贯精神吗?

然而意义不限于商文化。夏和早商文化的一支独秀,决定了当时的世界是单极化的;殷墟阶段的群雄并起,决定了以后的世界是多极化的。以此为界,可把三代一刀砍为前、后两大段。前段有夏文明的出现,后段有周文明的兴起,历史背景迥异。目前关于中国文明起源问题的说法多矣,但鲜有像先生那样,把它放在三代文明发展的整体脉络中去考虑,前后贯通,又直接具体,命中问题的要害。其实,一个事物消亡的原因,早已隐藏在它赖以产生的机制之中,反之亦然。先生的学说,必将对这一领域产生深远的影响。

凭此一点,先生已可独步天下,遑论其他。1954 年 7 月,先生毕业于北京大学历史系,属于新中国培养的第一批考古专业的毕业生。近年国内流行一种说法,说 1949 年以后再也没有培养出一位史学大师,这个说法,恐怕不一定全对。

先生曾说,如果让他选择自己最喜爱的三篇文章,那会是《古史分期》、《用鼎制度》和这篇《长江流域青铜文化》。这篇文章,前后经历了二十多年的时间:开始于 1974 年的盘龙城发掘,在 1998 年发表的《秦汉青铜器概论》中有所流露,成型于 2001 年北京大学"长江流域青铜文明"研讨会上的发言,最后是在小汤山医院的病床上完成的。

史学是关于人的。一个具有史学精神的学者,探索一生,追求一生,终将思考"人之所以成为人"这个终极命题。在这个命题之下,考古学、历史学、人类学、哲学以及一切关于人的科学也终将合流。这,恐怕就是《图腾制》一文的来由。

自 1791 年英国人对北美土著人图腾的介绍,到 1963 年列维·斯特劳斯发表他的

《图腾制度》，前后近二百年。一部关于在世界各地土著人中普遍存在的图腾制度的发现和研究的历史，也就是一部现代西方文明向全世界扩散的历史，与之相随，也就是一部西方传统的文化人类学起源和发展的历史。图腾制之于西方人类学的意义可想而知。

在这篇与汤惠生先生合著的文章中，汤先生在前两部分中对西方存在过的图腾制理论作了尽可能详尽的回顾，其中的观点可以说五花八门、歧义丛生。有的定义为祖先崇拜、自然崇拜、礼仪、禁忌和俄底蒲斯情结等心理因素，有的归之于外婚制、命名制、组织结构等社会制度，还有的认为源于原始人的逻辑思维形式等等。我在1997年第一次读这篇文章，读到这部分的时候，觉得西方的各种理论虽然令人眼花缭乱，但好像也给人一个共同的印象：都是平面的、静止的，还没有一家能勾勒出图腾制发生、发展和消亡的脉络，哪怕试图这么做的也没有。换言之，西方的各种理论都建立在共时性的"平面"之上，而缺少"时间"的维度。这个印象在头脑中长期挥之不去，后来读了一些西方人类学的著作，尤其是介绍文化人类学学科发展史的著作，才有了一点体会。地理大发现之后，欧洲文明席卷全球，白人在世界各地碰到了一些与他们在肤色、语言、生活习俗方面完全不同的人种，为了了解这些"他者"，于是人类学逐步发展起来，其中又以文化人类学和语言人类学为大宗。因此，文化人类学最初带有以白人为中心的"我们"去看与自己不同的土著"他们"的视角，当然20世纪60年代后有所改变，那是后话。除了少数几个文明古国外，遍布世界的土著大多数没有自己的文献记录，比如北美的印第安人。虽然有口头相传的历史，但这种口述史含有很多传说和神话的成分，不见得让人放心。对这种口述史也不是不重视，文化人类学中关于神话的研究就很发达，以列维·斯特劳斯为主。因为这个缘故，人类学的田野记录本身就缺少"时间"的深度，大多是平面的、静止的，这也决定了西方各种图腾制理论的基调。西方人类学中的个别人曾试图排列人类进化的序列，比如摩尔根就把白人放在进化阶梯的顶端，而把其他人种往下排，但这种序列是单系直线式的，带有先验的、形而上学性质，同时有种族歧视的嫌疑，所以口碑不佳。此后文化人类学基本上退出了人类起源的领域。

俞先生的突破在于把"时间的维度"插入到现有的图腾制理论中，使之从"平面"走向"立体"，从"静态"走向"动态"。注重事物在时间长河中的发展，是所有史学家的天性。

他又是怎么做到的呢？摩尔根的学说虽然口碑不佳，但也不乏闪光之处，比如他认为所有氏族都实行族外婚。民族志的材料也说明世界上所有的氏族都实行族外婚，可见族外婚是氏族的本质特点。摩尔根认为最初的、最原始的族外婚是"普那路亚"，即一个人群和另一个人群之间的"群婚"，也就是一群男人和另一群男人交换彼此的姐妹，抑或相反。这种"群婚"发生在两个人群之间，而不是一个人群内部。"普那路亚"并非虚构，它有民族志上的实例。《家庭、私有制和国家的起源》认为在"普那路亚"之前，人类有一个血缘群婚的阶段，即在一个人群内部通婚的族内婚阶段。这种"族内婚"属于先验的逻辑虚构，谁也没见过。那么，如何从族内婚走向族外婚？恩格斯推测是由于族内的乱伦禁忌逐步扩大化的结果：先禁止不同辈分血亲之间的通婚，如父女或母子之间；再禁止同一辈分血亲之间的通婚，如兄弟姐妹之间；当族内没有可以通婚的对象时，只好到族外去寻找。那么为什么有乱伦禁忌？摩尔根说是为了优生。在那个红旗飘扬的年代，俞先生他们那一辈人肯定很熟悉这些说法，但内心深处也抱很大的怀疑。

他们那一辈人应当不止一次地思考过：最初的氏族或者说族外婚是如何实现的？直到与西方图腾制的理论相遇，才碰撞出思想的火花。如果说族外婚是氏族的本质，那么氏族就一定不是出现在蒙昧世界海洋里的一个"孤岛"，而是成对、成对地出现的，否则就没有族外婚。泰勒（E. B. Tylor）说图腾制是一种把氏族联合起来形成更大的部落的组织手段，而氏族如果不联合，就面临被野蛮人吃掉的危险。这个意见首先引起先生的注意。人群因为生存的需要而联合，联合的最佳手段莫过于通婚；为了稳定这种联合，族内的性行为被禁止，乱伦禁忌由此产生；婚姻的本质是禁忌，它意味着可以和某些人结合，同时意味着不可以和另外一些人结合；人群在走向联合的同时，氏族自身也告形成。至此，图腾制、氏族制、族外婚三位一体的思想已经呼之欲出了，但还差那么一点儿，为什么要建立把某一种动植物与某个氏族联系起来的图腾制？氏族之前，"人群"与动物群一样，处于孤立的状态，虽然有自己的活动和势力范围，但纯粹属于大自然的一部分，彼"人群"对于此"人群"而言，不过是像狮虎或木石一样的自然物，毫无意义，而一旦联合，就需要区分"我们"和"他们"，图腾制不过是区分"我们"和"他们"的命名制度而已。文化一旦渗入，百万年的混沌就被打破，人类开始从孤立无援的小群体走向大规模的社会联合：氏族、部落、部落联盟、酋邦、国家。

这当然属于逻辑推测，但对于资料奇缺的人类早期阶段，也不得不如此。考古学早已走向解释，我们没有永远正确的解释，我们永远只有目前看起来最合理的解释。

这已经是发生学意义上的历史逻辑，不同于文化人类学的"平面"逻辑。

在文化层浅薄的北美，文化人类学或许可以大行其道，但在文化层堆积丰厚的旧大陆，尤其在一锄头下去就是一部古代通史的中国，考古学永远不会是那种传统意义上的、缺少时间深度的人类学，她与史学的关系却如一对并蒂莲花。

由此看来，族外婚的出现，绝对不是恩格斯所说的连续渐进过程，婚姻、氏族、图腾、禁忌、社会、文化乃至真正意义上的人类，是一起"突现"在大地上的。关注事物之间的内在共生性，不正是先生学术的一贯思路吗？

剩下的问题就是把它放在人类起源具体的年代表里。西方人类学早已抛弃了达尔文单系直线的均速演进理论。古人类资料表明，一方面人类的演化是处处歧路的丛林式的；另一方面，在长期的停滞后，会出现体质上的短期飞跃，之后又是长期停滞。

这些短期飞跃的"点"，可以作为划分阶段的依据。"点"不止一个，哪个才是心中所求？族外婚的产生不是为了优生，但它形成后在客观上会大大优化人类体质，从而促成智力的大发展。旧石器时代晚期引人注目，智人出现，纯粹的艺术也诞生了，西班牙和法国洞穴的壁画，说明人类智力此时有一个"大爆发"。人类走向联合、有了社会组织后，相对于其他物种的优势大大提高了，简直可以所向无敌，甚至对于那些已经走进演化死胡同的"前人类"，比如尼安德特人。新的 DNA 研究表明，现代智人起源于距今 20 万年前的东非，10 万年后向全球扩散，全世界人类原本是一家，因此，把人的出现定在那个时期几乎是水到渠成的事情。

在多次讲话中，先生都主张把旧石器时代早中期从考古学中切出去，因为那不属于人类历史的范畴。

既然图腾制产生的原因是人群的联合，那么当联合的手段复杂化和多样化之后，它也会逐步走向消亡。具体到中国，先生把图腾制的消亡阶段定在商代，是非常深刻的。至西周晚期，铜器上的族徽已非常稀少了。

先生有时候会言及"平等"问题。马克思在构筑了他关于资本主义社会的政治经济学体系，并描绘了人类未来社会的平等和谐蓝图后，在晚年开始探索人类早期社会，期望从中寻找到其学说的内在合理性。马克思的学说影响了俞先生他们整整一代人。通过思考氏族形成的原因，先生逐步体会到人类在早期并没有想象的那么"平等"，而远远比文明出现后野蛮、残酷得多。经百万年的演化，地球上"人口"逐渐增多，"人群"间展开资源之战，并出现"人食人"的现象，如法国克拉比纳洞穴遗址中的人类碎骨和煮烧后的骨渣所示；而为了不被其他集团"吃掉"，最简单的办法就是搞联合，以争取数量上的优势。人类是被自己逼出大自然的。

然而人群内部毕竟存在资源分配上很大的平等性，越在生产力低下的阶段，越是这样。从 20 世纪 50 年代起，先生就开始思考体现这种平等互助精神的公社组织。这个思考在《古史分期》中成熟，在《中国古代公社组织的考察》中系统化。

这几乎是一部纯粹的史学著作，虽然其中使用了大量的金文碑刻。这也是迄今为止唯一的一部关于中国古代基层社会组织的著作，对农村公社从商周时期产生到魏晋时期的最后解体，做了全盘梳理，再次展现了一位"通史之才"所具有的卓识。先生没有就公社而论公社，而是把它置于生产力的、土地的、人际关系的、历史事件的、政治力量的多种因素中去综合考虑，因此是多声部的、复调式的合唱。就生产力而言，商周时期虽然已经进入青铜时代，但农业生产工具依然以木石为主，当时的耕作只能依靠公社成员的集体协作才能完成，决定了公社组织的普遍存在；战国以后铁农具的应用，使个体家庭具备了独立生产能力，西汉中期铁犁和牛耕的推广，强化了这种能力；魏晋时的轮作和施肥技术，则使之终于挣脱出公社的躯壳。就土地制度而言，先秦时以土地公有制为主，但也经历了从公社内部定期重分土地的公有，到公社成员"自爱其处"的国家授田制的公有；西汉时土地买卖和私有化不断渗透到公社内部；东汉时如《侍廷里僤约束石券》所示，公有土地已被排挤到仅供祭祀的"容田"范围，大土地所有制最终使公社丧失了存在的经济基础。就人际关系而言，商代公社名、族名、地名的一致性，说明了它的血缘特点；西周一个公社名下包含两个以上的氏族，暗示地缘关系的加强；汉代一个公社内众姓纷杂的现象，反映了完全的地缘关系。就历史事件而言，晋"作爰田"和秦"制辕田"破坏了公社定期重分土地的制度，秦始皇三十一年"使黔首自实田"打开了土地私有化的大门，西汉末年偃师一带被绿林、赤眉打散的公社组织曾一度复活，东汉末年黄巾起义的大风暴则把原本脆弱的公社几乎扫荡殆尽。就政治力量而言，商周至春秋在宗法贵族的羽翼下，公社成员尚得庇护；战国秦汉，旧力才去、新力未生，公社组织直接裸露在国家政权的掌控下，专制主义的中央集权极度亢进、汲取能力无限膨胀，大量公社成员被严刑峻法转化成刑徒；东汉以后，破产的公社成员则被崛起的地方豪强收编，沦为他们亦农亦兵的部曲。多条历史线索交相呼应，或在明里亮相，或在暗中潜行；或在前台放歌，或在幕后微笑；或默默对视，或掉头远去；这样的著作，具有史诗般的张力和宏大的叙事风格。

先生的学问可谓大矣！还有中国考古学方法论体系的完善和推广，还有羌、胡、夷、楚等民族考古学文化的探索，还有佛、道等宗教的考古学研究等等，岂是我这个后学晚辈所能道尽。

先生曾花费很多笔墨叙述东汉早期在洛阳周围地区，在村社被打散了四十年后，公社内部的那种相互协作的旧传统以及人们对它的思念之情，把它再恢复起来的情况；还说到在河南南部和东部的南阳、颖川、陈留等郡，在黄巾起义的间隙，各地府县重建"正卫僤"的情况；甚至言及北魏的均田制并非拓拔鲜卑的旧习，它在中原内陆其实有悠久的历史渊源。公社组织反反复复的解体和复活，多少说明人类追求平等、公正社会的一种由来已久的梦想。

俞先生曾谈起马克思致维·伊·查苏利奇的信，一个俄国青年向马克思询问农村公社的未来命运，马克思回复了三封很长的信，第四封手稿写了一半，没有发出。先生说他只是到后来才逐渐体会到马克思晚年的那种心境，那种苦恼，那种对公有制社会前景的担忧。在《古史分期》中，他曾大段摘录马克思关于农村公社是东方专制主义的基础的论述，并言及在公社解体比较彻底的地区，比如古希腊和罗马，反而出现了比较发达的民主制，当然是奴隶制前提下的民主制。

人是时代的产儿。我曾反复思考俞先生他们那一辈人因依存在的时代，和我们这一辈人身处的这个时代之间的差别，以及在思想史上的断层。当年的社会史论战在史学的原野上呼啸而过，今天再也无人提起。青春的梦经岁月淘洗，大多黯然褪色，发霉变质，风起之后化为尘埃。书屋中充满激情的思辩与我们渐行渐远，细语呢喃，最后耳不可闻。一个时代自有其学术上的品相。我想，先生学术的大气、激情和灵智，恐怕还是那个时代赋予的。越是凯歌行进的时代，反弹之后，越会滑入彻头彻尾的功利主义的低谷。上、下转承之际，大多数人都掉头向下，游弋在各种缝隙之间渔利，先生却能保持自己一贯的风骨。

然而还有希望。先生读《规训与惩罚》，说福柯太狠了，把人的处境描绘成无所不在、无时不有的受制和奴役，简直是"绝对的奴役"。读了奥维尔的《一九八四》，又说写得太黑暗了，让人看不到一点希望。其实还应该看到希望，比如萨特，强调一种选择的"自由"，一种人在任何状况下都可以选择的自由，只是范围有大小，可谓"绝对的自由"。我想，萨特之于福柯，如同硬币的两面，一个于冰雪中见希望，一个于天上见深渊。

是的，还有希望，我相信。冬天已去，春天在远处招手……

谨以此文悼先生。

2004 年 2 月撰于天津白堤路寓所
2004 年 6 月发表于北京大学《青年考古学家》

文中俞伟超先生作品简称：

《古史分期》：《古史分期问题的考古学观察》

《用鼎制度》：《周代用鼎制度研究》

《汉文化》：《考古学中的汉文化问题》

《图腾制》：《图腾制与人类历史的起点》

《长江流域青铜文化》：《长江流域青铜文化发展背景的新思考》

《古代公社组织》：《中国古代公社组织的考察》

情谊胜过师弟子 悲痛岂止哭失声

——回忆与俞伟超先生交往的片段

黄锡全[*]

俞伟超先生是我一生最难忘也是对我影响最大的老师之一。2003 年 12 月 5 日 0 时 48 分，先生不幸在广州与世长辞，享年 70 岁。就目前的人类寿命而言，先生可谓英年早逝。2004 年 1 月 4 日，我出席了在国家博物馆专门为先生举行的追思会。之后，我总想写点什么，可又不知从何处写起，因为要写的方面实在是太多了。现在国家博物馆和北京大学联合计划出版怀念先生的文集，这个动意令人钦佩。借此机会，侧重个人与先生交往的点滴草成此文，以寄托对先生的哀思。

30 多年前的 1972 年，大学恢复招生，我们有幸进入北京大学历史系考古专业学习。经过文化大革命，上山下乡，能有机会进入大学学习真是喜出望外。我们全班 40 名同学，来自全国四面八方和不同岗位，虽然文化程度高低不一，但求学的心情则是一致的。我记得先生给我们讲的第一次课大概是关于考古学的产生和发展方面的内容。面对一双双渴望求知的眼睛，先生从欧洲讲到中国，从理论讲到实践，首次引领我们在考古知识这片宽阔的海洋中遨游。我们听起来似懂非懂，犹如在海涛中颠簸，时而惊喜，时而担心，但先生渊博的知识，侃侃而谈的风貌，时而激情的表述，给我们留下了难忘的印象。先生的此次演讲，使我们窥视到入门考古的乐趣和肩负的重担，对我们触动较大。当时最突出的感觉就是：内容新鲜，理论深奥，个人差距甚大。大家由此都意识到中学与大学就是不一样，要适应大学的学习必须付出艰苦的努力。课间休息时，我曾向先生提出不懂的问题，先生除解疑答问外，非常理解我们的心情，安慰我们不要着急，慢慢来，知识在于积累，顿时缩短了学生与老师的距离，感觉先生真是和蔼可亲。

在北大，由于与先生交往多了，先生又没有架子，我们都喜欢与先生攀谈。先生经常到学生宿舍，每每谈至深夜，甚至忘记吃饭和回家。饿了，与同学一起啃馒头就咸菜。困了，倒在学生宿舍打会儿盹。记得有一天夜晚，时间太晚了，外面好像下着小雨，估计东校门也关了，我们劝先生是否就在学生宿舍住下，先生欣然应允，不一

* 作者系中国钱币博物馆研究员。

会就睡着了。我们感觉与先生在一起就像与家人相处一样，其乐融融。

1974年秋，我们班到湖北黄陂盘龙城实习，新的发现与收获给大家带来的兴奋与喜悦至今历历在目。当时我是班里的生活委员，由于办事认真负责，老师和同学都很相信我，又是湖北人，便安排我打前站。我到盘龙城后，开始在王劲先生的领导下什么都干，如安排住房，挑砖搭灶等，先生到达后，又协助先生与张建奇先生踩点布方。俞先生根据多年的考古经验，与王劲先生商议，果断将本次发掘的方位选定在城址的东北部。开始，大家对探方布在此处是否能找到有关遗迹或房基都心存疑虑，开工后的头几天劲头还挺高，由于没有发现重要现象，不几天大家的心情逐渐凉了下来，甚至有的探方已挖至一米多深。值得庆幸与难忘的是，在我负责的探方内居然首先发现了房基的遗迹。当时我细心做好相关工作，开始不敢肯定，就请来先生到探方内。先生经过仔细观察，亲自蹲下用小铲刮了又刮，看了又看，分辨清楚后站起来朝四面望了又望，最后突然一拍大腿，高兴的大声喊道："房子发现了!"话音刚落，大家蜂拥而至，好奇的问个究竟。先生兴致勃勃地给大家逐一解释，同学们将信将疑的议论开了，工地顿时也热闹了起来。先生根据房基走向，让挖过的探方赶紧填补。经过先生的悉心指导，各方的共同努力，当时在城内发现了两座商代大型建筑基址，揭露出一座保存较好的商代二里冈期的大型宫殿建筑基址，还发掘了一座当时长江中游仅见的中型奴隶殉葬铜器墓，立即引起了学术界的极大关注和社会轰动! 中央和地方的有关领导和专家学者纷纷奔向盘龙城。通过这次发掘，使我们深深体会到，先生不仅学识渊博，办事认真，吃苦耐劳，而且表现出超凡的组织协调才能和敏锐的洞察力。

盘龙城实习后，老师带我们赴湖南参观，随即到达湖北荆州。我家位于荆州城大北门外，南距太晖观（明洪武癸酉［1393］年湘献王所修）约1.5公里。家距城区虽不算太远，但城外都是土路，由于经常下雨，道路泥泞，坑坑洼洼，走起来很是不便。同学们都是来自全国各地，能够经过一位同学的家乡甚是难得。父母为了表达心情，特意提前杀掉年猪叫我邀请老师和同学们到家作客。我将这个意思经高崇文同学向俞老师表达后，俞老师非常高兴，参观结束后就毫不犹豫地带领同学们踏着泥泞的道路冒雨走到我家，令家人十分感动。至今85岁的老母亲还时时念叨俞先生那次光临寒舍的情景和感激的心情。当得知先生故去的不幸消息时，老人悲痛地流下了眼泪。

1975年上半年，我们班安排到湖北江陵纪南城实习，俞伟超先生是主要指导教师。这次实习，除了举办亦工亦农考古训练班，发掘东城卅号台基、西城新桥冶炼遗址外，最大的收获就是发掘凤凰山168号汉墓，并意外的出土一具保存完好的男尸，成为当时一大新闻，在国内外引起轰动。战国秦汉考古是先生的专长，这一重大发现无疑倾注了先生的大量心血。先生不仅不分昼夜指导同学们科学发掘，而且还应大家的要求，专门报告初步研究结果。给我印象最深的是，先生十分高兴地详细介绍清理经过和解读新发现的一件天平横杆上的墨书文字和墓主人名字的情景，大家都深受鼓舞和教益。

1975年8月，我毕业分配至湖北省博物馆工作，旋即安排到楚都纪南城与南京大学考古专业合作举办亦工亦农考古训练班，配合教学解剖西城墙，之后又配合龙桥河改道工程进行抢救性的墓葬清理工作。这些工作经常得到先生的鼓励和帮助。

1978年春，我从江陵赶往随州，协助谭维四先生主持随州曾侯乙墓的田野考古发掘，担任工地副总指挥。5月参加了研究生考试。我原准备报考先生的研究生，学习战国秦汉考古，并且提前两年就有所准备，不料这年先生不招生，建议我明年报考。考虑到每年变化无常，为怕失良机，我改报吉林大学于省吾先生学习古文字学。俞先生得悉后很高兴，认为于先生是老一辈的著名古文字学家，有真才实学，学好古文字对于将来从事考古事业大有好处！我几次经过北京去看望先生，先生都是热情接待，一起畅谈导师于省吾先生与郭沫若、唐兰、容庚、商承祚、徐中舒等老先生的学术成就和异同。先生不仅精于战国秦汉考古，而且也了解和熟悉古文字学界的研究成果，令我十分钦佩。

1984年底，我博士研究生毕业，究竟去向何处一时拿不定主意，曾经联系过国家文物局文献研究室、中华书局，也考虑过至中国历史博物馆。经过慎重斟酌，最后决定去武汉大学。俞先生认为在哪儿工作都一样，关键是要坐得住冷板凳，勤于思索，不断进取，方能有所作为，表现出对我的信任和寄予的希望。

1993年底我调至北京工作，之后与先生见面的机会相对增多，但也怕打搅先生，只是抽空去先生办公室坐坐，随便聊聊，有时是利用他节假日值班。此间我发现先生抽烟很厉害，咳嗽也很厉害，有时咳得上气不接下气，身体疲惫。我常劝先生多注意休息，少抽烟。他说没有办法，有时为了赶写稿件甚至还通宵达旦，抽烟可以提神。有一次先生与我交谈时居然不知不觉睡着了的情景至今难以忘怀。我感觉先生的工作负担太重了，除了历博自身的工作外，还承担了很多社会上的考古任务，开辟了很多新的途径，事事都需要先生出主意，想办法，而一个人的精力毕竟是有限的呀！

由于年龄的原因，先生面临退居二线。1997年在文博系统挑选接班人一事上，先生与张忠培先生等曾经极力举荐过我，供国家文物局领导选择。由于种种原因，我最终决定留在中国人民银行中国钱币博物馆工作，但国家文物局的领导和俞先生、张先生等学者的信任和举荐之情令我终身难忘。1998年5月4日先生出席北大百周年校庆，大家争着与先生合影留念。

由于先生超负荷工作，大约2000年秋，我就听说先生肺部不适，出差四川时犯过毛病，医生诊断为肺炎，其实已是肺癌。大家得知这个情况后都提请先生注意，而先生并没有特别在意，仍然东奔西跑，忙个不停，一心扑在事业上。但我心中一直惦记先生。在四川我见到先生，从先生的谈吐，我们相信先生不会有多大问题。2001年6月5日台北中研院史语所的陈昭容先生来京，我特意邀请先生和朱凤瀚、林小安先生一起在前门全聚德烤鸭店聚会。这是我与先生的最后一次共餐，大家在一起照了像。先生谈笑风生，当时看不出有什么特别不好之处。

2002年7月，突然有人告诉我说先生肺癌严重，需要手术。惊吓之余又觉得并不奇怪，认定先生的身体是因工作累坏的。23 日我去北京医院看望先生，并带去我 2001 年出版的《先秦货币研究》和《先秦货币通论》。先生很高兴，也表示谢意，并说他没有专门时间阅读了，只好休息时慢慢看了。我说，不着急，学生带来只是向老师汇报学习体会。经过手术治疗，先生的病情和心情虽有反复，但总体情况还算平稳，我们以为先生已渡过难关，会逐渐康复，短期内不会有什么问题。

2003 年 12 月 5 日，先生在广州去世的噩耗传来，我简直不敢相信，经过再三确认，已是无可改变的事实。我久久沉浸在无限的悲痛之中，从开始认识先生及与先生的交往情景，先生的音容笑貌和学者风范一幕一幕浮现在我模糊的眼前……

先生不仅是一位博学多才的考古学家、博物馆学家、战国秦汉考古专家，而且也是一位教育学家、社会学家、思想家，他的去世，是中外学术界的一大损失，他的业绩将成为我国学术界的永久财富。先生的去世，也使我失去了一位良师益友，先生对我的关爱将永远激励我不断进取。先生经常向我重复的一句话就是：人生就像一支蜡烛，蜡烛烧烬了也就完了。我知道先生之意，就是怎样充分利用有限的生命干出一番卓有成效的事业。先生奋斗的一生实现了他的愿望，正如先生的大名：伟大超群！

2004 年 1 月 4 日追思会中，我曾以先生业绩写有如下挽联出示同学，记此表达对先生的崇敬和怀念：

主攻战国秦汉考古教书育人呕心沥血成就博大精深

从事中华文博事业开拓创新身体力行功德典范长存

三峡文物保护的奠基人——俞伟超

郝国胜 *

"忙碌小超，力薄心善。"这是俞伟超先生在临终前对自己谦虚和真实的评价。如今，他已悄然仙逝。

保护和解读祖先留下的文化遗产和遗迹是先生终身所愿，也是他卓有成绩和巨大贡献所在，令人们敬仰和留恋。

在晚年生涯中，先生对三峡文物保护极为关心和倾注，甚至将大部分精力投入在了三峡文物保护上。

早在三峡工程前期，先生就在三峡坝区的中堡岛率队勘察和抢救古代遗址与墓葬，他身体力行，亲临现场数年。一锹一铲，保护和发掘了大量珍贵文物，为三峡工程坝区的建设，为坝区文物的保护和抢救做出了巨大贡献。

1992 年 4 月 3 日，当第七届全国人民代表大会第五次会议通过了兴建长江三峡水利枢纽工程的决议后，人们不仅关注三峡大坝的建设、库区移民的安置、环境保护与生态平衡等问题，也同样关注三峡库区文物保护的状况。

1994 年 4 月，经国家文物局批准，成立了由原中国历史博物馆和原中国文物研究所组建的"三峡工程库区文物保护规划组"。时任中国历史博物馆馆长的先生毅然承担了该组组长的重任。重担压身，责任重大。许多棘手的问题等待先生一一解决。

文化遗存和遗迹有着不可再生的唯一性，一旦损失，难以弥补。三峡文物的保护重在规划，规划有误，全盘皆输。先生深知责任重大，时常对规划组的同志们说：我们肩负着上对得起祖先，下对得起后人的历史重任，一旦失误将成历史罪人。

按照三峡水库的分期蓄水计划，2003 年 6 月，坝前水位将涨至 135 米（蓄水前坝前水位约 70 米左右），2006 年将涨至 156 米，2009 年三峡工程全部竣工，坝前水位将达 175 米。工程的蓄水计划要求文物工作者们必须在 2009 年前，按照各蓄水阶段，完成 632 公里沿江受淹区域内全部文物的保护和抢救。否则，文物将被淹、受损、甚至

---

* 作者系中国国家博物馆副研究馆员，在俞伟超先生身边工作 10 余年，供职三峡工程库区文物保护规划组。

荡然无存。在三峡，时间就是文物，时间就意味着揭示和解读历史依据的存亡。规划组必须以最快的速度完成史无前例且工程浩大的文物保护规划，为抢救阶段留出更多的宝贵时间。先生肩负着与时间赛跑的重任。

库区和迁建区的文物保护是三峡工程移民项目中的子项目，其工作程序也按照总程序的要求，先规划，后实施。当时，由于相关职能部门不太了解三峡库区的文物状况，依据了非文物部门勘察的文物数量，制定了三亿元"限额规划"的保护原则。根据"限额规划"的要求，三峡库区和迁建区的文物保护经费不能超过三个亿，规划也只能在三亿元"框架"内编制。

长江流域与黄河流域都是中华民族的发祥地，先民们在江、河两岸繁衍生息，延续至今。两岸区域内存有大量先民们留下的文化遗存和遗迹。绵延632公里的三峡库区，是历史文化遗存和遗迹的集聚地，要保护和抢救如此广阔区域内丰富的历史文化宝藏，三亿元经费肯定不够。

"限额"的"框架"束缚着三峡文物保护规划的制定。深思后的先生选择了以实际为依据，以《文物保护法》和国家对文物保护的一贯方针政策为导向的规划原则。他要求参加文物普查的同志们，按照规划原则，精打细算，尽可能不漏掉属于保护范围内的文物和文物点。

由于"限额"的缘故，规划组与相关部门确立的委托关系难以确立，规划经费到不了位，规划工作面临断炊的境地。此时，30个在库区普查的院校和科研单位靠本单位或文物职能部门的垫支，已维持近两年。民工的工资，维持工地的基本费用已无钱支付，经费严重告罄，规划工作面临停滞的困境。先生心急如焚，往日幽默开朗的先生，一下子变得凝重严肃。无奈，向上级告急，向兄弟单位求助。经上级单位协调，先生亲自担保，借款200万元。燃眉之急得到了解决，规划工作得以为继，科学求实的精神得到了进一步的延伸。而先生，却以无任何有形资产的身价，承担了巨大的个人风险。

为了进一步解决"限额"问题，一方面，先生广泛接触相关部门的负责同志，向他们讲述文物保护的重要性；另一方面，上书中央主管领导，以对祖国文化遗产的热爱之心和强烈的责任感，诚恳反映了三峡库区文物保护和规划阶段中存在的问题。对此，中央领导同志非常重视，指示有关部门尽快协调关系，解决实际问题。之后，相关部门与规划组进行了密切接触和谈判，达成共识，形成了具有法律效力的合同文本。虽然，"限额"的字眼仍写入了条款中，但冠上了"科学求实"。

在科学求实精神的感召下，全国30所院校和科研单位的300余名文物工作者投身在三峡库区的第一线，他们严格遵守《文物保护法》和国家对文物保护的方针政策，精心排查，细心勘探。经过近三年的努力，将三峡库区22个县、区的文物家底全部摸清，汇总成册，聚集规划组。再经先生和规划组全体同志们的编排整理，形成了我国第一部详尽和系统地反映文物状况、保护措施和经费概算的规划文本。截至1996年5

月，依据合同条款，《规划报告》全部提交。

《规划报告》总称《长江三峡工程淹没及迁建区文物古迹保护规划报告》，包括：重庆市（原四川省）、湖北省的 22 个县、区的分县规划报告（22 本），分省规划报告（2 本），总规划报告（含附录 6 本）。与《规划报告》同时提交的成果还包括：《三峡工程库区文物保护规划基础资料》（22 本）、《三峡工程库区文物保护规划经费概算细则》（1 本）及 200 幅万分之一《三峡地形文物标注图》。总计 53 本，200 余万字。

完成的喜悦渐渐平缓，难耐的平静徐徐袭来。《规划报告》提交后，如泥牛入海，杳无音信。经询问，还是"限额"在作怪。"条块分割"是三峡经费管理的总原则，文物保护经费已在工程开工之前被锁定，而《规划报告》所列支的费用远超出限定的额度，没有人愿意承担突破"限额"经费的责任和风险，《规划报告》的审批程序被搁浅。

一天天的流逝，一月月的耗尽。时间，在三峡应按分秒计算，按分秒力争。而此时，由于审批时间太长，使文物的安全系数大大降低。

在三峡水利枢纽工地，施工者们正日夜兼程赶工期。在库区，移民们拆屋建房忙搬迁，一些属规划保护范围内的古民居遭到了严重破坏。在迁建区，推土机、挖土机在文物规划的保护区域内轰鸣施工，无奈的文物工作者们只能在推土机后面捡拾文物。轰隆的爆破声，炸毁了省级文物保护单位的"共话好河山"石刻。盗墓者们借助移民搬迁后墓地遗址无人看管的"有利时机"，疯狂盗掘，他们要在蓄水前盗掘所有已知墓葬。文物贩子们不分场合，公然大肆收购文物。在美国纽约文物拍卖会上，一件有着三峡特征的我国西汉时期的"摇钱树"，被美国著名的垃圾股大王以 250 万美元拍走。

知道这些，先生难受极了。"谁之过？谁能负责？"大声疾呼是他的特点，奔波想办法是他的本能。于是，他去重庆，赴武汉，走三峡，进库区。游说政府部门，希望他们行使行政和法律手段加以制止。

在北京，俞先生主持召开了多次会议，邀请相关部门的领导和专家参加。向他们通报三峡文物，吁请尽快审批《规划报告》，使三峡文物保护工作早日进入正轨。同时广泛接触媒体，希望他们正面报道三峡文物，宣传《文物法》，以唤起民众和全社会的文物保护意识。

一时间，三峡文物保护受到了全世界的关注。

先生深深知道，只有政策向三峡文物保护方面倾斜，才是彻底扭转不正常局面的最佳途径。于是，他亲自起草了由 56 位著名专家、学者和知名人士联名签字的信上报中央最高领导人，汇报三峡文物状况，恳请关注三峡文物保护，尽快审批《规划报告》。

"限额"的"框架"被突破，科学求实的真谛得到了充分的体现。1998 年 9 月，在国务院三峡建设委员会办公室主持下，召开了专家论证会，审议由先生主持编制的《规划报告》。会上，专家们对《规划报告》给予了充分肯定，认为《规划报告》"有坚实的科学基础，所列的文物项目比较全面、准确，所提出的保护措施在总体上是可行的，贯彻了'保护为主，抢救第一'和'两重、两利'（注：重点保护，重点发掘。既对基本建设有利，又对文物保护有利。）的方针"。"为研究三峡地区文化历史的特点和发展，做了有益的探索。这是一部配合大型基本建设文物保护规划的好报告"。会议原则通过了《规划报告》。

此时，先生笑了，他笑的那么深沉、忧郁。

根据会议精神，先生又主持编制了《【长江三峡工程淹没及迁建区文物古迹保护规划】有关内容的修订与补充》。

经修订后的《规划报告》更完善具体，更具科学和求实的可行性。《规划报告》是至今为止我国规模最大、涉及范围最广、参与人数最多的文物保护规划。它充分反映了我国文物保护的方针、政策和理念，体现了现阶段中国文物保护的总体水平。

《规划报告》的完成和通过，填补了三峡淹没和迁建区文物总量和文物状况不确定的空白，使1087处文物得到了有效的保护，达到了"最大程度地抢救，力争把损失减少到最小"的效应。它开创了我国考古学、建筑学、民族学以及水下考古、地质勘探、地理测绘、生命科学等多学科相结合的文物保护规划的先河。文物工作者的齐心努力，锻炼了文物队伍，成就了一批专家学者，为三峡文物保护工作的全面开展奠定了人才基础。成功的规划之举，为我国文物保护工作积累了可借鉴的经验。先规划，后实施，已成为我国重点文物保护单位及大型文物保护工程项目的基本程序。

《规划报告》通过后，身为规划组组长和重庆市文物保护专家组组长的先生不顾高龄体弱，继续为三峡文物保护奔波。他冒酷暑，踏泥泞；进库区，入工地；咳嗽哮喘，吃药硬扛；雨中摔倒，爬起就走。没有抱怨，没有要求。只有一个心愿：多保护一些文物，少留一些遗憾。

多年的劳累，使他的身体极度虚弱。2001年5月，重庆市三峡办邀请先生赴库区检查考古工地，临行前，突感身体不适，初诊肺炎。他对规划组的同志说："如果是感冒，带上点药，就去了。医生说是肺炎，我就不敢去了，去了，病在三峡恐怕会给大家添麻烦。"病中的先生仍在考虑着别人。

经医院进一步检查，确诊肺癌。大家都很沉重，纷纷去看他，安慰他，先生反倒用积极的态度安抚大家。经进一步的治疗，先生的病得到了有效控制，大家都很高兴，希望他早日康复，重返三峡。

2002年11月，重庆市三峡库区考古工作会议在北京召开，会议组织者特别希望先生参加，正在住院治疗的先生欣然同意，他乘车数十公里，赶赴会场，与会者非常感动，用热烈的掌声表示了心情。三天的会，他天天出席。会上，他发表了独特的见解和建议，与会者颇受启发。

2003年11月15日，听说先生的病情加重，规划组的同志们非常着急，赶赴广州探望。他很激动和高兴，赠诗签名，以示纪念和谢意。在向先生汇报三峡文物保护工作的近况时，他认真地听，轻声地问，满意地点头，会心地微笑。临别时，他勉强支撑起身体，用微弱、喘息且沙哑的声音说："祝三峡文物保护工作进展顺利，取得更大成绩。"微弱的祝愿声更显高亢，噙满泪花的双眼寄予了希望，这可能是先生对三峡文物保护工作的最后遗言和祝愿。

2003 年 12 月 5 日，先生走了，他给我们留下了许多许多……

先生的一生，是饱经沧桑、解读历史、探讨未来的一生。他不仅是一位著名的考古学家、思想家、教育家，也是一位很有应变能力的社会活动家，他把生命的最后 10 余年奉献给了三峡。

三峡人民为缅怀先生对三峡文物保护事业的贡献，特在三峡地区的"文藻胜地"张桓侯庙（张飞庙）景区竖立先生的雕像，雕像所用花岗岩石取自三峡大坝的基石，寓意中流砥柱，寓意三峡文物保护的奠基。2005 年 4 月 26 日，俞伟超先生的雕像正式落成并揭幕，他的笑貌将永驻三峡。

永不忘却的怀念

于海广 *

俞伟超，一个响亮的名字。他是一位著名的学者，一名优秀的人民教师。他在考古学界享有很高的声誉，他为中国的考古学研究、文博教育事业倾心奋斗了半个世纪。他是榜样，是楷模。他虽然离开了终生钟爱的事业，他虽然离开了他学界的朋友、他诸多的学生，但人们对他的怀念与日俱增，永不忘却。

最初知道俞先生生病的消息，实在是大吃一惊，心中涌出无限的惋惜。但就是在他的病期，还不断听到他为考古事业四处奔波的脚步声，还不断见到他在全国各地考察、研究的身影，我不断默默为他祈祷，愿老师平安度过此难，但苍天无情，最终噩耗传来，如同听到山体崩溃，顿时生出无限的悲哀与伤感。

初次见到俞先生是在 1973 年，那时我还在山大读书，学校组织我们班去北京参观学习，北大考古专业是全国高校诸考古专业的老大哥，带队老师自然安排了去北大考古专业的内容。北大的老师们非常热情，出于对我们是新建专业的关心，当时在学校的老师几乎都来和我们见面，其中就有俞先生，那时他给我留下最初的印象是待人热情、谦和，俞先生给我们讲了一些鼓励的话，感到很可敬可亲。

和俞先生接触最多还是在 1976～1977 年。北京大学考古专业办了一期文博干部进修班，共 29 名学员来自全国各地，几所大学也派青年教师去学习，那时我已毕业留校，也有了这次学习的机会。我们班由严文明先生担任班主任，俞先生是党支部书记，我作为学生代表任支部副书记，这样和俞先生就有更多接触的机会，师生感情也主要是在那段时间建立的。

我们班入学后的第一件任务是到陕西周原参加发掘实习，那时"四人帮"还在台上，政治空气很紧张，国家政界的斗争非常激烈，各种消息（当时称小道消息）在急速传播，人心极不稳定，所谓造谣、传谣、辟谣、澄清的事天天都有。我们外地人虽然也很关心，但北京人的体会更深刻。用当时的话来说，北大是个重灾区，俞先生是非常关心国家大事、关心政治的人，在文化大革命中又受到冲击，所以他的复杂心情

---

* 作者系山东大学历史文化学院考古与博物馆学系教授。

是可想而知的。"四人帮"倒台是震动中外的大事，学校派专人到周原去传达中央文件，记得是当时还在北大工作的钱江初老师去的，传达要求很严格，先是给党支部成员、再是全体党员，然后是全体同学。这件事我至今记忆犹新，大家都知道俞先生是很注重感情、情绪很容易激动的人。三次传达他都在场，一边听一边流泪，不断地说："太好了，太好了"，"中国有救了、有希望了"，有时一边说一边用手指敲着桌子。忧国忧民，关心国家的前途和命运是我们对俞先生的共识。

俞先生待人诚恳、和善。凡和他有接触的人都知道，他丝毫没有大学者的架子，在他带领我们实习时，对我们学生的称呼经常是略去姓直呼其名，让我们感到很亲切，一下子缩短了相互的距离。他是一位可亲的老师，更像是一位兄长、一位长辈。记得我们的一位学兄，和俞先生谈话时拍了一下俞先生的肩膀，我们都觉得太过分了，有些大不敬，事后我们指责这位学兄，他对我们说："我对俞老师很了解，很熟悉，我们像朋友一样。"对此事俞先生丝毫也没介意，由此也可以看出俞先生与学生之间的亲密关系和待人大度。

俞先生对事业的执著、对后学的关心，在学术界是公认的。我们在周原实习期间，发掘两个地点，严先生带一半学生挖岐山凤雏一号宫室，俞先生带其他同学在扶风召陈挖宫殿区，两地不管哪边有重要发现，另一边的同学都要过来参观，两边的老师分别作介绍。记得有一次我们到扶风去看新清理出的一座建筑基址，俞先生从整个建筑群的角度给我们讲解和分析，在回来的路上我向俞先生问了个问题，俞先生给我讲解，我还不太懂，俞先生特意带我折回工地，把一大片盖好的草苫子揭开作现场分析，不仅让我明白了一个具体问题，更体会到老师对学生的炽热之情。在周原另一件事情我的印象也是很深刻的。那是在周原发掘结束后，两位老师带我们班沿途参观几个地点再回北京，就在刚离开工地几天正在宝鸡参观时，传来了在扶风庄白发现一个青铜器窖藏的消息，出土青铜器百余件，多件器物上还有铭文，有的还是长篇铭文，大家都很振奋，我们都是考古人，就在我们刚发掘地点的附近有这样重要的发现，谁都想回去看看，先睹为快嘛。但那时的环境，做什么事都很教条，要按"计划"办。大家在背后商议是否给老师提出我们的要求，不提呢感到太遗憾，提出来又怕老师为难，两位老师也知道大家的期盼，就召集党支部、班委会的几位共同商议了一下，最后俞老师说："满足大家的要求，全体回去看，学校要批评，我和严老师承担责任。"就这样在庄白一号青铜窖藏刚发现几天，我们就在现场看到了这批东西，那段时间我们议论最多的就是在周原发掘的重大收获和这批窖藏青铜器了。后来我为山东大学订购了一部分一号窖藏青铜器复制品就是基于那次见到实物的诱惑。在周原实习这段时间，我学到了许多东西，为以后业务素质的提高奠定了良好的基础，其中俞先生对我的指导、帮助，令我终生难忘。

回到学校开始了正常的课堂教学，俞先生除给我们上课外，课余时间经常到我们学生宿舍来，了解学习情况，询问同学自己单位的工作。我们班的同学不仅来自全国各地，而且有不少都参加工作多年，业务上都有许多问题，所以俞先生无论到哪个宿舍，都成为请教问题的好机会。俞先生学识渊博，思路敏锐，而且对同学提出的问题，从来都是耐心讲解，时间长了，同学们就事先准备好自己的问题，俞老师一来就迫不及待地问，所以晚上的时间我们宿舍实际上经常是俞先生的答疑课，而且俞先生从不计较时间，谈得高兴了，到晚上十一二点才回去是经常的事。

在北大学习一年的时间很快过去了，我们带着对学校满腔的依恋，带着学到的知识，带着对俞先生的深厚感情，也带着老师对我们的期望回到了各自的工作岗位。在我们陆续离校时，俞老师几乎是在每个人临走时都赶来给我们话别，我们班许多都是30～40岁、甚至年龄更大的人了，在和俞老师告别时，都流出惜别的泪。

以后和俞先生的接触就少了，只是在参加专业会议时见见面，作短暂的交谈，汇报一下工作情况，有时到北京出差，如时间允许去看望一下老师，不管是俞先生在北大任教时还是调到历史博物馆后，总看到他那么忙，见到面也是很短时间就赶快告别，怕影响他的工作，但师生的感情和友谊在不断加深。

1993～1994年，我们国家为实施三峡水利工程，对文物保护这方面的工作由国家文物局来负责，这项工作不仅意义重大，而且难度也很大，我们学校也参加了这一工作。国家文物局专家组的诸位先生实际是这一艰巨工作的参谋部，俞先生在其中付出了极大的精力和心血，这一工作至今仍在进行，俞先生在生病之后，仍然关注着这一工作，并亲自到工地去指导，凡是参加这一工作的人都亲眼目睹，这段时间，俞先生在中国考古学界的形象越发高大。

2002年，在山东章丘发掘的洛庄大墓，是当年的重大考古发现，作为汉代考古学专家的俞先生当然会对此异常关注。在洛庄汉墓祭祀坑出土的乐器，保存完整，是难得的精品，有非常重要的价值，中央电视台来搞乐器测音现场录像，聘请俞先生作为考古专家来指导。测音录像完成后，我们原计划请俞先生来学校给师生作学术报告，但考虑到先生的身体状况，没敢安排。山东大学校长展涛教授出于对俞先生的尊敬和想听听俞先生对山大考古学系今后发展的意见，请俞先生来学校晚餐，我把展校长这一邀请告诉俞先生，老师欣然应诺。在晚餐间，俞先生对山大考古学系近几年的工作给以高度评价，并谈到希望山大的老师能用新的理念、新的手段来理解中国考古学，在提高中国考古学的质量和水平方面，山大的老师要做出贡献。我心里清楚，这是老师在向我们校长呼吁，更多的支持考古学系的发展，老师从另一个角度在支持我的工作。晚饭后我送先生到下榻的舜耕山庄宾馆休息，第二天一早要赶回北京，万万没想到这竟成了永别。

俞先生离我们而去了，他留给了我们许多许多。我想中国考古学发展到今天，其中有俞先生的直接贡献，这在考古学界已被公认。我又想中国考古学今后的发展，仍然有俞先生的贡献，他播下的种子，他对事业的不倦，会直接地、间接地传下去。

敬爱的老师，对你的怀念，我们永远不会忘却。

最后的文稿
——记俞伟超先生

李 力*

我不是学考古的。对俞伟超先生的了解都是从北大考古系毕业的师友处得到。说他有诗人样的敏感与才气，早年做文章时常放交响乐钢琴曲助兴，往往笔走龙蛇，一气呵成。又说考古圈里能将中国通史由石器时代写到秦汉以后的，俞先生是一位。他与学生相处，绝无名师架子，特别喜欢彻夜聊天，年轻人都撑不下去，他却能兴致勃勃。秘诀是多人侃谈时他可以假寐，无人说话时他即睁眼续接，而且恰好能接上适才的话题。他常年在各地考察发掘现场，指导工作，无不竭尽全力，得到各地学子的拥戴。俞先生在文革中饱受折磨，因为不愿苟且，曾二度自杀，幸均未遂，但两手食指留下残疾。十几年前文物出版社请他讲考古学新发展，他主谈DNA，说了许多新的名词概念，因太前卫已不复记忆，只对他挥手时的残指印象很深。

我和俞伟超先生的接触仅有一次，是他最后这次生病以后。

2001年初，美国华裔考古学家张光直先生在美国病逝，我为三联书店编张先生纪念文集，约请国内外多位学者撰稿。张先生和俞先生是大陆国门打开以后最早交往的一批同行和好友，共同经历了中国考古学近二三十年波澜壮阔的辉煌和起伏跌宕，俞先生认为有责任把自己参与和知道的一些事情写下来，作为历史记录在案。得知文集编撰的消息后，马上表示愿意撰稿。此时他已知自己被确诊患了肺癌，而且因为病灶位置凶险不能手术，经北京医院治疗后转至顺义小汤山疗养院静养。考古界有先生建议我带录音机到小汤山，请他口述录音后再做打算。没想到第一次到小汤山，躺在病床上输液的俞先生便一口答应由他自己执笔，写出基本材料后再让我整理成文。过了没几天，就有人带话说俞先生让去取稿。我赶到小汤山，一叠厚厚的文稿果然已在桌上。在三百字一页的稿纸上，先生一格一字，竟整整手书了26页纸，约6000字！后来我听说先生对这篇稿子倾注了极大的心血，写至动情处，笔走不能停，两夜不曾安睡，几致使那些天的病情出现反复。从这篇稿子我领略了俞先生作文的一气呵成以及他对学术的执着和对友人的情愫。古人有云为文的最高境界是"不隔"，先生背负病魔，直

* 作者系文物出版社《文物》月刊编审。

抒胸臆，通篇饱含着对一位与自己一样献身中国考古学同行的尊敬和理解，可谓肝胆相照。全文文意相当连贯，我稍事整理后打印送先生定稿，他很满意，仅作了个别改动。如此我先后共去小汤山三次，记得一次还随先生到疗养院北部的一大片园子中散步，那里曾是清乾隆时的鹿苑，立了文物保护单位的标志。先生那时精神还好，还和我及同去的友人合影留念。

俞先生抱病所做的这篇长文，收入书名《四海为家——追念考古学家张光直》纪念文集中，2002 年 5 月由三联书店出版。据我所知，这是先生在小汤山写下的最后几篇文稿之一，是他生命中最后的作品。

在这篇题名《往事追忆》的文章中，俞先生开头第一段动情地说："2000 年冬 12 月 23 日至 2001 年元月 7 日，我至三峡重庆库区考察考古工地。元月 5 日在万州时，突闻张光直教授于一天前在波士顿去世（美国时间元月 3 日，北京时间为 4 日），我惊愕万分，立即想到 1998 年 7 月在光直兄离台返美的前一天，我至他住处告别时的情景，不料竟成永诀。从此天上地下相隔，无法交谈研究心得，不禁心痛难忍。"张光直先生去世时刚届 70 岁，俞先生此行驾鹤听说也是 70 之寿，两位对中国考古学有着特殊感情的学者，朋友，终于可以天地无隔地尽情研讨了。

附　录

唁　电

　　惊悉俞伟超先生因病医治无效不幸去世的噩耗，我们的心情处于无限悲痛之中。俞伟超先生毕生的精力都贡献给了我国的文物考古和博物馆事业，他是我国文物考古界辛勤耕耘的园丁，文物考古园地姹紫嫣红的局面有他一份杰出的贡献。他勤于思考，精于治学，他的学者风范是我们学习的楷模，将激励我们继续奋进。俞伟超先生的去世，使我们失去了一位可亲可爱的师长，是我们文物考古事业的重大损失，宁夏文物考古工作者表示无限的痛悼，并向其家属表示亲切的慰问。

宁夏文物考古研究所

2003 年 12 月 7 日

　　深切悼念俞伟超教授辞世，他的考古论著光耀学林。

南京　汪遵国

2003 年 12 月 12 日

　　惊悉原历史博物馆馆长俞伟超先生去逝，不胜悲痛，特电慰唁，节哀顺便。

郑州大学历史与考古系

2003 年 12 月 8 日

　　惊悉俞伟超先生逝世，河北省古代建筑保护研究所全体员工向俞伟超先生表示沉痛哀悼，并请贵馆转达对俞伟超先生家属深切的慰问。

石家庄　张立方

2003 年 12 月 8 日

噩耗传来，万分悲痛，我们谨向俞先生表示沉痛哀悼。

> 陕西省考古学会
> 2003 年 12 月 6 日

惊闻俞伟超先生不幸过世，万分悲痛。俞先生对于考古界的卓越贡献世所共睹。借此表达对俞先生的哀思及对其亲属的慰问。

> 上海博物馆　汪庆正
> 2003 年 12 月 10 日

惊悉俞伟超先生不幸去世，我们不胜悲恸！俞先生是我国著名的文物考古学家。他一生虽历经坎坷，尤矢志不渝，耕耘不已，著述累累，为我国文物博物馆事业的发展做出了不可磨灭的贡献。先生人品为世人景仰，治学风范是学者的楷模。他的离去，是我国文博界的重大损失！我们谨对先生的不幸逝世表示沉痛的哀悼和无比的怀念，并向俞先生的亲属表示深切的慰问。

> 河南博物院
> 河南省博物馆学会
> 2003 年 12 月 10 日

惊悉俞伟超先生不幸因病逝世、我们无限悲痛。俞先生的为人及其学术成就世人钦佩、我们谨向家属表示亲切问候。

> 平朔考古队
> 2003 年 12 月 6 日

惊悉我国著名考古学家、前中国历史博物馆馆长俞伟超先生因病去逝，不胜悲痛！俞先生生前对四川考古工作非常关心，还曾多次莅临本所指导工作，亲自为全所同仁作学术报告，其音容笑貌学者风范宛在。谨请贵馆代向俞先生家属表示诚挚慰问。

> 四川省文物考古研究所
> 2003 年 12 月 5 日

惊闻俞伟超先生不幸过世，万分悲痛。俞先生对于中国考古界的卓越贡献，为世人瞩目。为此深表悲痛。借此表达对俞先生的哀思及对其家属的慰问。

> 上海博物馆　黄宣佩
> 2003 年 12 月 11 日

惊悉俞伟超先生逝世噩耗，不胜悲痛，先生的逝去是中国文博事业的损失，其生前为重庆市文博事业的发展做了大量指导性工作，功不可灭，故谨代表重庆市文博界同仁致电哀悼，并代为恳请生者节哀多自珍重。

重庆市博物馆

2003 年 12 月 6 日

惊闻原中国历史博物馆馆长，我国著名的考古学家俞伟超先生不幸病逝，深感痛惜。俞伟超先生的辞世，是中国文博界的重大损失。俞伟超先生是我国著名的考古学家，他把自己的毕生心血和渊博的学识奉献给了中国的文物考古事业，硕果累累，影响深远，为中国的文博事业做出了重大贡献。先生生前也曾对内蒙古的文物考古工作给予很多的指导和帮助，内蒙古的文物工作者会永远怀念俞伟超先生。在此，我们内蒙古文物考古研究所的全体同志，对俞伟超先生的去世表示深切的哀悼，并请转达对其家属的诚挚慰问。

内蒙古文物考古研究所

2003 年 12 月 9 日

惊闻我国著名的考古学家俞伟超先生不幸病故，今特来电表示深切的哀悼，并请转告其夫人范淑华老师，节哀顺便。

湖北宜昌博物馆　高应勤

2003 年 12 月 6 日

天安门东侧中国历史博物馆转俞伟超爱人范淑华女士：

惊悉你先生俞伟超于 12 月 5 日去世，我们表示深切的哀悼。请你节哀保重。

开封女中五二届在京全体同学

2003 年 12 月 6 日

获悉俞伟超先生因病不幸逝世，十分震惊。我们谨致衷心的哀悼，请向家属表示慰问。

云南省文物考古研究所办公室

2003 年 12 月 9 日

惊悉著名考古学家俞伟超先生不幸因病逝世，谨向贵馆和俞先生的家人表示沉痛的哀悼和亲切的慰问。

南京师范大学文物与博物馆学系　张进

2003 年 12 月 14 日

惊悉俞伟超先生仙逝，谨致沉痛哀悼。先生为人师表，风范长存，永垂不朽。

学生　李友谋　陈旭

2003 年 12 月 17 日

惊悉俞伟超先生今日凌晨不幸去世，吉林大学边疆考古研究中心及文学院考古学系全体师生深感悲痛。俞伟超先生是蜚声中外、学术渊博、德高望重的著名考古学家，先生一生致学，著作等身，为中国考古学的发展做出了不可磨灭的贡献；先生提携后辈，呕心沥血，深受学子尊重。先生的逝世是中国考古学界的重大损失，他所留下的学术著作将成为学界同仁的宝贵精神财富。我们将继承俞伟超先生宝贵的精神遗产，谨记先生的教诲，全力投入教学与科研，为中国考古事业的发展多作贡献。在此谨对俞伟超先生的不幸逝世表示最沉痛的哀悼和无比怀念，并向先生的家人表示深切的慰问。

吉林大学边疆考古研究中心

吉林大学文学院考古学系

2003 年 12 月 5 日

惊悉我国文博考古学界泰斗俞伟超先生不幸逝世，我们深感悲痛。他的逝世是我国文物考古界的巨大损失。今后我们将秉承先生遗志，更加辛勤工作，为文博考古事业奉献毕生精力。安息吧，俞伟超先生。

湖北省博物馆

湖北省考古研究所

湘鄂豫皖四省楚文化研究会

陈振裕　李天元　杨权喜

2003 年 12 月 5 日

惊悉俞伟超先生于 2003 年 12 月 5 日凌晨去世，十分悲痛。我虽非北京大学学生，但自 80 年代初在北京大学进修期间既有幸向先生请益，攻读硕士研究生时又蒙先生指导，90 年代中期在三峡工作期间曾多次聆听先生教诲，就在一年前先生还在病榻上为拙书题写书名，这一切均历历在目，不想年初小汤山一见，竟成永别。先生的学识、理论、胸怀、敬业精神以及留下的等身著作，都将是我汲取不尽的宝贵财富，我将永远铭记先生对我的教导、关怀和支持，先生永远都是我的恩师。今日长春突降大雪，真是天亦有情悲英杰，大雪纷飞悼先生，奉慰先生在天之灵。

学生　吉林大学边疆考古研究中心　滕铭予

2003 年 12 月 5 日

获悉俞伟超先生他界赴报，不胜惋惜。

谨对故人生前功绩表示敬意，同时，衷心遥祝故人在天之灵永得安息。

日本通运株式会社

东京旅行支店　大田黑　健二

2003 年 12 月 10 日

惊悉我国著名考古学家俞伟超先生不幸病逝，深为悲痛。谨对他，为宜昌的文物事业作出了重大贡献，付出了许多心血而表示诚挚的悼念和敬意！请向俞先生的家属转达我们哀悼之情，并致亲切慰问。

宜昌市文化局

2003 年 12 月 17 日

惊悉俞伟超先生谢世，本馆全体同仁深感悲痛。俞先生是考古界成就卓著的专家，又是博物馆行业久享盛名的学者，他的逝世是中国文物考古博物馆事业的一大损失。俞伟超先生的敬业情操与世长存；俞伟超馆长的执业品德永励后人。请转达我馆全体职工对俞伟超先生亲属真诚的问候。俞伟超先生千古！

安徽省博物馆

2003 年 12 月 11 日

惊悉著名考古学家俞伟超先生不幸去世，深感震惊，先生的去世是学术界重大损失，也使我们失去了一位敬爱的师长，对此我们深感悲痛，谨此致以最沉痛的哀悼，并望家人节哀。

国家文物局 2003 年度田野考古培训班全体

2003 年 12 月 9 日

惊悉俞伟超馆长病逝，深感悲痛。谨向俞先生的家属表示深切的慰问。

内蒙古自治区政协副主席

民进内蒙古区委主委　盖山林

内蒙古文物考古研究所研究员

2003 年 12 月 11 日

惊闻俞伟超先生去世的噩耗，令人万分悲痛。俞先生是我国著名的考古学家，他的一生全部奉献给了我国的考古事业，在此我们谨向先生表示沉痛哀悼。

陕西省考古研究所　石兴邦　巩启明

2003 年 12 月 6 日

惊悉中国历史博物馆原馆长、我国著名考古学家俞伟超先生不幸病逝，我们异常悲痛，作为夏商周断代工程的专家组成员，俞先生参与了工程前期筹备，并是重大课题的领导人之一，他以高度负责的精神对相关研究提出了重要的指导性意见。俞先生的贡献备受断代工程各学科全体专家所珍惜和敬重，对他的逝世，我们沉重哀悼并对其家属表示深切的慰问。

夏商周断代工程专家组

夏商周断代工程项目办公室

2003 年 12 月 7 日

惊悉俞伟超先生病逝，不胜悲痛，特此致电并向其家属表示亲切慰问，请节哀。

南京　王文清

2003 年 12 月 24 日

惊闻俞伟超先生不幸过世，万分悲痛。俞先生对于考古界的卓越贡献为世人瞩目。借此表达对俞先生的沉痛哀悼及对其家属的慰问。

上海博物馆　陈燮君

2003 年 12 月 10 日

惊悉俞伟超先生仙逝，表示最沉痛的哀悼。俞先生曾为江阴暨阳名贤研究院顾问，为江阴的名贤研究作出了很大努力，他的精神和他的业绩将永远激励江阴人民努力奋勇向前。

江阴市暨阳名贤研究院　薛仲良

2003 年 12 月 19 日

惊悉俞伟超先生不幸逝世，这是中国考古学界、博物馆界的重大损失。对他的去世表示最沉痛的哀悼，我们将永远不忘他的关怀与教诲，为中国博物馆事业而努力奋斗！俞伟超先生永垂不朽！

江阴市博物馆　唐汉章

2003 年 12 月 19 日

惊悉伟超兄不幸逝世，不胜哀悼痛惜之至。他的盛年罹病并辞世是我国学术界的一大损失，文博考古界失去了一位领军人物和大师级人才，众同道失去了一位良师益友，痛哉！请范淑华夫人和小世兄们节哀保重。江南大学顾德融同致哀悼请代为置办花圈。

江苏省文史研究馆　顾文璧

2003 年 12 月 6 日

　　惊悉俞伟超先生不幸病逝，我们不胜哀痛。俞伟超先生是我国著名的考古学家、博物馆学家、教育家，我们曾有幸与俞伟超先生共事，受益良多，亲身感受到俞伟超先生人格的崇高和学识的渊博。先生的逝世是我国文博界的一大损失。请向俞伟超先生家人转达我们的深切慰问。

四川大学考古系　宋治民　马继贤

2003 年 12 月 29 日

　　惊悉胞弟伟超不幸病故，不胜悲痛。伟超原可为考古事业再做贡献，无奈早逝，愿他在九泉之下安息！

伟奕世妹率小青

2003 年 12 月 30 日

　　得到俞伟超先生逝世的消息，心中十分悲痛，谨对先生的功绩表示敬意、并衷心为先生祈求冥福。

奈良县立橿原考古学研究所

所长　樋口　隆康

2003 年 12 月 9 日

　　惊悉俞伟超先生逝世，心中非常悲恸。我与俞先生是忘年之交，80 年代在哈佛大学相处半年，以后亦不断有所往来，在治学和为人两方面我都在俞先生身上看到了自己的榜样。俞先生的逝世是中国和世界考古学界的重大损失。我们盼望您们能够向俞先生的家人转达我的诚挚的问候，请他们千万节哀。我在这里也将通知学界的同仁和学生此一悲哀消息，并组织纪念活动。

此致

敬礼

巫鸿

芝加哥大学斯德本特殊贡献讲座教授

东亚艺术中心主任

2003 年 12 月 25 日

　　惊悉原历史博物馆馆长俞伟超同志不幸逝世，我们感到万分悲痛，谨向你们并通过你们向俞伟超同志家属表示深切的慰问。

　　俞伟超同志是新中国早期培养成长的考古学家，他自 1954 年参加中国科学院考古研究所的工作、1956 年参加对三门峡漕运遗迹的考察，到近十年来指导长江三峡库区大规模的考古发掘与文物保护工作，历半个世纪，为新中国考古文物事业做出了巨大的贡献。他主持中国历史博物馆工作期间，开拓了中国考古学的水下考古、遥感考古的新领域；他进行的秦汉与先秦考古研究及有关的考古学理论探索，为中国考古学学科的发展做出了积极的贡献。

俞伟超同志的逝世是中国考古与文物工作的一大损失。敬请俞伟超同志的家属节哀。

中国社会科学院考古研究所

2003 年 12 月 8 日

接到俞伟超先生逝世的消息，深感悲痛。在此表示哀悼！俞伟超先生一生为中国宝贵的文物发掘、收集、研究、保存等做出了极大的贡献。作为一名教育工作者还培养了许多后继人才。

俞伟超先生对日中文化交流事业倾注全力。特别是为举办 1996 年日中文化交流协会创立 40 周年纪念活动《中国美术精品·中国历史博物馆名品展》及为纪念中华人民共和国建国 50 周年举办《辉煌丝绸之路·中国精美国宝展》，俞伟超先生都给予了大力支持和协助，从而使我们的展览举办成功。我们永远不会忘记俞伟超先生的功绩。

在此祝俞伟超先生冥福，同时也向遗族们慰问。

日本文化交流协会

代表理事

专务理事　白土吾夫

2003 年 12 月 1 日

惊闻俞伟超先生不幸过世，万分悲痛。俞先生对于考古界的卓越贡献为世人瞩目。借此表达对俞先生的沉痛哀悼及对亲属的慰问。

上海博物馆陈燮君

2003 年 12 月 10 日

我们得知文博界老前辈，考古专家，中国国家博物馆馆长俞伟超老先生于 2003 年 12 月 5 日在广州逝世，享年 70 岁。

俞伟超是文博界深受尊敬爱戴的老专家，他博学多才，待人宽厚，对工作事业呕心沥血，特别对我国航空考古、水下考古，三峡文物保护方面有卓越的贡献，填补了我国的空白。他曾多次冒着生命危险不顾自己年高多病，战斗在考古第一线。他经常深入基层，多次到云南指导文物考古、挖掘、保护方面的工作，给我们留下很深的印象。俞先生撰写了大量学术价值极高的考古方面的论文专著，在中国考古研究、保护、发展方面起到了不可估量的作用。

云南省博物馆的领导、学术专家、全体工作人员为失去一位德高望众的考古专家深表哀悼，并转达对他们全家的深切慰问！

云南省博物馆

2003 年 12 月 10 日

惊悉著名考古学家、历史学家、原中国历史博物馆馆长、保利艺术博物馆名誉馆长俞伟超教授不幸辞世，中国保利集团、保利文化艺术有限公司、保利艺术博物馆对此万分悲痛。在此，谨代表中国保利集团、保利文化艺术有限公司、保利艺术博物馆全体员工向俞伟超教授的逝世表示沉痛哀悼，并向俞伟超教授的家属表示深切慰问。

1998 年以后，俞伟超教授投入了大量精力参与了国内首家国有企业兴办的博物馆——保利艺术博物馆的筹备建设工作，并欣然担任了博物馆的名誉馆长，从展品征集、研究到展陈设计，俞伟超教授均亲历亲为，付出了巨大辛劳。目前，保利艺术博物馆已从无到有，发展成为国内外有一定影响的博物馆，这一切都深深凝聚了俞伟超教授的心血，也充分体现出俞伟超教授一贯的创新精神。

我们将继承俞伟超教授遗志，为办好保利艺术博物馆而继续努力，让俞伟超教授生前曾深切关注并付出巨大辛劳的事业不断发展壮大！

俞伟超教授永远活在保利人心中！

中国保利集团公司

保利文化艺术有限公司

保利艺术博物馆

2003 年 12 月 10 日

惊闻俞伟超先生于十二月五日凌晨辞世，对此噩耗，我同仁皆深感悲痛。俞先生致毕生精力于中国考古，于先秦两汉尤有创见，对中国考古学之发展与创新更是功绩卓著。俞先生数度访台，其学问与学者风采，仍常为我同仁所羡道。哲人其萎，中国考古与两岸学术界竟失明师良友；不胜怅憾，谨此悼唁。

请代向俞先生家属转达我们的哀悼与慰问之意，并望顺变节哀。

肃此电达

中研院历史语言研究所　所长　王　森

副所长　王明珂

暨全体同仁

　　惊悉我国著名考古学家俞伟超先生不幸逝世，无限悲痛。俞伟超先生为中国的考古事业做出了杰出的贡献，他的逝世对中国考古学界是一无法弥补的巨大损失。在此，我们通过贵馆谨向先生家属表示慰问，祈望节哀珍重。

河南省文物考古研究所
2003 年 12 月 9 日

　　惊悉俞伟超先生在广州因病逝世，大家无限哀痛！俞伟超先生一生致力于祖国的文物考古事业，他的考古足迹遍部祖国的山山水水。他的逝世是考古界的一大损失。我们将永远怀念他！请向俞伟超先生的亲属转达我们沉痛的悼念，并请节哀！

国际友谊博物馆
2003 年 12 月 8 日

　　今闻俞先生逝世，我们予以沉痛哀悼。俞伟超先生是卓越的考古学家，他一生致力于中国考古学的发展，早年就在考古教学和田野发掘方面成绩斐然，他对考古学理论和方法有很多创见，是中国航空考古和水下考古的开创者。俞先生在三峡工程区的文物保护方面做出了重要贡献。俞先生的逝世是考古界和整个中国学界的重大损失。俞伟超先生千古！

　　我们向俞先生的家属表示慰问。

　　庄孔韶（中国人民大学社会学系教授，邮编 100872）

　　景　军（清华大学社会学系教授，邮编 100084）

　　潘守永（中央民族大学民族学系副教投，邮编 100081　现在哈佛大学作访问学者）

　　王　晔（全国人大教科文卫委员会文化室，邮编 100805）

2003 年 12 月 9 日

　　惊闻俞伟超先生不幸病逝，万分悲痛！感谢多年教育帮助，当永世不忘！

学生　李洪涛
自美国华盛顿
2003 年 12 月 8 日

　　惊悉俞伟超先生因病不幸逝世，不胜哀悼。谨向俞伟超先生家人及贵馆表达我们的哀悼和慰问之情，请节哀保重，并祝俞伟超先生安息。

　　俞伟超先生是 1949 年以来中国考古学界最有影响的考古学家之一，对中国考古学新石器时代至汉晋时期考古学术研究的发展，起过非常重要的作用；近二十年来，对欧美考古学的新方法、理论在中国的介绍、推展发挥着举足轻重的作用，潜移默化、润物无声，对中国考古学研究的开放和活跃局面的形成，居功至伟。近年，俞伟超先生对中国三峡考古工作投入了几乎全部的精力，奔走呼号、殚精竭虑，三峡考古工作的成果中也凝聚了先生的心血。

俞伟超先生 1993 年曾在早稻田大学考古学系做过精彩的学术演讲，先生的丰采、文章至今历历在目、恍如昨日。俞先生的去世，不仅是中国考古学界的损失，也使我们失去了一位好朋友，遗憾悲悼之情，不复言表。

愿俞伟超先生在天之灵安息。

早稻田大学文学部考古研究室

教授　冈内三真

助教　后藤　健

惊悉俞伟超先生因病逝世，这是我国文博界的一大损失。多年来，俞先生曾给安徽考古事业以很大的帮助和关怀，既是良师，亦是益友。对俞先生的不幸去世，我所同仁谨致沉痛哀悼，并请向先生家属致以慰问。

安徽省文物考古研究所

2003 年 12 月 8 日

惊闻俞伟超先生逝世，不胜哀悼！谨向你并向俞先生亲属致吊，并望节哀。

俞先生受业名校，从事考古。湖北盘龙城、秦中白鹿原，以先生《报告》而闻名；考古地层学、考古类型学，有先生见解存焉。先生以考古资料，恢复中国古代社会风貌为己任；从考古学文化，探索《考古工作者的历史使命》。理论与实践结合，先生学风浩浩；智慧与苦读并驰，先生文思泱泱。周原发掘，首茬三秦；秦俑出土，列专家组；执教京华，桃李如茵。中年以后，职司名馆，鞠躬尽瘁，为祖国文博事业更立新功。先生虽驾鹤西行，而其才德双馨，足为后来之楷模。我们吊唁先生，续其遗志遗愿，推动学术之进步，使文博事业更上层楼，以慰先生之志，愿先生幽冥含笑。

秦始皇兵马俑博物馆

2003 年 12 月 8 日

惊悉俞伟超先生不幸病逝，深感悲痛。

俞伟超先生是著名的考古学家，在考古界、博物馆界享有崇高的威望，对中国的文博事业做出了卓越的贡献。

对俞伟超先生的病逝，我们谨向贵馆及其亲属表示衷心的哀悼和最诚挚的慰问。

首都博物馆

2003 年 12 月 9 日

惊悉我国著名考古学家、中国航空考古和水下考古的倡导者俞伟超先生不幸病逝，深感悲痛。先生学识渊博、才思敏锐，追求执着、业绩卓著，为我国文物考古事业的发展和人才培养做出了巨大贡献。先生足迹遍及齐鲁大地，多次聆听先生教诲，我们受益良多。先生的逝世使我们永远失去了一位良师益友，是我国文物考古事业的重大损失。在此，我们谨对先生的逝世表示深切哀悼，并向其亲属表示亲切的慰问。

俞伟超先生安息

山东省文物考古研究所

山东省考古学会

2003 年 12 月 8 日

俞伟超先生去世的噩耗传来，宁夏文博界深表震惊。俞先生是全国文博界德高望重的专家、学者，其杰出贡献，高尚情操，远见卓识，是我们学习的榜样和楷模。他的去世是举国文博界、知识界的重大损失，我们深表沉痛的哀悼，并向俞先生家人表示亲切的慰问。

肃此电达。

宁夏回族自治区文物局

2003 年 12 月 8 日

惊闻著名考古学家俞伟超先生溘然长逝的噩耗，全馆上下悲痛万分。一代科学巨星陨落，伟大的灵魂，不朽的俞伟超。

珠海市博物馆

2003 年 12 月 8 日

惊悉我国著名考古学家、文物博物馆学前辈俞伟超先生不幸逝世的消息，我馆同仁十分悲痛。俞先生一生精勤不倦，严谨治学，在学术上造诣很深，世所公认。他为人谦和，提携后进，堪为学术界的楷模。他的逝世是中国考古、文博界的一大损失。

谨向家属致以哀悼，并表示慰问。

特此电达。

南京市博物馆

2003 年 12 月 8 日

惊悉俞伟超先生突然病势的噩耗，衷心表示我们最深切的哀悼，并向俞先生家属以及中国考古学界全体人员转达我们遗憾之情。

日本中国考古学会

2003 年 12 月 8 日

惊悉俞伟超先生因病不幸去世，深感悲痛。俞先生是我国著名的历史学家、考古学家，为长江文化研究作出了开创性的贡献。俞先生生前应邀担任《长江文化研究文库》副主编及考古系列主编，为《长江文化研究文库》的编撰工作付出了大量心血。我们对先生的去世表示沉痛的哀悼，并向先生的家属致以深切的慰问！

《长江文化研究文库》编委会

2003 年 12 月 8 日

惊悉我国考古学界泰斗、新中国文物考古事业发展的亲历者和主要推动人俞伟超先生不幸病逝，荆楚文物考古界全体同仁深感震惊和悲痛！他的逝世，是中国文物考古界的巨大损失！

俞先生将毕生的精力献给了我国的文物考古事业，他勤勤恳恳，兢兢业业，殚精竭虑，呕心沥血，为发展我国新时期的文物考古事业做出了不可磨灭的贡献。先生一生教书育人，提携后学，为新时期文物考古事业培养了大量人才；先生勤于思考，著书立说，为我国考古学许多新领域的开拓和发展奠定了基石。先生生前十分重视楚文化的研究，为楚文化考古学学科的建立和研究倾注了大量心血，极大地推动了楚文化考古学学科的发展；先生生前十分关心三峡工程的文物保护，为三峡文物保护规划的制订和抢救发掘付出了辛勤的努力，为推进我国三峡文物保护事业的发展作出了巨大的贡献。俞先生生前对湖北文物考古事业十分关心，多次到湖北指导文物考古工作，极大地推动了湖北文物考古事业的发展。先生严谨科学的治学态度，真诚宽厚的为人品质，深为湖北文博界同仁仰慕和敬重，也深深地感染和影响着湖北文博界同仁，激励着湖北文博界同仁倍加努力。

伊人已逝，音容婉存。湖北文博界同仁将铭记先生的教诲，秉承先生的遗志，继续先生热爱的文博事业，辛勤工作，为湖北文物博物馆事业的进步和我国文物博物馆事业的发展尽职尽责！

安息吧，俞伟超先生！

湖北省文物事业管理局

2003 年 12 月 5 日

惊悉俞伟超先生不幸病逝，深感震惊和悲痛！谨表沉痛的哀悼！

俞先生生前十分关心湖北文物考古事业，曾多次到湖北指导文物考古工作，对湖北文物考古事业的发展起到了巨大的推动作用。他对楚文化考古学研究的重视，对三峡工程文物保护工作的关心，为楚文化考古学学科的推动，为三峡文物保护事业的发展作出了巨大的贡献。

先生的逝世，使我国文博界失去了一位巨匠，我们失去了一位好师长、好朋友！但先生对我国文博事业的贡献，为文博界留下的宝贵精神财富永存！

俞伟超先生安息！

胡美洲

2003 年 12 月 5 日

惊悉俞伟超先生辞世，不胜悲悼。俞先生是誉满中外的考古学家，在石器、秦汉、隋唐考古，以及文明起源等诸多研究领域著述丰硕、功业彪炳。俞先生又是一位卓越的考古教育学家，门墙桃李遍布宇内，本所很多人曾蒙其教诲，铭感不忘。俞先生多年来关心陕西考古，陕西考古之有今日，与俞先生的指导是分不开的。俞先生的逝世，是中国考古界的重大损失，也使我们失去了一位良师益友。我们要继承俞先生遗志，完成其未竟之业，也请家属节哀。

陕西省考古研究所

2003 年 12 年 5 日

惊悉我国著名考古学家、原中国历史博物馆馆长俞伟超先生因病医治无效，与世长辞。河南省文物界广大职工，表示沉痛哀悼。

长期以来，俞伟超先生为我国的文物考古工作呕心沥血，艰苦奋斗，做出了卓越的贡献，尤其是对河南文物事业倾注了极大的关怀和支持，河南文物工作者至今记忆犹新，难以忘怀。

在此悲痛之际，我们对俞伟超先生的亲属表示深切的慰问！我们将化悲痛为力量，继承先生的遗志，把河南文物事业推向前进。

河南省文物管理局

2003 年 12 月 5 日

惊悉敬爱的俞伟超先生不幸逝世，谨表最沉痛的哀悼，并志永远的怀念。

李季

2003 年 12 月 7 日于美国华盛顿

惊悉俞伟超先生不幸逝世，不胜哀悼。先生于中国文物考古和博物馆事业，功绩卓著，无愧当代硕儒，学界泰斗，吾辈仰至，发自五中。今遽然仙逝，人失良师，天丧斯文。然先生的学问道德将永垂青史。

谨向贵馆同仁和先生的家属表示诚挚的慰问。

汉阳陵考古陈列馆

2003 年 12 月 6 日

　　惊悉我国著名考古学家、原中国历史博物馆馆长、国际公认的中国考古学权威、我国著名秦汉历史考古学家俞伟超先生仙逝，我们深感悲痛。俞老的逝世是国际考古界的一大损失，更是我国考古学界的一大损失。我们对俞老的逝世表示沉痛的哀悼，对俞老的家属表示诚挚的慰问。

科学出版社

2003 年 12 月 5 日

　　惊悉俞伟超先生逝世，我们特表示沉痛哀悼。俞先生的去世，是中国考古界的重大损失。俞先生长期指导湖南的文物考古和学科研究，为推动湖南考古事业的发展做出了重大贡献，三湘四水留下了先生永远的足迹。

　　先生归去，洞庭、苍梧同悲。祝愿先生安息！

　　先生已逝，望家属节哀，保重身体，以不负先生的在天之灵。

此致

鞠躬

湖南省考古学会

湖南省文物考古研究所

2003 年 12 月 5 日

　　惊悉俞伟超先生不幸去世，我馆全体同志万分悲痛。俞伟超先生生前曾主持并参与了周原遗址的发掘工作，为周原的发展作出了巨大贡献。他的逝世，是文物考古界的一个巨大损失，我们表示沉痛的哀悼。并通过你们向其家属表示深切的慰问。

周原博物馆

2003 年 12 月 6 日

　　惊悉俞伟超同志逝世，陕西文博界深表悲痛。

　　俞伟超同志是文博战线的老前辈，长期从事文物考古和博物馆管理工作，为我国的文物事业做出了杰出贡献。我们对俞伟超同志的逝世深感哀痛，望其家人节哀保重。

　　特此电唁！

陕西省文物局

2003 年 12 月 5 日

惊悉俞伟超老师辞世，我们悲痛万分。俞老师曾给予我们长期的教育和关怀，老师数十年研究生涯积累起来的学术思想将成为我们的宝贵财富。我们将永远继承这笔财富，不懈努力，为中国的考古事业添砖加瓦。我们坚信，惟有辛勤地耕耘，才是对先生最好的报答。

请转达我们对先生亲属最诚挚的慰问！

此致

鞠躬！

学生　何介钧　袁家荣　郭伟民共挽

2003 年 12 月 5 日

惊悉俞伟超教授病逝，不胜悲痛。谨表最沉痛的哀悼，并向师母转致深切慰问。

美国堪萨斯城纳尔逊艺术博物馆

东方部主任　杨小能

2003 年 12 月 10 日于美国堪萨斯城

惊悉俞伟超先生仙逝，不胜哀伤。俞伟超先生为中国考古学和博物馆学做出了巨大贡献。作为《文史》编委，俞伟超先生对于我刊的支持和帮助，将永远铭刻在我们心中。谨此永吊，并向先生家属转致深切慰问。

中华书局《文史》编辑部

2003 年 12 月 11 日

惊悉我校顾问教授俞伟超先生病逝，谨表深痛哀悼，并请向俞先生亲属转致亲切慰问。俞先生是国内外著名的考古学家，他对中国考古学的研究作出了重要贡献，他的逝世是考古学界的重大损失。我们相信，新一代的考古工作者将以俞先生崇高学品为楷模，为中国考古学的进一步繁荣而不懈努力。

上海大学历史系

2003 年 12 月 19 日

惊悉著名考古学家、中国考古学会副理事长、上海大学顾问教授俞伟超先生不幸因病去世，我们感到十分震惊和哀痛。俞先生毕生致力于考古学研究，为中国考古学的发展做出了不可磨灭的贡献。他的逝世，是我国考古事业的巨大损失。

俞伟超先生永垂不朽！

在此谨对俞先生的逝世表示深切的哀悼，并对其亲属表示真诚的慰问。

上海大学

2003 年 12 月 19 日

惊闻俞伟超老师仙逝，不胜哀痛！老师的逝世，既是中国考古学界的重大损失，也使我们失去了一位忠厚师长。老师的声音容貌如在眼前，老师的谆谆教诲永记心头，我们将永远怀念。

俞伟超老师千古！

并祈望师母及其亲属节哀保重。

上海大学　杨群　张童心

2003 年 12 月 19 日

惊悉尊敬的考古界导师，原中国历史博物馆馆长俞伟超先生于 2003 年 12 月 5 日凌晨不幸去世的消息，我中国文物学会文物摄影委员会全体同仁不胜悲痛。

俞先生生前深知文物摄影对文物传播的重要性。1990 年文物摄影委员会成立时就参加我会的成立大会。我会两次举办《全国文物摄影精品展览》，您老人家都积极全力支持，安排在中国历史博物馆展出，影响很大。地方从事文物摄影工作者在参展获得奖品后得到不只是精神上的鼓励，而是对文物摄影事业更加热爱，兢兢业业在本职岗位上拍出更好的文物摄影作品，在广大中国人民面前展示历史文物的精美之处，使得更多的人能够间接观赏到国家文物精品，从而了解文物知识，增加保护文物意识。影响到地方一些从事文物摄影人员感到技术不够，要努力学习，提高文物摄影水平。您老人家在这方面为宣传中国古代文明，用图片方式向广大中国人民展示自己上千年历史做出了特有的贡献。我会在今后要加强各方面的工作，首先为培养专业文物摄影工作人员开办讲座，继续举办全国文物摄影精品展览，将中国文物摄影精美的图片宣传到祖国和世界各地。我们一定按照您生前的教诲，提高文物摄影队伍素质和技术水平，用文物摄影作品向世界展示中国五千年文明历史。

您老人家安息吧。

中国文物学会文物摄影委员会全体成员

2003 年 12 月 23 日

惊闻中国历史博物馆原馆长、我国著名的考古学家俞伟超先生溘然长逝，新疆文博战线的全体同志无不感到震惊和惋惜。作为当代我国著名的考古学家之一，俞伟超先生为新中国考古学体系的建立与完善，在考古学领域尝试运用新理论、新方法，培养考古学人材等方面做出了卓越的贡献，奉献了毕生心血，在海内外享有极高的声誉。先生的不幸离去，是中国文物考古事业的巨大损失。新疆文物局代表全疆文博行业的同志们对此表示最沉痛的哀悼，并请贵馆代我们向俞先生亲属致以诚挚的问候。

新疆维吾尔自治区文物局

2003 年 12 月 5 日

惊悉俞伟超先生逝世的噩耗，我们十分悲痛。俞伟超先生是有国际影响的著名考古学家，对新中国考古学的发展做出了重要的贡献。他的去世，是学界的重大损失。

我们应以俞先生的治学精神为榜样，化悲痛为力量，为中国文博事业的发展竭尽所能。

请向俞先生家属转达我们的哀思，并请节哀、保重。

此致

敬礼

复旦大学文博系

2003 年 12 月 11 日

惊悉俞伟超先生不幸逝世，我馆同志深感震惊。俞先生系我国考古、文博界泰斗，为国家的考古、文博工作贡献了毕生精力，做出了巨大贡献。俞老的逝世是我国考古、文博事业的一大损失，江西省博物馆全体同仁对余老的逝世表示深切哀悼。

江西省博物馆

2003 年 11 月 9 日

惊悉杰出考古学家俞伟超教授因病逝世，本会不胜惋惜。俞先生一生在文物考古与保护、考古学的理论与方法研究等方面均取得了显著的成果，为我国文物事业的发展做出了巨大的贡献。俞先生治学态度严谨，为人和蔼，注意培养年轻一代，受到了文物考古学界同仁的一致好评。谨以至诚电唁，并请转告对先生家人的慰问。

俞伟超先生永垂不朽。

河北省泥河湾文化研究会

2003 年 12 月 6 日

惊悉原中国历史博物馆馆长俞伟超教授因病不幸逝世，不胜哀悼，并对家属范淑华同志表示慰问！

天津南开大学	陈生玺	陈作仪
天津师范大学	张 耕	王惠灵
天津历史博物馆	王文彬	王淑文
天津社科院	金桂昌	
天津广播电台	耿志云	

2003 年 12 月 6 日

惊悉俞伟超先生不幸病逝，我们深感悲痛。俞先生是我国文博界的老领导、老前辈和老专家，贡献卓著。俞先生的逝世是文博事业的巨大损失。在深表哀悼之时，谨向其亲属表示诚挚的慰问。

甘肃省文物考古研究所
2003 年 12 月 8 日

惊悉我国著名考古学家、教育学家俞伟超先生不幸病逝，我们深感悲痛！

俞先生的去逝，是我国文物事业、考古事业的重大损失，也使我们失去了一位尊敬的前辈和师长。

谨致我们沉痛的哀悼，另请贵馆向俞先生的家属转达我们诚挚的慰问。

河北省文物研究所
2003 年 12 月 7 日

惊闻著名考古学家俞伟超先生不学病逝，悲痛且震撼至极！谨向治丧办公室和俞伟超先生家属表达无比深切的哀悼之情！

俞伟超先生以其才学睿智和高尚的人品风格为中国的文博考古事业贡献了毕生精力，他的离去是我们无法弥补的损失。我们永远怀念先生多次莅临西南地区为四川大学考古学学科建设发展和教学研究所做的贡献和支持，我们深切缅怀俞先生为西南考古、巴蜀考古等中国区域考古研究的发展所作的巨大努力。

俞伟超先生永垂不朽！

敬请俞先生家属节哀顺变。

四川大学考古学系
2003 年 12 月 7 日

惊悉中国国家博物馆学术委员会主任俞伟超先生于 2003 年 12 月 5 日病逝于广州，我系师生莫不深感痛惜，特致电贵馆，表达我们的哀悼之情。

俞伟超先生从事文物考古工作 40 余年，对中国考古近半个世纪的发展推动尤巨。凡从事中国古史和考古学研究与教学者，无不深受俞先生之影响。俞先生的逝去，实是学术界之重大损失。

谨此表达对俞伟超先生病逝最深切的哀悼，并请转达对俞伟超先生家属的问候。

中山大学历史学系
2003 年 12 月 7 日

俞伟超先生的逝世使我们感到万分悲痛！12 月 5 日，先生辞世的噩耗传出后，我系师生深感震痛，在珠海校区及三峡等地区的同学也打来电话，藉片言只语以表达哀思。俞先生在广州治病期间，我系师生有缘亲侍聆教，略尽绵薄。现先生已仙去，存纪念于人间。请接受我们的哀念，并向俞先生亲属表达哀思。

中山大学人类学系
2003 年 12 月 7 日

　　惊悉著名考古学家，原中国历史博物馆馆长俞伟超先生不幸病逝，我们深感悲痛和震惊！

　　谨向俞伟超先生治丧办公室和俞先生家属表示我馆全体同仁的深切悼念和悲痛之情！

　　俞伟超先生永垂不朽！

　　请各位及俞先生家属节哀顺变。

四川大学博物馆
2003 年 12 月 7 日

　　惊悉杰出考古学家俞伟超教授因病逝世，本局十分悲痛和惋惜。俞伟超教授一生献身文物考古事业，在文物科研、文物考古理论与方法、文物保护与管理等领域均取得了显著的成果，为全国文物事业发展做出了巨大的贡献。俞先生多次到河北考察和指导文物保护和科研工作，给了我们莫大的支持和鼓舞，不想先生骤然辞世，不胜惋惜。谨致唁电以示慰问，并请转告先生家人，节哀。

　　俞伟超先生千古。

河北省文物局
2003 年 12 月 6 日

　　惊悉著名考古学家、教育家俞伟超先生逝世，不胜悲痛。回想起与俞先生在一起的日子，音容笑貌、学者风度犹历历在目。俞先生一生献身文物事业，即使在屈辱的日子里，也不舍追求。他在田野考古、考古学理论与方法、秦汉考古与历史研究、文物保护等领域的贡献为世人敬仰。俞先生治学严谨，注意扶持和提携年轻人的成长，受到了学界同仁的一致尊敬。俞先生对河北文物事业多有指导，本人也受益匪浅，而今骤然去世，不仅是我国文物考古学界的一大损失，也使我失去了一位交流问学的师长，怎不令人悲痛惋惜。谨致唁电以表慰问，并请转告先生家人，节哀。

　　肃此电达

谢　飞
2003 年 12 月 6 日

　　惊悉俞伟超教授因病逝世，本会十分悲痛和惋惜。俞伟超教授是我国著名考古学家、教育家，他一生奉献考古事业，在文物考古、考古学理论与方法、文物保护与科研等领域均取得了令学界注目的成果，先生的辞世是我国文物考古学界的一大损失。谨致唁电，并请转告对先生家人的慰问。

河北省文物考古学会

2003 年 12 月 6 日

　　惊悉俞伟超先生不幸辞世，深表痛惜。俞先生多年来为甘肃文物考古事业倾注心血，做出了重要贡献，体现了一代学者的风范。俞先生的不幸辞世是我国文物考古界的重大损失，谨此代表甘肃文物考古工作者向俞先生亲属表示慰问。

甘肃省文物局

2003 年 12 月 8 日

　　惊悉俞伟超先生不幸因病逝世，我们为失去一位卓越成就的考古专家、热衷于编辑出版《中国美术分类全集》的优秀分类主编而万分悲痛。俞先生晚年直至在养病期间，仍孜孜不倦地认真审阅稿件，撰写论文，做出毕生的奉献，值得人们钦佩！特向俞先生的亲属表示诚挚的慰问。

中国美术分类全集总编委会

2003 年 12 月 8 日

　　惊悉俞伟超先生 12 月 5 日凌晨病逝。俞伟超先生是我国著名考古学家，对于他的病逝，我们表示沉痛的哀悼，并向其家属、子女表示最诚挚的慰问。

江西省文化厅

2003 年 12 月 8 日

　　惊悉贵馆原馆长俞伟超教授不幸逝世，不胜悲痛之至。俞伟超教授长期以来为中国考古学事业做出杰出贡献，他的逝世是学术界和文博界的重大损失。俞伟超教授在担任我系兼职教授期间，为南开大学文物博物馆学教学与科研工作提供了极大帮助，我系全体同仁，对俞教授的逝世表示沉痛哀悼。请向俞伟超教授家属和亲友转达我们的哀悼之情，节哀保重。

南开大学文物与博物馆学系

2003 年 12 月 7 日

惊悉俞伟超先生 12 月 5 日凌晨病逝。俞伟超先生是我国著名考古学家，对于他的病逝，我们表示沉痛的哀悼，并向家属、子女表示亲切的慰问。

江西省文物考古研究所

2003 年 12 月 7 日

惊闻中国著名考古学家俞伟超教授不幸逝世，噩耗传来，不胜悲痛。

先生治学广博，笔耕书斋，躬身田野，文献考古互证，穷毕生精力，发展中国考古学研究，建树良多。先生早岁议论周代用鼎制度、先秦两汉民族渊源，尔来漕运遗迹探究，统领班村发掘。先生多年来出任中国历史博物馆馆长，扩展中国考古学视野，均令群贤翘首，俊彦抗足，成一家之言，为世推重。先生晚年不顾体弱，为三峡文物抢救，奔走呼号，三峡古文化幸得保存，更为后人颂扬。

今哲人已远，然先生巍然风骨，远见卓识，百世流芳。俞伟超教授的逝世是中国考古学界的重大损失。本人谨此代表本所同仁对先生的去世表示沉痛哀悼，并祈先生家属节哀珍重。

香港中文大学中国文化研究所所长

苏芳淑谨启

2003 年 12 月 29 日

惊闻俞伟超老师不幸逝世，谨表示沉痛的哀念。缅怀生前，不胜悲痛。遥祈故人冥福在天。

日本国立茨城大学　茂木雅搏

2003 年 12 月 9 日

惊悉贵馆原馆长俞伟超教授与世长辞，不胜悲痛之至。俞伟超教授是当代中国考古学的领军人物，其研究业绩在中国考古学史上占有重要的地位。同时，俞伟超教授也为日中两国间的学术交流做出了重要的贡献，其人品文章，有口皆碑。日本中国考古学会全体会员，谨向贵馆并通过贵馆向俞教授的夫人及家属表示沉痛的哀悼。并愿与中国同仁一道，继承俞伟超教授的遗志，为推进中国考古学研究尽菲薄之力。

日本中国考古学会

会长　饭岛武次

2003 年 12 月 6 日

惊悉中国国家博物馆原馆长、海内外著名的考古学家俞伟超先生因病不幸逝世，深感震惊和悲痛。俞伟超先生是我们旅日华侨的老朋友，他生前不仅为我国的文博考古和教育事业做出了卓越贡献创下了众多业绩，而且也给了我们旅日华侨很多真挚的友情和可贵的指教，长崎孔庙中国历代博物馆历经一百多年的风雨，至今仍威武地屹立在异国他乡，也是离不开他对我们高瞻远瞩的指导和支持的。噩耗传来同俞伟超先生相处的往事和他高尚的人格一幕幕重现在眼前，任何语言都表达不了我们对他的尊敬、爱戴和痛惜之情。在这令人万分悲痛之际，谨以此代表全体旅日华侨华人，表达我们对他深切的哀悼，我们绝不会忘记他为我们所做的一切。

俞伟超先生的逝世是我们国家的一大损失，使世界文博考古界失去了一位重要而卓越的学者，也使我们华侨失去了一位真挚可贵的良师益友。请向俞伟超先生的家属转告我们真挚的慰问并请他们节哀。

愿俞伟超先生安息。俞伟超先生在我们华侨心中永垂不朽。

日本华侨华人联合总会名誉会长

财团法人长崎孔庙中国历代博物馆

理事长　陈焜旺

馆长　黄禹生

2003 年 12 月 22 日

今天，接到尊敬的俞伟超老师不幸逝世的讣告，我感到很惊讶。虽曾听说俞老师贵体缺佳，但万没想到竟会发生如此之变化。因路远不能前往慰问，谨写此信，以表哀悼之意。

敬请

节哀顺变

京都大学人文科学研究所　冈村秀典

冈村秀典

2003年 12月 8日

惊悉贵院俞伟超先生不幸辞世，我谨率南京博物院全体同仁并以我个人的名誉表示最沉痛的哀悼，并请转达对俞伟超先生家属最深切的慰问。

俞伟超先生长期奋斗于文博战线并致力于中国考古学的理论与实践，勤于耕耘，勇于开拓，硕果累累，桃李天下，德高望重，是新中国考古文博学界的杰出代表。他的逝世是我国文化学术界的重大损失，我们定将化悲痛为力量，继承俞先生遗志，努力开创中国文博事业的新局面，并使贵我两院极具历史渊源的长期友好合作关系发扬光大。

俞伟超先生永垂不朽！

南京博物院

院长 徐湖平

2003 年 12 月 9 日

惊闻长年以来的老师俞伟超先生前日逝世。俞伟超老师的逝世，对于中国考古界来说，无疑是失去了一位重要的领航者，而对于我个人和日本学界来说，则是失去了一位知心、交心的良师益友。因此，我的不舍与哀伤难以言表，今后在天地永恒的时空里，俞老先生肯定会在一生最爱的考古学领域中，持续着生命不灭的光辉，也愿我们能在老师遗留的精神里，持续着永远的友谊，和对考古学的不变的执着和努力。

日本早稻田大学文学院中文系主任

稻畑耕一郎

稻畑耕一郎

2003 年 12 月 9 日

今天，得知俞伟超先生仙逝的消息，非常悲痛。我们致以深切的哀悼和问候。

博古研究会

2003 年 12 月 9 日于水户

惊闻我国著名考古学家、考古教育家、中国历史博物馆原馆长、中国考古学会副理事长俞伟超先生于本月五日在穗病逝。噩耗传来，我所同仁莫不潸然向注。先生为我国战国秦汉考古学大家，多年执教于北京大学考古系，桃李满天下。我所同仁后辈或出先生亲授，或素仰先生英名，无不随风响化，奉先生为楷模。今先生跨鹤西去，我等痛失良师，哀何如哉！现唯继承先生遗志，勉力完成先生未竟之事业，庶几可告慰先生英灵于天界。复请先生亲属节哀顺变，善自珍重。

北京市文物研究所

全体同仁敬唁

2003 年 12 月 8 日

我惊闻俞伟超老师 12 月 5 日在广州辞世，即面佛咏念《佛遗教经》，俞老音容笑貌浮现眼前，感慨万千。

12 月 16 日在俞老师弟子杨林先生陪同下，与孙跃新博士同赴俞府，再次念经，并共作小诗以表怀念之情。

北大历博绕青烟，神州大地遍桃李。

多少日月书海游，多少星辰灯光彻。

记否共商尼雅城，记否同饮开杯酒。

万物博广映佛光，巨星南逝照苍穹。

小岛康誉

（日本佛教大学尼雅遗迹学术研究机构总代表、净土宗僧侣）

2003 年 12 月 21 日于北京

惊悉俞伟超教授辞世，深表悲痛惋惜！

俞伟超先生是我国著名考古学家，对中国考古学科的前进贡献甚大，在考古教学、博物馆、文物事业、中外考古、文博交流、三峡工程文物保护等诸多方面都做出了突出贡献。他的逝世是我国考古、文博界的重大损失，我们全所同志对俞先生逝世，心情十分悲痛，谨表最深切的哀悼！并向其家属致以最亲切的慰问！

浙江省文物考古研究所

2003 年 12 月 5 日

惊悉俞伟超先生不幸逝世，我们十分悲痛，不胜惋惜！

俞先生是我国著名考古学家，在考古学的诸多方面研究中做出了重大贡献，在考古教学、博物馆、文物保护、中外学术交流等广泛领域做出了重大贡献。俞先生的逝世是我国考古、文博界的巨大损失。

我们都是北京大学历届考古学子，在校或在各种考古学术活动中，深受俞先生的亲切教诲、热情指导和帮助，我们永远记在心！杭州是俞先生父辈的长眠之地，亲友众多，俞先生常来杭州，与我们更增一份亲近，因此对俞先生的长辞更多一份痛惜之情！

俞伟超先生，安息吧！我们深切怀念您！

向俞师母和亲属致以亲切的慰问！

在杭北京大学历届考古学子

朱伯谦　赵人俊　牟永抗　劳伯敏

任世龙　王明达　桃仲源　沈岳明

孙国平　黎毓馨　蒋卫东（王明达办）

2003 年 12 月 5 日于杭州

今获悉俞伟超先生逝世的消息甚感悲痛，俞先生生前在史学界的功绩是伟大的，永垂不朽。

特向家属表示慰问。

亲人　范家秀
范家坤
2003 年 12 月 6 日

惊悉贵馆前馆长俞伟超先生不幸逝世，我馆同仁不胜悲恸。俞伟超先生作为当代著名考古学家，为我国考古和文博事业的发展做出了重要贡献，他的逝世，是我国考古文博事业的重大损失，我馆谨对俞伟超先生的逝世表示最沉痛的哀悼，并向俞伟超先生的家属表示最诚挚的慰问。

陕西历史博物馆
2003 年 12 月 5 日

惊悉俞伟超老师不幸病逝，作为晚辈，我们留日学人谨致深切的哀悼，并向老师的家属亲人们致以衷心的慰问。以上。

西北大学文博学院　教员
京都大学　客员研究员
王维坤　谨上
龙古大学国际文化学院
徐光辉·谨上
2003 年 12 月 12 日

惊悉俞伟超先生病逝，我馆全体职工深感沉痛，请向家属转达我们的敬仰痛失的心情，节哀顺变。

宜昌博物馆
2003 年 12 月 28 日

12 月 14 日收到讣告，惊悉俞伟超先生不幸逝世，深表哀悼，并向其家人慰安。

俞伟超先生是中国当代著名考古学家，他为中国考古学、特别是现代考古学发展的贡献永世长存，俞先生的逝世是中国考古学界的巨大损失，特发唁电以表哀思：

俞公七十古稀年，

撒手人间永不还；

小弟闻讯悲伤感，

发个唁电追思念。

俞伟超先生安息吧！

陕西省考古研究所

魏京武　敬挽

2003 年 12 月 15 日

　　闻悉尊敬的中国考古学家俞伟超先生逝世的消息，谨表深切的哀悼。

　　在度过了"文革"的困难之后，俞伟超先生以北京大学、中国历史博物馆为根据地，挺身推进了中国考古学的前进发展。在日本同年代的中国考古学的研究者心目中，先生的业绩，是值得倍受赞赏的伟大成果。先生的谢世，诚为遗憾之际！

　　让我远在日本，衷心为先生祈求冥福。

日本国大手前大学教授

史学研究所长

（前日本中国考古学会会长）

秋山進午

2003 年 12 月 8 日

人格高標力張四維超凡躭人化

牛腰大集文雄三楚偉績自流芳

俞師千古

賜進士李元敬撰　乙酉年春月張希書於東湖

1958年在北京大学读研究生时留影

与爱子俞坦合影

与国家文物局副局长张柏合影

1992年与国家文物局副局长童明康（右）、国家博物馆张威（左）合影

1980年指导北京大学历史系考古专业77级本科生在青海循化发掘整理阿哈特拉卡约文化墓地出土资料

1985年在中关园与日本早稻田大学教授稻田耕一郎合影

1985年5月考察大同古城时留影

1986年7月与苏秉琦、徐光冀等先生在北戴河

1986年8月在北戴河友谊宾馆

1989年与田边昭三先生合影

1989年在"南海一号"中日联合调查工作船上留影

20世纪80年代在山西考古工地考察

20世纪90年代在山西侯马文物库房与邹衡教授合影

1991年在河南渑池班村遗址留影

1992年在丹江水库留影

1993年在山西垣曲工地考察

1996年在河南渑池班村遗址留影

1996年正在审阅《西沙普查报告》

1997年在中国历史博物馆与启功、王光英等合影

1997年陪同王光英参观"中国考古新发现精品展"

1998年5月在三峡与徐光冀、陈振裕合影

1998年5月考察洛阳象庄汉代圆雕石象时留影

1998年考察浙江绍兴印山大墓留影

1998年在内蒙古赤峰土城子机场考察航空考古工作后在空军"运五"飞机前留影

1999年在北京参加内蒙古赤峰辽代遗址保护规划评审会后合影

2000年在四川西昌考察石棚墓

2001年俞伟超先生寿宴合影

2001年在北京大学参加"长江流域青铜文化国际学术讨论会"留影

2002年8月在日本与茂木雅博先生合影

2003年1月中国国家博物馆俞伟超先生追思会现场